Woguo Chuban Jituan Jingzhengli
Zonghe Pingjia Tixi Yanjiu

我国出版集团竞争力综合评价体系研究

刘畅 著

ZHEJIANG UNIVERSITY PRESS
浙江大学出版社

图书在版编目（CIP）数据

我国出版集团竞争力综合评价体系研究 / 刘畅著.
— 杭州：浙江大学出版社，2016.9
ISBN 978-7-308-15518-2

Ⅰ．①我… Ⅱ．①刘… Ⅲ．①出版发行—企业集团—
竞争力—研究—中国 Ⅳ．①G239.2

中国版本图书馆CIP数据核字(2016)第00204号

我国出版集团竞争力综合评价体系研究

刘　畅　著

责任编辑	葛　娟
责任校对	陈　翩
封面设计	春天书装
出版发行	浙江大学出版社
	（杭州市天目山路148号　　邮政编码 310007）
	（网址：http://www.zjupress.com）
排　　版	杭州林智广告有限公司
印　　刷	杭州钱江彩色印务有限公司
开　　本	710mm×1000mm　1/16
印　　张	13.5
字　　数	240千
版 印 次	2016年9月第1版　2016年9月第1次印刷
书　　号	ISBN 978-7-308-15518-2
定　　价	42.00元

序

进入 21 世纪，中国出版业加大出版产业结构性调整的力度，大力构建以出版企业集团化建设为主要特征的产业格局，集团化建设可谓风起云涌。十余年来，全国大多数省份成立了出版集团。一个时期里，大有"开讲不谈集团化，虽做出版亦枉然"之势。各家出版集团争锋斗艳，新招频出：或高调挺拔主业，或标榜做大规模，全产业链发展、多元化发展或反对多元化发展，坚持两级法人治理或高度集中管理，主动进军数字出版或不以数字出版为意，主张按经济规模排名或坚决反对按经济规模排名，以双百亿为目标或认为双百亿目标是一种信口开河，寻求国际化发展或者不以国际化发展为目标，以至于股改上市或抱定决心不股改上市，如此等等。思路无论异同，只要稍有新意，无论效果如何，均能引起出版业内外媒体强烈兴趣，均可能得到某种程度的喝彩。国家要实现文化强国建设的战略，必定要推动出版产业发展，而要实现出版产业发展，必定要推动若干国际一流出版集团做强做大。这是文化发展的必然。可问题是，怎样才能实现国际一流出版集团做强做大，国际一流出版集团究竟应当如何评价，出版业无论从高层领导到企业领军人，并没有为此做好理论思考和实务评价的准备，还真正应了改革是"摸石头过河"的说法。

然而，无论如何，近十年来，我国出版业规模毕竟出现几何级数的增长，经营规模大幅扩张，出版集团在出版市场的骨干地位也进一步突出。仅以 2013 年为例。2014 年 7 月新闻出版研究院发布的《2013 年新闻出版产业分析报告》称：全国图书出版、报刊出版和发行集团主营业务收入增长 13.3%，在全国书报刊出版与出版物发行主营业务收入中所占比重提高 3.7 个百分点；资产总额增长 14.1%，提高 3.4 个百分点；所有者权益增长 11.6%，提高 2.5 个百分点；利润总额增长 16.2%，提高 4.9 个百分点。我国 2013 年主营业务收入、资产总额均超过 100 亿元的"双百亿"集团由 4 家增到 6 家；2014 年度全球出版业 50 强榜单中，中国出版集团和中国教育出版传媒集团又以年收入 14.99 亿美元和 11.52 亿美元列在榜单的第 14 位和第 21 位，分别前进了 8 位和 9 位，国际竞争力终归有所提升。尽管这只是就出版产业的经济属性所做出的统计，毕竟从产业角度证明改革取得了阶段性成效。

出版业集团化建设实践毕竟已经长达十余年，成绩是人所公认的。然而，对出版业集团化建设至今仍然缺乏科学而切实可行的综合评价体系，这也是人所公认。一些议论，诸如实践先行，缺乏理论支撑；体制不顺，发展活力不强；转型升级迟缓，创新能力欠缺；发展同质化，市场竞争力雷同等等问题，这也是业内许多人士的共同看法。尤其是出版产业文化属性价值评价的缺失，更是业内有识之士共同的焦虑。究其原因，缺乏科学的评价体系是造成这些问题的重要原因之一。早在 2009 年初，本人还在中国出版集团公司任总裁，就深感行业评价缺失之虞，决定组织开展"国际一流出版传媒集团研究"的科研项目，邀约若干专业院校和研究机构参与其事，取得了一些阶段性成果，后因本人去职也就无疾而终。在那之后，新闻出版总署发布《关于加快出版传媒集团改革发展的指导意见》，指出要"建立健全科学的评价和激励机制。科学设置评价指标，探索建立有利于出版传媒集团可持续发展的科学统计和业绩考核体系。"但到底如何建立，谁来建立，如何推动，并不得而知。为此，建立出版集团综合评价体系的呼声一直未曾停歇过。特别是每当年度十大出版集团排行榜发布时，诸如此类的呼声显得尤其急迫。

现在，摆在我面前的这本刘畅博士的专著，正是针对出版集团建设中的这一热点问题——"出版集团竞争力综合评价体系"做出的研究。此书出版可谓正当其时。

这部专著研究思路比较清晰，具体构架为 "理论构建—实证分析—应用机制研究"，共分三个阶段六个步骤。其中理论构建阶段分为三个步骤：我国出版集团竞争力评价基本理论问题研究、出版集团竞争力结构模型的构建和评价体系构建的基本范式研究；实证分析阶段主要为我国出版集团竞争力现状分析；应用机制研究阶段分为两个步骤：提出并验证我国出版集团竞争力评价体系，设计促进我国出版集团竞争力培育和提升的相关机制。而其中最有价值的是出版集团竞争力结构模型的构建和评价体系构建的基本范式研究。

关于出版集团竞争力结构模型构建的研究，专著重点解决了以下三个关键问题：第一，从资源规模维度，分析出版集团对资源的识别、获取和隔离能力，为出版集团寻求范围经济、规模经济提供可操作性方案；第二，从机制维度，分析出版集团的公司治理与经营管理情况对竞争力的影响，服务于出版集团的战略管理和现代公司治理需求；第三，从社会责任维度，分析出版集团应承担的文化责任与公益慈善责任，从而促使出版集团必须将社会效益放在首位，保障人民的精神文化需求。在上述分项研究的基础上，构建出版集团竞争力结构模型。从操作程序上看，专著对出版集团竞争力评价体系的构建遵循着一个基本的范式，即"环境—目标—程序"范式。主要涉及以下三个方面的核心内容：第一，出版集团竞争力评价体系构建的环境分析。从宏观层面、产业层面和企业层面，分析出版集团竞争力评价体系建设的制度、政策与现实需求。第二，出版集团竞争力评价体系的目标设定。围绕建立统一、开放、竞争、有序、繁荣、健康的社会主义文化市场体系的总体目标，从政府、行业与集团层面逐一设定分层目标体系。第三，出版集团竞争力评价体系构建的程序设计。基于上述环境分析与目标设定成果，依据竞争力构成分步选取资源规模维度、机制维度及社会责任维度的评价指标，并完成评价体系构建。专著最后完成的出版集团竞争力综合评价体系不仅考察出版集团的能力、机制，还考评了出版集团的社会责任，这一点尤其难能可贵。

刘畅博士曾留学法国，获得传播学硕士学位，回国后在浙江传媒学院新闻与传播学院任教，从事出版学教育，并就读于武汉大学信息管理学院，攻读管理学博士学位，师从朱静雯教授，潜心于出版集团竞争力研究。她自身聪慧，视野开阔，又接受过良好的学术训练，在朱静雯教授的严格要求下能做出一些成绩也是意料中事。这部专著《我国出版集团竞争力综合评价体系研究》，就是在她博士论文基础上修改而成的。全书深入分析我国出版集团竞争力的形成及演化机理，并选取科学健全的评价指标，形成了一套具有可操作性的出版集团竞争力评价体系，显然具有相当的理论价值和强烈的现实意义。

当然，由于出版集团的科学评价涉及面十分广泛，内容纷繁复杂，属于一个崭新的综合性专题领域，而我国出版业改革也还在进行中，因而本书的研究不可避免地存在一些着力所不逮的无奈和难以概全的局限。即便书中已有的一些研究成果也有待实践的检验。古人云"学无涯"，我希望刘畅博士能将自己的研究持续不懈地进行下去，为我国出版业的繁荣发展做出新的贡献，也希望有更多的像她一样有志于出版学的年轻学人共同携手，为中国出版业改革发展的学术研究做出辉煌的成绩。

聂震宁

（全国政协委员、中国出版集团公司原总裁、韬奋基金会理事长）

前言

改革开放以来，特别是党的十六大以来，党中央、国务院高度重视出版集团的建设，各地区、各部门在出版集团建设中做了许多积极探索。经营性新闻出版单位转企改制，加快资源整合和结构调整，组建了一批出版集团。出版集团作为新闻出版体制改革的排头兵和出版产业发展的主力军，在引领社会主义文化前进方向、建设社会主义核心价值体系、传播知识和传承文明等各方面发挥着重要作用。

但是比照"打造具有国际竞争力的跨国出版集团"、"推进文化产业大发展大繁荣"的要求，我国出版集团还存在着许多不足，如体制不顺，发展活力不强；转型升级迟缓，创新能力不强；发展同质化，市场竞争力不强等等。科学的评价体系是企业发展的支持和保障机制，通过科学的评价体系来调控企业的发展方向是评价机制作用于企业发展的立足点，出版集团的发展也必须依托科学的竞争力评价体系。科学的竞争力评价体系既可对出版集团当前的竞争力状况与水平做出评估，又能对出版集团未来的发展起到指引方向的作用，是推动出版集团持续、健康发展的重要抓手。

没有科学的评价，就没有科学的管理与决策。建立健全科学的出版集团评价体系，能进一步深化出版集团体制改革，推动出版产业升级，切实提升出版集团的国际竞争力。但出版集团相对于一般企业而言，具有自身的特殊性。除一般的企业特性外，还具有一定的意识形态属性，因而其外部性特征更为明显。此种特殊性必然对竞争力评价体系构建产生影响。因此，出版集团竞争力评价与一般企业竞争力评价有着完全不同的要求。

本书在深入分析出版集团竞争力形成及演化机理以及出版集团竞争力与一般企业竞争力共性与差异的基础上，探讨我国出版集团竞争力评价体系设计的目标定位、指标及方法选择，构建出版集团竞争力的结构模型，选取科学健全的评价指标及形成一套具有可操作性的出版集团竞争力评价体系，并以我国上市出版集团为样本进行实证研究，最终为出版集团设计提升竞争力的路径与策略，直接服务于当前我国出版集团建设实践。

第一部分是绪论。从分析本书的研究背景与研究意义出发，指出本书能起到的实践应用作用与学术理论价值，进而简要回顾国内外一般企业竞争力评价体系，着重梳理出版集团竞争力评价体系的研究成果，之后扼要地描述了本书的研究思路及几种研究方法，并以框架形式说明了本书的基本结构。

第二部分侧重于介绍出版集团竞争力评价研究的理论基础。首先对出版集团竞争力的相关概念及内涵进行界定，其次介绍了经济学界与管理学界关于竞争力研究的几种基本范式，即"结构—行为—绩效"范式、资源基础理论范式与生态位理论范式，并着力论述这几种理论范式对于出版集团竞争力研究的适用性与存在的不足。

第三部分研究我国出版集团竞争力的形成机理与演化。从竞争环境变化、出版集团路径依赖特征与出版产业特征等三个角度入手，逐一分析能力、机制与社会责任等三大出版集团竞争力要素影响力的形成，探讨各构成因素的相互关系，并构建出版集团竞争力产生机理示意图，最后得出出版集团竞争力的函数关系式。

第四、第五部分主要是根据我国出版集团发展要求，选择科学的评价指标，建立一套具有导向性和可操作性的出版集团竞争力综合评价体系，同时以我国部分上市出版集团公司为样本，进行相关实证研究，对我国出版集团竞争力的现状、问题等做出科学评价，并选择有代表性的出版集团为个案进行深入研究，总结其竞争力形成与提升的成功经验。

第六部分主要对我国出版集团竞争力提升机制提出意见和建议。指出我国出版集团可以从提升内部资源整合利用能力、加强外部资源获取整合能力、优化股权结构与治理模式、完善战略管理协同与构建基于知识网络的学习型组织等五个方面来提升自身竞争力，为我国出版集团竞争力的发展提供理论依据与策略指导。

作　者

2016 年 1 月

创新之处

　　本书同时具有理论创新与应用对策研究的双重属性，其创新之处也主要体现在这两个方面。

　　理论创新层面。将在深入分析出版产业环境变化对出版集团竞争力影响机理以及出版集团竞争力与一般企业竞争力共性与差异的基础上，探讨出版集团竞争力的形成机理与发展规律，构建出版集团竞争力的结构模型，形成关于出版集团竞争力构建的基本范式，选取科学健全的评价指标，构建出版集团竞争力评价体系，创新出版集团竞争力评价理论。重点在以下三个方面形成理论突破：第一，出版集团竞争力评价与一般企业竞争力评价的关系研究，重点解决出版产品的意识形态属性及外部性对出版集团竞争力评价产生影响的机制与机理问题，掌握出版集团竞争力评价体系的特殊性；第二，分析出版集团竞争力的构成要素、结构、功能及其相互关系，构建出版集团竞争力的评价模型；第三，分析出版集团竞争力评价体系构建的原则、目标与程序，建立科学健全的出版集团竞争力评价体系构建的基本范式。基于以上三个方面的理论突破，形成现代出版集团竞争力评价体系构建的理论体系，创新出版集团竞争力理论，从理论上解决缺乏科学健全的竞争力评价体系影响出版集团科学发展的矛盾，服务于我国文化大发展大繁荣。

　　应用对策层面。分析我国出版集团竞争力评价体系设计的现状、存在问题及其成因，探讨我国出版集团竞争力评价体系设计的目标定位、设计内容以及实现目标的路径选择，形成一套具有可操作性的出版集团竞争力综合评价体系，并围绕该评价体系对我国出版集团的竞争力提升提出相关意见与建议。具体而言，主要基于上述理论研究成果重点解决两方面问题：第一，根据我国出版集团发展要求，构建出具有导向性和可操作性的出版集团竞争力评价体系，该评价体系将对我国出版集团竞争力的现状、问题、出版集团之间的差距等做出科学评价。第二，围绕出版集团竞争力评价体系，开展我国出版集团竞争力的提升机制研究，从我国出版集团的机制、能力、社会责任等维度提出相关意见与建议，为各类出版集团提供有效提升竞争力的路径与策略选择方案。通过以上两个方面的应用对策研究，直接服务于当前我国出版集团建设实践。

目 录
CONTENTS

0 绪 论

出版业是文化发展繁荣的重要载体之一，也是文化的基础产业。随着中国进入改革开放的时代，国民经济整体腾飞，文化建设的重要性凸显，出版业也迎来了自身的大改革与大发展。中共十一届三中全会启动我国改革开放历程，也拉开了出版业改革的序幕。随后，出版业开始由生产型向生产经营型转变，进入市场运作，实行事业单位企业化管理。党的十六大和十六届三中全会进一步对深化文化体制改革、加强产权制度建设的相关工作进行了部署，出版业的体制改革大步推进，出版企业纷纷进行股份制改革、构筑新型出版生产关系和建立现代企业制度的大胆尝试，获得不少宝贵的经验。

2010年中共十七届五中全会通过的《中共中央关于制定国民经济和社会发展第十二个五年规划的建议》指出，要"推动文化产业成为国民经济支柱性产业"，将文化发展繁荣提升到国家发展的战略地位，这势必带来出版业的全面创新与产业规模的大幅度扩张。为了深入贯彻落实科学发展观，增强中国出版业的核心竞争力，国家新闻出版总署于2010年1月1日出台《关于进一步推动新闻出版产业发展的指导意见》后简称《指导意见》，并召开全国新闻出版工作会议，提出建设新闻出版强国的战略目标，明确我国由新闻出版大国向新闻出版强国转变的发展路径。

但和世界出版强国相比，我国出版企业目前的发展规模普遍偏小，导致企业竞争力不强，只有加快出版集团建设，培育出版集团竞争力，才能适应国际出版集团专业化发展的大趋势，提升国家文化软实力。因此《指导意见》中明确提出要"形成一批导向正确、主业突出、实力雄厚、管理规范、运行高效、核心竞争力强的区域性综合集团和行业性专业集团。鼓励和支持新闻出版骨干企业跨媒体、跨行业、跨地区、跨国界和跨所有制重组，在三到五年内，重点培育六七家资产超过百亿、销售超过百亿的国内一流、国际知名的大型新闻出版企业，努力打造具有国际竞争力的跨国出版传媒集团"[①]。2011年4月新闻出版总署发布《新闻出版业"十二五"时期发展规划》，明确"十二五"期间新闻出版产业增速将达到19.2%，对于刚完成转企工作的出版集团而言，"十二五"是抢抓机遇、合理布局、深化改革、实现产业升级和经济增长的关键时期[②]。

　　没有科学的评价，就没有科学的管理与决策。建立健全科学的出版集团评价体系，能进一步深化出版集团体制改革，推动出版产业升级，切实提升出版集团的国际竞争力，具有重要的战略研究意义。

0.1　研究背景及其价值

　　出版集团是我国出版产业的主体部分，关注我国出版集团发展现状，探讨出版集团竞争力的构成要素，建立和完善出版集团的评价体系，提出适合我国出版集团竞争力培育与提升的相关机制，帮助出版集团实现跨越式发展，是我国出版业一项势在必行的工作命题。

0.1.1　研究背景分析

　　纵观世界出版产业发展历程，高集中度和集团化是必然趋势。20世纪90年代末期以来，为了增强自身实力，众多国际出版集团都加入了兼并与扩张的行列，如英国培生集团以46亿美元的价格兼并西蒙·舒斯特出版社教育出版部、参考书出版部、商业及专业类图书出版部，并将西蒙·舒斯特出版社的教育出版部与艾迪逊·维斯利·朗文集团合并，形成了世界最大的教育出版集团——培生教育集团。汤姆森路透公司经过十几年的不断并购，目前拥有20多个子公司。由于收购了弗拉马里翁集团，法国马德里加尔集团排名从2013年的第47位上升至2014年的第31位。贝塔斯曼集团和培生集团将各自旗下的图书出版公司兰登书屋与企鹅出版集团在全球范围内的业务合并，其中贝塔斯曼拥有53%的股份，培生集团拥有47%的股份，现今该合并交易已于2013年7月全部完成，新成立的企鹅兰登书屋涵盖原兰登书屋和企

---

① 新闻出版总署关于进一步推动新闻出版产业发展的指导意见[EB/OL]. http://www.gov.cn/gongbao/content/2010/content_1671253.htm.
② 孙月沐.中国书业年度报告2011−2012[M].北京：商务印书馆，2012：59.

鹅出版集团在美国、澳大利亚、新西兰、加拿大、英国及印度的所有出版机构，以及兰登书屋在西班牙和拉丁美洲的各出版社和企鹅出版集团在亚洲和南非的大众图书出版业务①。国际出版集团通过多次联合兼并与战略调整稳健壮大。出版业的兼并重组浪潮愈演愈烈，目前国际出版业兼并重组的三大方向主要包括拓展新市场、扩大市场占有率和加大国际出版力度。

世界文化竞争的加剧，使目前产业化程度不高的中国出版产业面临巨大的机遇与挑战。随着我国加入WTO，国外资本逐渐进入我国的出版行业，中国出版企业急需提升自身实力，保障中国出版产业的经济利益。过去我国出版企业与国际出版企业差距较大，主要体现在两个方面。一是企业规模较小，经济实力不强。美国《出版商周刊》2010年度全球出版业50强榜单中，我国仅有高等教育出版社以年总收入3.9215亿美元上榜，排名40位，比2009年的排名后退一位。排名第一的培生集团年总收入高达80.9514亿美元，约是高等教育出版社的21倍②。二是产业集中度偏低。20世纪末期，AOL–时代华纳、维亚康姆、新闻集团、贝塔斯曼·兰登与迪士尼五大集团已占有美国出版市场80%的份额③；2010年法国规模最大的前十家出版集团，控制全法近四分之三的市场份额④。据统计，我国总体经济规模排名前十的出版集团2010年在中国图书零售市场的码洋份额为28.56%⑤，远低于国际水平。

为了有效应对日益激烈的国际出版市场竞争，我国进一步加大出版产业的结构性调整力度，大力构建以出版企业集团化建设为主要特征的产业格局。2003年的中央文化体制改革试点工作会议拉开了出版业分类发展改革和转企改制的序幕，其重要标志是以产权制度改革为导向，推动与加速出版业集团化进程。2006年7月，总署出台《关于深化出版发行体制改革工作实施方案》，鼓励出版集团公司相互持股，进行跨地区、跨部门、跨行业并购、重组或建立必要的经营性分支机构；积极推动有条件的出版集团公司上市融资，做大、

———————————

① 孙永.贝塔斯曼与培生集团合并 企鹅兰登书屋成立[EB/OL]. http://book.sina.com. cn/news/v/2013–07–02/1712495927.shtml.

② 崔元苑.美国《出版商周刊》公布2010全球出版业50强榜单[EB/OL]. http://artbank. people.com.cn/GB/223066/16900353.html.

③ 顾金亮.出版企业竞争力评价研究[M].南京：东南大学出版社，2010：59.

④ 张林初.法国十大出版集团[J].出版参考，2012（6）：16.

⑤ 中国图书零售市场年报·2010[R].北京：北京开卷图书市场研究所，2011.

做强、做优①。自 1999 年中国第一家出版集团——上海世纪出版集团成立以来，截至 2014 年年底，我国共组建出版集团 36 家，其中 2013 年新成立 4 家，包括以财政部主管的经济科学出版社等 17 家出版发行单位为基础组建的中国财经出版传媒集团；由工信部主管的人民邮电出版社、电子工业出版社及其实体组成的中国工信出版传媒集团；以长江少年儿童出版社为核心，联合海豚传媒股份有限公司、武汉马小跳文化传媒有限责任公司等 6 家成员单位组建而成的长江少年儿童出版集团；以及由中国人事出版社、中国劳动社会保障出版社和 5 家子公司组建而成的中国人力资源和社会保障出版集团有限公司。36 家出版集团中已有 9 家出版集团成功上市融资，使出版资源与资本产业化融合，核心竞争力得到增强。2014 年 11 月，中文传媒发布公告，公司下属全资子公司二十一世纪出版社近日收到国家新闻出版广电总局《关于同意组建二十一世纪出版社（集团）公司的批复》，同意组建二十一世纪出版社（集团）公司，出版集团增加新成员指日可待。此外，在一段时间的暂停关闭后，IPO（首次公开募股）开始重启，据 2014 年 2 月 24 日中国金融信息资讯服务机构投中集团（China Venture）发布的研究报告，目前有 30 家文化传媒企业在证监会排队上市，其中包括中国出版集团、中国教育出版传媒集团、中国科技出版传媒集团等中央级出版集团。上海世纪出版集团、重庆出版集团、黑龙江出版集团、吉林出版集团等地方级出版集团也计划于近年内公开募股，力争成为有实力、有活力和有竞争力的大型文化企业，出版业呈现快速发展的蓬勃之势。

集团化改革促进了出版企业的发展，出版集团在出版文化产业中的骨干地位凸显。如 2013 年国家新闻出版广电总局发布的《2012 年新闻出版产业分析报告》中指出，我国出版、报刊与发行集团共实现主营业务收入 2333.9 亿元，同比增长 11.4%，占全国出版发行全行业主营业务收入的 57.9%；资产总额 4202.2 亿元，占全国出版发行全行业资产总额的 73.7%②。2012 年 5 月，新闻出版总署署长柳斌杰在接受中央人民广播电台专访时指出，目前我国正着手重点推动出版业的"三改一加强"，即通过兼并、重组和股份制改造，加强出版集团的管理，集中资源、资产及出版实力，打造一批国家级的主力舰

---

① 新闻出版总署.关于深化出版发行体制改革工作实施方案[EB/OL]. http://www.sdpc. gov.cn/xxfw/fgdt/t20060717_76557.htm.

② 北京智道顾问有限责任公司. 2013—2014年中国新闻出版行业年度授信政策指引报告[EB/OL]. www.unbank.info/page/sid/1/pid/229/fid/26/item/577323.shtml.

队，同时与地方出版集团配套，形成有国际竞争力的出版产业阵容。国家给予出版集团强有力的政策支持，包括税收减免政策、国家产业支持政策、政府公共行政资源的支持政策与土地、国有资产转变成股份等资产层面的政策支持①，为出版集团积累资金、研发新技术、获取优势资源和深化改革提供了有力保障。

在政府的大力支持与企业强烈的发展诉求下，我国出版集团的经营规模大幅扩张，制度创新步伐加快，呈现出如下几个新的特点：

第一，中央级国有大型出版集团崛起，与地方出版集团的博弈日趋彰显。我国地方出版集团转企改制起步较早，因此在出版业的竞争格局中处于有利地位。《2009年新闻出版产业分析报告》显示，总体经济规模排名前十的出版集团中除排名第九的中国出版集团外，均为地方出版集团。为了改变中央级出版集团在竞争格局中的相对不利局面，同时改变中国大型出版集团缺失、市场集中度低的产业现状，2009年《中共中央办公厅、国务院办公厅关于深化中央各部门各单位出版体制改革的意见》（中办发〔2009〕16号）明确指出部委出版社在转制后要"依托强社加快组建中国教育、科技、卫生医药、财经等大型出版传媒集团公司，使之成为中国出版业的航空母舰和战略投资者"。在中央直接领导与新闻出版总署的大力推动下，四个国家级大型出版传媒集团开始组建。包括以社会科学、学术出版为主业的中国出版传媒集团，以教育、教材、教辅出版为主业的中国教育出版传媒集团，以科研、科普、科技类出版为主业的中国科技出版传媒集团和以外文出版为主业的中国国际出版集团，目前这四个集团的基本框架已经形成。《2013年新闻出版产业分析报告》显示，中国教育出版传媒集团有限公司排名升至第四位，中国出版集团公司位居第七。中国出版传媒集团、中国教育出版传媒集团与中国科技出版传媒集团更是计划将于近年内完成股改上市，一批新型的中央级市场主体登台亮相。

中央级国有大型出版集团的崛起，必然引起中国出版产业整体竞争格局的变化，当前地方出版集团的地域垄断和区域壁垒将会被打破。在中央出版集团军的冲击下，地方出版集团紧扣"十二五"规划，结合自身实际与市场环境，科学调整产业结构，提出转型目标，充分体现自身发展特色与亮点。

---

① 柳斌杰接受中央人民广播电台专访，畅谈新闻出版改革与发展[EB/OL]. http://www.gapp.gov.cn/cms/cms/website/zhrmghgxwcbzsww/layout3/header.jsp?channelId=1005&siteId=21&infoId=755724.

如凤凰出版传媒集团在挺拔传统书业的同时，加快数字内容资源建设，促进集团出版主业转型升级，并提出"十二五"期间集团资产总额争超"双两百亿"的具体目标；黑龙江出版集团加大了对报刊的投入力度支持，重点扶持以使其成为集团的重要经济支撑板块；重庆出版集团则致力于打造重庆出版传媒创意中心、重庆现代印刷包装基地、文化旅游地产等重大项目，加大融资力度，计划在 2013 年总资产破百亿，2015 年实现总资产 141 亿元，尽快实现上市目标。由此可见，中国的出版产业必将在中央出版集团与地方出版集团的良性博弈中走向繁荣昌盛。

第二，专业化与多元化战略并举成为出版集团发展新趋势。出版集团专业化是指成为某一出版专业领域的领先者与领跑者，20 世纪 90 年代中期以来，许多国际著名出版集团为了提升竞争力，纷纷实施战略转型，将自己的优势领域集中到内容产业，成为内涵式发展的专业化出版传媒集团。如培生集团先后卖出英国蜡像馆、西班牙主题公园、拉萨德银行、英国第五频道等公司股份，同期并购相关教育出版公司，其中包括西蒙·舒斯特旗下的出版业务和哈考特教育出版公司，最终成为世界最大的内容提供商与教育出版集团之一。汤姆森集团为了应对数字时代日益激烈的竞争环境，将旗下收益颇丰的教育出版集团以 71 亿美元的价格出售，集中精力致力于出版专业领域的数字化突破。在总结我国出版集团发展的经验基础上，吸收国际先进理念，我国新成立的出版集团大多为专业化出版集团，这些出版集团掌握了较为丰富的出版资源，能有效改变集团化建设中专业特色不明显的状况。比如 2010 年中国地图出版社、测绘出版社和中华地图学社组建了中国地图出版集团；同年成立的中国教育出版传媒集团，其下属单位包括高等教育出版社、人民教育出版社、语言出版社等，专业范围涵盖教育、教材与教辅的各个层级，产品包括图书、期刊、电子出版物等各个种类，是我国教育出版领域的龙头企业。2013 年又有 3 家专业出版集团诞生：中国人力资源和社会保障出版集团、中国工信出版传媒集团与中国财经出版传媒集团。专业出版集团的组建与国际出版集团专业化发展的趋势相适应，有助于形成无法模仿与替代的核心竞争力。

出版集团多元化战略则迎合了企业扩张发展的强烈诉求，为掌握出版资源不多的出版集团寻求资本经营机会、实现利润提供了可能性。当前我国出版集团多元化主要分为横向多元化、纵向多元化、同心多元化与联合式多元化四种形式，涉及纸业与印务、动漫、影视文化、房地产、数字出版等各个领域。多元化投资既是集团重要的利润来源，又为辅业反哺主业创造了良好条件，为出版集团实现稳定快速的增长提供了重要保障。如长江出版传媒集团于 2005 年与湖北海豚卡通有限公司共同投资成立海豚传媒股份有限公司，产值由 2006 年的 1.5 亿码洋增至 2011 年的 5 亿码洋，年增长率超过 30%，2013 年更是自我裂变，以湖北少年儿童出版社为核心，联合海豚传媒公司等成员单位组建了长江少年儿童出版集团，主营少儿类文化创意、动漫开发、数字出版等业务。安徽出版集团旗下的华文国际贸易公司，出口的文化产品占全国地方出版集团三分之二的份额，2009 年实现进出口额 4 亿美元，利润过千万；安徽省医药公司加盟集团后，销售收入由收购时的 2 亿发展到 2009 年的 10 个亿。上市出版集团公司更是热衷于并购，开启大传媒时代，如 2013 年凤凰传媒以 3.104 亿元收购慕和网络 64% 的股权，天舟文化以 12.54 亿元收购神奇时代等[①]，目的均是为了实现传统出版业进军游戏行业的布局。多元化战略的实施能为出版集团带来丰厚的利润，正确选择多元化经营的路径，创造实现多元化经营目标的条件，积极开展多元化经营是出版集团做大做强的必经之路。

第三，着力资本运营，上市出版传媒集团的产业集群即将形成。资本运营是我国特有的一个经济学名词，指企业将所拥有的可经营性资产，利用市场法则，通过多种途径进行运作，从而优化资源配置，扩张企业资本规模，实现价值增值、效益增长的一种经营管理方式。"十二五"时期，跨媒介、跨地域、跨部门、跨行业和跨国界的兼并重组与战略合作无疑是各出版集团做大做强做优的必经之路。如 2010 年 4 月北方联合出版传媒集团股份有限公司与盛大文学签署战略合作协议，互为资本合作优先单位；2010 年 12 月时代出版以竞拍方式参与受让文汇新民联合报业集团持有的东方证券 500 万股股权；2010 年 11 月中南传媒与湖南卫视达成协议，向湖南卫视投资 5 亿元以取得其 33% 的股权；凤凰出版传媒集团在成立 9 周年之际与多个单位合作，当日集团签约项目 29 个，中国工商银行、北京银行等五家金融机构向凤凰出版传媒集团授信金额高达 100 亿元人民币。

通过资本运营打造大型上市出版集团，一方面促使出版集团建立现代企业制度、转换体制，避免只是用行政力量将各企业捏合在一起，无法产生协同效应；另一方面可以盘活出版集团相关资产，从整体上提升出版集团的运作效率。此外，出版集团还可以利用出版业是内容产业的独特优势，将拥有

---

① 崔保国.中国传媒产业发展报告（2014）[M].北京：社会科学文献出版社，2014：4.

的无形资产变为有形资源，使资产迅速增值。在新闻出版总署制定的改革"路线图"中，有一个明确的目标是："深化投融资体制改革，支持符合条件的出版发行企业，通过上市融资或其他方式跨行业融资，培养我国出版传媒行业的战略投资者，整体提高出版传媒业的跨国竞争能力，更好地维护国家文化安全。"[①] 2006 年上海新华发行集团的借壳上市拉开中国出版集团上市的序幕。随后，四川新华文轩、辽宁出版传媒、安徽皖新传媒、湖南中南传媒、江苏凤凰传媒先后实现 IPO 上市，时代出版、中文传媒、凤凰股份、中原大地传媒、湖北长江出版集团实现借壳上市，中国出版集团、中国教育出版传媒集团、中国科技出版传媒集团、广东出版集团等也在积极筹备上市，一个上市出版传媒集团的产业集群即将形成。出版集团上市为企业募集了大量的资金：出版传媒首发募集资金 6.18 亿元，皖新传媒首发募集资金近 13 亿元，中南传媒首发募集资金达 42 亿元，时代出版通过定向增发募集资金 5.01 亿元，中文传媒拟定向增发募资 13 亿元，凤凰传媒首发募集资金 44.79 亿元[②]，为集团公司实现战略性扩张提供了保障。

2013 年 11 月党的十八届三中全会审议通过《中共中央关于全面深化改革若干重大问题的决定》后，上市出版传媒集团表现抢眼，天舟文化、时代出版和凤凰传媒等股价均在上市当年有过翻倍表现。

2012 年 11 月 3 日，IPO 暂停，历时一年多后于 2013 年 12 月重新开闸，又将迎来新一轮出版集团上市热潮。证监会 2014 年 1 月的统计数据显示，2013 年度国内有 5 家出版企业进入排队名单。可以预计在接下来的数年内，会有新的出版集团公司成功上市，进一步扩大上市出版集团产业集群，并提升出版集团竞争力。

第四，培育核心竞争力，通过市场化运作推行产品、实体与资本的"走出去"战略。自 20 世纪 90 年代中期以来，我国出版市场从短缺经济进入到过剩经济，买方市场格局形成，2013 年全国共出版图书 44.4 万种，较 2012 年增长 7.4%，市场化程度进一步提高，出版业的竞争日趋激烈。在市场经济中，竞争力最直接的体现是一个企业能比其他企业更有效地向消费者（或市

---

① 突破坚冰,我国出版传媒上市进程步伐加快[EB/OL]. http://news.xinhuanet.com/newmedia/2008-07/10/content_8522355.

② 郝振省,魏玉山,刘拥军,等.出版传媒集团资本运营：成绩、问题、建议[J].出版发行研究，2012（1）：22.

场）提供产品及服务，并获得自身发展的能力和综合素质[①]。我国出版集团的资本运营大部分围绕打造集团核心竞争力展开，如通过资本运营整合专业化的内容资源；着力于全媒体环境下的出版产业链延伸；提升产品研发能力、主攻主业数字化升级等。

我国出版集团还通过市场化运作，成功向海外输出大量出版物。2010年我国出版物进出口实现总产出62.07亿元人民币，比2009年增长15.8%；共引进出版物版权16602种，输出版权5671种，分别较2009年增长20.37%和35.34%。中国出版集团公司策划的《于丹〈论语〉心得》，由英国托比依第公司代理版权，预期收益可达200万美金。2013年我国出版物出口金额增加至10462.4万美元，全国共输出版权10401种，版权输出品类和引进品类比例也由2012年的1：1.9提高至1：1.7。同期出版集团的实体"走出去"步伐也在加快，如安徽出版集团成立时代美国出版股份有限公司；北方联合出版传媒（集团）股份有限公司在欧美设立多个出版工作室；中国出版集团旗下成立中国出版（纽约）国际有限公司、中国出版（巴黎）国际有限公司等，创新了"走出去"的模式，创造了"走出去"的空间。此外，中国出版集团积极运作资本，拓展"走出去"的新渠道。如中国出版集团公司将与美国培生集团共同合作组建合资公司；中南出版传媒集团旗下的湖南天闻动漫传媒有限公司和日本角川集团全资子公司角川集团中国有限公司合作设立合资公司，主推漫画类出版物；凤凰出版传媒集团和法国阿歇特出版集团也以共同投资的合作方式成立了凤凰阿歇特文化发展（北京）有限公司等。这种以资本为纽带的国际合作创造了以"引进来"促资本"走出去"的新形式[②]，出版集团的"走出去"将形成立体化格局。

毋庸置疑，体制改革深化使出版企业经历巨变，由"小"变"大"，取得了不少显著成果。目前我国出版企业发展已取得一定的成绩。2013年主营业务收入、资产总额均超过100亿元的"双百亿"集团由4家增加到6家，其中包括：江苏凤凰出版传媒集团有限公司、湖南出版投资控股集团有限公司、安徽出版集团有限责任公司、山东出版集团有限公司、江西省出版集团公司与安徽新华发行（集团）控股有限公司。2013年美国《出版商周刊》榜单中，中国出版集团和以高等教育出版社为前身的中国教育出版传媒集团榜上有名，

① 肖弦弈.中国传媒产业结构升级研究[M].北京：中国传媒大学出版社，2010：73.
② 郝振省.2010—2011中国出版业发展报告[M].北京：中国书籍出版社，2011：18.

排名大幅提升。而最新的 2014 年度全球出版业 50 强榜单中，中国出版集团和中国教育出版传媒集团又以年收入 14.99 亿美元和 11.52 亿美元列在榜单的第 14 位和第 21 位，分别前进了 8 位和 9 位。除此之外，凤凰出版传媒集团和中南出版传媒集团股份有限公司 2013—2014 年年收入均有不俗表现，但因其收入可能包含印刷、媒体及其他业务，和榜单其他企业涉及业务存在差异，故《出版商周刊》榜单未将这两家列入。

但出版集团想要持久生存与长远发展，还需要面临大量的生存考验与挑战。出版集团是多个出版法人和相关法人的联合体，其经营战略关键在于培养和发展能够使其在未来的出版物市场中居于有利地位的竞争力①。由于目前学术界对于出版集团竞争力的识别与评价还缺乏开拓性的研究，无法给企业提供系统的指导思想和理论依据。因此对出版集团竞争力形成机理进行分析，识别出版集团竞争力要素并设置文化主体的评价指标和科学的竞争力评价模型，从而抓住体制改革的关键和出版集团发展的重点，从本质上提高出版集团的竞争力，成为我国出版业发展和提高国家文化软实力工作的重中之重。

0.1.2 研究意义探究

改革开放以来，特别是党的十六大以来，党中央、国务院高度重视出版集团的建设，各地区、各部门在出版集团建设中做了许多积极探索。经营性新闻出版单位转企改制，加快资源整合和结构调整，组建了一批出版集团。但是与"打造具有国际竞争力的跨国出版集团"，"推进文化产业大发展大繁荣"的要求比，我国出版集团还存在着许多不足，如体制不顺，发展活力不强；转型升级迟缓，创新能力不强；发展同质化，市场竞争力不强等。科学的竞争力评价体系既可对出版集团当前的竞争力状况与水平做出评估，又能对出版集团未来的发展起到指引方向的作用，是推动出版集团持续、健康发展的重要抓手。

2012 年党的十八大报告明确提出了增强国有公益性文化企业整体实力与竞争力的战略构想，强调要"完善评价标准"，将"加快完善文化管理体制和文化生产经营机制"作为"增强文化整体实力和竞争力"的基本内容。文化部印发的《"十二五"时期文化产业倍增计划》中也明确提出要完善评价体系和激励机制，指出"坚持把遵循社会主义先进文化前进方向、人民群

---

① 耿乃凡.出版集团竞争力及评价指标体系研究[J].管理世界，2007（6）：168–169.

众满意作为评价文化产品的最高标准，把群众评价、专家评价和市场检验统一起来，形成科学的文化产品评价体系"。新闻出版总署发布的《关于加快出版传媒集团改革发展的指导意见》，同样指出要"建立健全科学的评价和激励机制。科学设置评价指标，探索建立有利于出版传媒集团可持续发展的科学统计和业绩考核体系"。因此，本书的研究有着以下四点重要研究意义与现实应用价值。

第一，为进一步深化出版集团体制改革提供指引。

出版集团竞争力评价体系的构建有助于出版集团认清未来经营与发展的方向，进一步整合资源、优化结构，构建充满活力及富有效率、更开放、更有利于出版集团科学发展的体制机制，解放和发展新闻出版生产力，推动出版集团改革发展取得新突破。本书的研究，将在系统研究法人治理结构、股份制改造、内部经营机制、资本合作与跨所有制发展等各类体制改革基础上，分析出版集团的自身特性，引导不同出版集团市场主体切实规范转制到位，通过有效的制度安排，提高集团的市场竞争能力；将在综合评估不同出版集团的内外部改革特征与现状的基础上，坚持扶优扶强，确定重点发展的出版集团，有助于选择性地打造国际一流出版集团。

第二，有助于推动出版集团应用高新技术、加快产业升级。

十八大报告明确提出，"把推动发展的立足点转到提高质量和效益上来，着力增强创新驱动发展新动力"。这一新动力的一个重要来源是促进文化产业和科技的融合，而构建竞争力评价体系对促进出版集团应用高新技术与产业升级具有明显的推动力，突出体现在以下三个方面：首先，鼓励出版集团应用高新技术。通过科学的评价指标，大力支持出版集团加强核心技术、关键技术攻关；支持自主研发和引进吸收高新技术；推动出版集团加快实现存量出版资源数字化；支持出版集团构建现代化出版物流通体系。其次，促进出版产业转型升级。通过对产业结构和出版集团竞争力关系的研究，引导出版集团按照产业结构调整的需求组织文化生产活动，支持出版集团积极探索数字出版产业发展的新途径；支持发展以网络出版、手机出版、云出版等为代表的出版新业态。最后，引导出版集团科研投入方向与力度。通过实证分析，深入了解出版集团高新技术应用情况，对出版集团的技术升级方向做出展望。

第三，有助于推动出版集团强化社会责任意识。

出版集团作为新闻出版体制改革的排头兵和出版产业发展的主力军，在引领社会主义文化前进方向、建设社会主义核心价值体系、传播知识和传承文明等各方面发挥着重要的作用。十八大报告强调"要坚持把社会效益放在首位、社会效益和经济效益相统一"。目前，对出版集团的考核基本停留在一般经济层面上，无法体现出版集团作为文化供给主体的产业特征，造成了出版产业价值评价的缺失。本书的研究，一方面通过实证研究，结合出版集团改革发展实际，统筹社会效益与经济效益、导向要求与利润指标、短期经营目标与长期发展战略等，科学设置评价指标，探索建立有利于出版集团可持续发展的科学统计和业绩考核体系。另一方面，能充分体现并肯定出版集团的企业社会责任，从而保障人民的基本文化权益，增强社会主义先进文化的对内凝聚力和对外影响力。

第四，有助于提升出版集团的国际竞争力。

当今世界，不同文化的交流、交融和交锋越来越多地表现在文化市场上，表现在文化产品、文化服务和文化资本的竞争上。作为文化产业重要组成部分，面对建设新闻出版强国的新使命，面对激烈的国际文化竞争，我国出版产业还缺乏在国际上有较大影响力的出版集团和品牌。这就迫切要求我们创新推动出版集团走出去的思路和模式，有效扩大出版集团的国际传播力、竞争力和影响力。本书的研究，将通过构建健全的竞争力评价体系来探讨我国出版集团目前存在的不足，为出版集团设计提升竞争力的路径与策略，直接服务于当前我国出版集团建设实践。

0.2　文献研究综述

近 10 年来，围绕企业竞争力评价体系，国内外研究机构和学者展开了一系列深入研究，取得了许多重要的理论及应用成果，推进了企业竞争力评价体系构建、企业竞争力提升策略等服务理论和实践，出版领域也出现了不少针对出版企业竞争力评价体系的研究。但由于我国出版集团成立时间较晚，研究大多偏重于图书出版单位的评价体系构建，很少涉及出版集团竞争力评价体系。本章主要从国内外企业竞争力评价体系研究的相关论文、专著、报告等出版物入手，进而梳理出版企业竞争力评价体系的相关文献，系统总结竞争力评价体系构建研究现状，探究其发展脉络。

0.2.1 一般集团竞争力评价体系研究

企业集团是指在产权上相互结合的企业联合体，它建立在现代企业制度的基础上，以资本为纽带，由多个独立的核心企业组成，共同承担利益与风险。与单一企业相比，企业集团有着不同的特征，主要包括多样性、以产权为主要纽带、多层次性等。企业集团竞争力评价体系研究是在竞争力理论的指导下，运用应用经济学的相关工具、模型与统计分析方法，对企业集团竞争力的显示性现象与影响因素进行研究，并做出描述性的分析与判断，用以评价不同企业集团的竞争力状况。

目前国内外针对企业集团设计的竞争力评价体系并不多见，大多数仍沿用一般企业的竞争力评价体系。世界经济论坛 (WEF) 认为企业竞争力是竞争过程与竞争资产互相作用的产物，包含十个方面的要点，并设计了以一个国家所有企业为整体对象的"企业管理国际竞争力"评价指标体系，目前在国际上较有权威性。瑞士国际管理发展学院（IMD）的企业国际竞争力评价研究也具有一定的学术价值。其他的如平衡记分卡法、《财富》500强评价指标体系、《福布斯》评价方法与《商业周刊》评价方法则是较为常用的评价体系与评价方法。

我国企业集团竞争力评价体系研究发展迅速，已经出现一些具有代表性的成果。如胡素华在《企业集团竞争力评价研究》一文中确定了子公司综合竞争力的指标体系，根据该指标体系求出每个子公司的竞争力，以子公司的销售收入为权重，通过加权算术平均法求出子公司的综合竞争力[①]，同时进行整体合理性评价，两者各占 0.5 的权重，综合计算出企业集团竞争力。该体系结合了企业集团的特点，有一定参考价值，但指标选择较少，测评面不全，也未设置具体权重，实践性并不强，参见图 0–1。

---

① 胡素华.企业集团竞争力评价研究[J].绍兴文理学院学报，2002（6）：77–81.

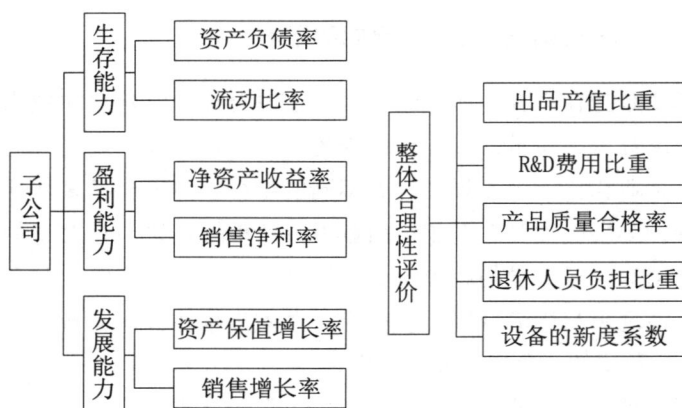

图 0-1　企业集团子公司综合评价与整体合理性评价指标体系

葛夫财提出了一套以企业内部能力为基准的大型企业集团战略性绩效考核体系，可以作为竞争性分析的工具。这套指标体系包括四大类指标：公司价值指数、公司营运力指数、公司整合力指数与企业家指数，避免了财务指标与非财务指标的分离评价。但该指标体系也存在较多的缺陷，如未能对指标的独立性和完备性进行研究，对环境的影响因素考虑较少，定性考核指标数量过多等[①]，如表 0-1 所示。

表 0-1　大型企业集团战略性业绩指标考核体系

核心层指标	过渡层指标	执行层指标
公司价值指数	公司财务价值	EVA率
		EVA的增长率
		安全水平
	治理效率	治理架构
		社会责任
		环境治理

---

① 葛夫财.大型企业集团战略性绩效考核体系构建[J].上海管理科学，2005（3）：11-12.

核心层指标	过渡层指标	执行层指标
公司营运力指数	生产与质量效能	生产效率
		产品质量
		供应商满意度
		人均销售收入
		R&D能力
	人力资本效能	人员结构
		员工满意度
		人员的素质和能力
	资本运作能力	总资产周转率
		WACC
		净资产增长率
	市场营销效能	客户满意度
		渠道
		销售收入增长率
	信息化能力	信息化观念
		信息化实施的深度和广度
公司整合力指数	战略规划实施	战略规划
		战略实施与调整
	多元化与一体化	相关性程度
		市场占有率
		市场影响力
企业家指数	管理层因素	企业高层管理者结构
		企业家的领导风格
	组织文化	文化的认知度
		文化柔性度
		创新性声誉

戴文涛从国际竞争力角度构建了大企业集团竞争力评价指标体系理论框架，并设计了相关评价模型，通过加法模型将大企业集团竞争力的两大要素——竞争能力与竞争机制叠加，形成综合竞争力指数 CPI 来反映大企业集团竞争力的状况。不足之处则在于定性评价指标数过多，如战略管理、劳动人事管理、集

权与分权情况等均无法量化衡量，影响其实际可操作性[1]，参见表 0–2。

表 0-2　大企业集团国际竞争力评价指标体系理论框架

目标层	准则层	要素层	指标层
大企业集团国际竞争力	营运力	效率	劳动生产率、流动资产周转率、总资产周转率、成本费用率、存货周转率、流动资产比率、总资产使用率、总资产贡献率、营业利润率、权益收益率、成本费用利润率、资本保值增值率、净资产收益率、资本收益率、资金利润率、总资产报酬率、资本积累率
		效果	营业收入、利润总额、利税总额、净利润、资产总额、净资产
		市场	市场占有率、出口比例
		偿债	资产负债率、流动比率、速动比率、利息保障倍数、负债股权比率、资产长期负债率
	发展力	规模增长	总资产增长率、净资产近三年平均增长率、销售收入近三年平均增长率、净资产增值率
		收益增长	利润总额增长率、利税总额增长率
		市场扩张	营业收入增长率、出口增长率
		企业资信	信用等级变化
		投资积累	年度固定资产投资比例、投资收益率、折旧率
	创新力	机构人员	技术创新机构、技术人员比重、国际科技人员开放度、科研人员本科以上学历比重
		技术能力	新产品销售比重、技术转让总值、设备转让总值、固定资产投资增长率、人均技术装备程度、设备技术水平
		产品研发	研究开发人员比重、研究开发费用比重、二次技术开发比重、研发费用与主营业务收入比率、培训费用比重、技术创新成果、国际认证产品比例
	机制	制度	组织形式与出资人制度、产权结构
		决策	高层领导素质、决策机制及效率、集权与分权情况
		激励	奖励制度、分配方法、监督约束机制、教育培训制度
		管理	战略管理、质量管理、劳动人事管理、财务管理、企业文化

---

[1]　戴文涛. 中国企业集团国际竞争力评价理论、方法和指标体系研究[J].会计师，2009（10）：106–107.

林森基于企业素质内涵与构成要素的理论，从基本素质、能力素质和效益素质三个方面构建了我国大型企业集团企业素质的评价指标体系，全面、系统和客观地评价企业集团的竞争力[①]。该指标体系设置了相关权重，便于实际测评，但要素层部分指标指代不明确，如外部资源配置力、对环境变化敏感性、利益相关方平衡能力等，如表 0-3 所示。

表 0-3 大型集团企业素质模型评价分类要素权重表

目标层	准则层	维度层	要素层
企业素质	基本素质 0.59	科技素质 0.24	企业科技投入强度、技术密集度、累计专利持有数、产学研融合度、企业主持或参加制定的行业标准数
		管理素质 0.21	战略管理水平、标准化管理水平、企业执行力、规划与计划控制执行率、信息化建设水平
		人员素质 0.55	企业家素质、人才密度、团队协作能力、高端人才占科研人员比例、员工培训投入水平
	能力素质 0.28	经营能力 0.26	对环境变化敏感性、利益相关方平衡能力、外部资源配置力、市场开拓力
		创新力 0.27	年产出新型产品/服务项目数量、年规章制度出台数量、发明专利占专利总数的比重、企业文化创新力
		品牌力 0.25	品牌美誉度、品牌价值、品牌理念与表征
		风险管理能力 0.22	应急预警系统建设水平、应急预案完备程度
	效益素质 0.13	经济效益 0.36	营业收入、净资产收益率、成本费用利润率、全员劳动生产率
		社会效益 0.31	公益事业支出水平、利益相关方满意度、环境保护和低碳发展投入水平
		服务水平 0.33	产品/服务可靠率、售后服务网络建设水平、客户满意度、行风评议排名

以南开大学李维安教授为首的南开大学公司治理研究中心发布的《中国

[①] 林森.大型企业集团企业素质模型与评价指标体系初探[J].商业时代，2012（12）：79.

公司治理与发展报告》，针对上市集团公司的特征，将公司治理指数与上市公司发展相结合，以公司治理评价为基础，从股东权益与控股股东、董事与董事会、经理层、监事与监事会、信息披露和利益相关者等六个维度分别构建了相应的评价体系并生成评价指数，共计 80 余个评价指标[①]。此评价体系能够综合、持续、动态地反映我国上市集团公司的公司治理竞争力，其中一级与二级指标参见表 0-4。

表 0-4 　 中国上市公司治理评价系统

一级指标	二级指标
股东权益与控股股东	股东基本权利
	股东平等待遇
	上市公司独立性
	股东大会
	控股股东行为指标
董事与董事会	董事权利与义务
	董事会运行状态
	董事会构成
	董事薪酬
	独立董事制度
经理层	任免制度
	执行保障
	激励机制
监事与监事会	监事能力保障性
	监事会运行有效性
信息披露	完整性披露
	及时性披露
利益相关者	利益相关者保护性指标
	利益相关者参与性指标

---

① 南开大学公司治理研究中心课题组.中国上市公司治理评价系统研究[J].南开管理评论，2003（3）：4-12.

国家统计局的大企业集团竞争力评价指标体系是现今较完整且通用的企业集团评价指标体系，由生存力、发展力、潜力和机制四个一级指标构成，能结合企业集团的特征作出有效评价，参见图 0-2[①]。

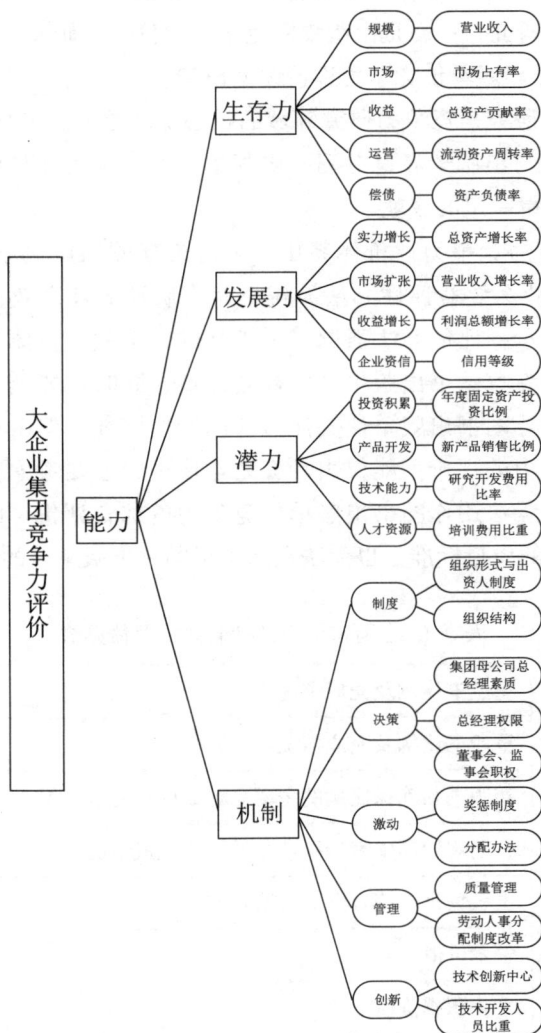

图 0-2　大企业集团竞争力评价体系

① 中华人民共和国国家统计局服务业调查中心.中国大企业集团竞争力年度报告[M].北京：中国统计出版社，2009.

0.2.2　出版企业竞争力评价体系研究

截至 2014 年 12 月,我国共有 581 家图书出版单位和 36 家出版集团。因此本节将出版企业按这两大类分别进行文献梳理,即一类是图书出版单位竞争力的评价体系研究,一类是出版集团竞争力评价体系研究。

0.2.2.1 图书出版单位竞争力评价体系研究

竞争力评价研究是竞争力研究领域的核心课题之一,一直受到持续广泛的关注。政府部门与出版学界也对图书出版单位的竞争力评价体系进行了深入研究,并已经取得一定的成就。

在官方发布的竞争力评价体系中,上海市新闻出版局于 2004 年制定的《上海市出版社社会效益评估办法》较早对出版社的社会效益提出了考核指标,如表 0-5 所示,评估办法强调了出版社的社会效益,体现了出版的导向原则,能较好地考察图书出版单位的社会效益,同时也能充分体现行业管理的相关原则,引导图书出版单位关注自身的社会责任。但由于市场经济下图书出版单位竞争力的评价不能仅由社会效益体现,还要考虑企业创造的经济效益,因此该表无法用作图书出版单位竞争力的综合评价。此外,指标的选择侧重于出版物的质量标准,也无法全面衡量图书出版单位的社会效益。

表 0-5　上海市出版社社会效益评估办法

出书结构	重点书比例及完成情况
	重印书比例及完成情况
	初版书须确保比例的主要品种或门类完成情况
	长期规划和国家特别任务的图书完成情况
内容质量	出版物是否符合国家政策导向
	学术价值
	文化积累价值
装帧设计	出版物封面、扉页、插图等能否恰当反映出版物的内容
	格调是否健康
	版式设计是否统一
	字体、字号是否合理

编校质量	出版物差错率是否达到规定标准
	检查出版社自查情况，考核出版社的管理制度
出版活动的突出成果	在国内乃至国际上产生重大影响的出版物
	装帧设计获国际或全国重要奖项
	对外合作出版取得重要成果
违规出版活动	违反《出版管理条例》规定的出版物管理制度
	违反年度计划和重大选题备案制度
	违反国家和上海书号管理制度
	《出版管理条例》规定的其他违规行为

国务院国资委统计评价局发布的《企业绩效评价标准值2012》制定了出版业的绩效评价标准值，参见表0-6。该指标体系从盈利能力状况、资产质量状况、债务风险状况、经营增长状况及补充资料等五个方面来衡量图书出版单位的绩效，能较好地反映图书出版单位的运行情况。但由于该指标体系反映的是各行业运行状况的标准值，选择的多为财务绩效定量指标，因此仅能考察图书出版单位的经济效益，而无法对出版图书单位自身的特殊性与文化责任进行测度。

表 0-6　2012 版企业绩效评价标准值

项目		优秀值	良好值	平均值	较低值	较差值
盈利能力状况	净资产收益率（%）	18.7	13.3	7.5	−0.7	−6.8
	总资产报酬率（%）	12.7	8.2	5.0	−0.1	−5.4
	主营业务利润率（%）	36.9	31.7	25.0	13.1	−0.1
	盈余现金保障倍数	7.1	4.3	2.8	2.1	0.5
	成本费用利润率（%）	20.1	15.6	9.0	0.1	−18.0
	资本收益率（%）	21.3	15.8	7.6	2.4	−8.5

续表

项目		优秀值	良好值	平均值	较低值	较差值
资产质量状况	总资产周转率（次）	2.2	1.2	0.7	0.3	0.1
	应收账款周转率（次）	40.9	24.3	10.0	7.2	5.0
	不良资产比率（%）	0.4	1.0	2.2	7.6	17.3
	流动资产周转率（次）	2.5	1.7	0.9	0.5	0.2
	资产现金回收率（%）	25.2	13.8	5.0	2.1	−9.3
债务风险状况	资产负债率（%）	42.0	50.3	60.0	69.2	75.0
	已获利息倍数	7.7	5.6	4.2	0.9	−2.9
	速动比率（%）	158.9	130.2	109.0	75.0	38.6
	现金流动负债比率（%）	36.7	27.6	14.8	3.2	−10.4
	带息负债比率（%）	14.8	25.7	35.5	46.7	60.3
	或有负债比率（%）	0.1	1.6	3.9	12.8	21.6
经营增长状况	销售（营业）增长率（%）	26.3	15.9	2.5	−7.7	−23.8
	资本保值增值率（%）	111.3	108.0	103.6	96.8	91.9
	销售（营业）利润增长率（%）	22.1	12.1	0.9	−6.7	−15.3
	总资产增长率（%）	23.2	17.6	10.0	0.7	−9.4
	技术投入比率（%）	1.0	0.7	0.6	0.5	0.4
补充资料	存货周转率（次）	18.1	7.4	3.0	1.8	1.3
	三年销售平均增长率（%）	26.3	15.9	2.5	−7.7	−23.8
	成本费用占主营业务收入比率（%）	77.7	89.0	97.4	104.9	115.1
	期间费用占主营业务收入比率（%）	9.3	19.1	28.8	36.1	47.9
	经济增加值率（%）	17.7	11.3	3.0	−2.4	−8.1
	EBITDA率（%）	22.4	13.1	7.7	−5.5	−13.6

新闻出版总署于 2008 年颁布了《经营性图书出版单位等级评估办法》以下简称《评估办法》，并在当年对全国的图书出版单位进行了等级评估，参见表 0-7。

《评估办法》从图书出版能力、基础建设能力、资产运营能力及附件项目等四大项来考察出版单位，既能体现出版单位的经济实力，也强调了企业的社会效益考核，是目前国内较为权威的考核指标体系。但指标未能进行权重的分配，并且部分指标过于含糊，如公益事业、制度建设等均没有具体指明考核的内容。此外还存在部分指标过于陈旧的情况，如随着出版职业技术资格考试的普及，主业人员持证上岗等指标已无法体现出版单位的人力资源水平。同时，该体系未能体现出版单位的可持续发展能力，用作现代出版企业的综合竞争力评价稍显欠缺。

表 0-7 经营性图书出版单位等级评估办法

图书出版能力	图书内容质量
	专业特色
	重点图书出版情况
	获奖图书情况
	图书再版重印率
	图书销售
	版权输出
	图书编校质量
	图书印装质量
基础建设能力	社领导岗位培训
	主业人员持证上岗
	编校人员职称
	从业人员受表彰情况
	制度建设
	信息化及数字化建设
	办公条件
	单位受表彰情况
资产运营能力	净资产收益率
	主营业务销售收入增长率
	图书单品种平均利润
	速动比率
	主营业务销售收入

续表

违规记录	违纪违规
	降级项
附加项目	公益事业

出版学界也针对图书出版单位竞争力构建了各式评价指标体系。以王晓峰为主的浙江出版联合集团"中国图书出版资源基础数据库"课题组发布的《"九五"期间中国图书出版社市场竞争评估初探》中构建了中国图书出版社竞争力评价的指标体系，如表0-8所示。这个指标体系采用了大量描述性的定量指标，如总品种份额水平、平均印数、新出平均印数等，但存在指标没有细化、指标选择不足以衡量出版社的经营水平等问题。

表0-8 "九五"期间中国图书出版社市场竞争评估指标体系

品种板块	总品种份额水平
	新出品种份额水平
	租型品种份额水平
	课本品种份额水平
	非课本品种份额水平
	非租型非课本品种份额水平
	重印、重版率水平
印数板块	平均印数
	总印数份额水平
	新出平均印数
	新出印数份额水平
	租型平均印数
	租型印数份额水平
	非租型平均印数
	非租型印数份额水平
	课本平均印数
	课本印数份额水平
	非课本平均印数
	非课本印数份额水平
	非租型非课本平均印数
	非租型非课本印数份额水平

	平均印张
	总印张份额水平
	新出平均印张
	新出印张份额水平
	租型平均印张
	租型印张份额水平
	非租型平均印张
印张板块	非租型印张份额水平
	课本平均印张
	课本印张份额水平
	非课本平均印张
	非课本印张份额水平
	非租型非课本平均印张
	非租型非课本印张份额水平
	印张定价水平
	新出印张定价水平
	平均定价
	总定价份额水平
	新出平均定价
	新出定价份额水平
	租型平均定价
	租型定价份额水平
	非租型平均定价
定价板块	非租型定价份额水平
	课本平均定价
	课本定价份额水平
	非课本平均定价
	非课本定价份额水平
	非租型非课本平均定价
	非租型非课本定价份额水平

续表

销售板块	全年累计总销售额份额水平
	全年累计总销售册数份额水平
	全年累计纯销售额份额水平
	全年累计纯销售册数份额水平
	总库存册数千分倒比
	库存总定价千分倒比
	总利润份额水平
	出版利润份额水平
	出版业劳动生产率
其他因素板块	出版系统年销售额份额水平
	出版（社）年销售额份额水平
	人口因素
	ISBN因素
	企业家才能因素
	编辑人员水平因素
	编辑人员景气指数
	各主要出版物物流中心版别销售实绩
	各主要中心城市店版别销售实绩
	出版社的社会形象
	品牌因素

　　李竹荣、董克柱等在《中国传媒产业效益评价研究》一书中设计了一套全新的出版企业评价指标体系，分为经济效益评价指标与社会效益评价指标两大块，参见表0-9。前者包括出版企业规模指标、市场份额指标、盈利能力指标、营运能力指标、偿债能力指标、发展能力指标与资本积累率等六项具体指标；后者包括出版物内容质量、获奖出版物情况、再版重印率等十项具体指标。同时确定了指标权数，如经济效益指标权重为70%，社会效益指标权重为30%。这套指标考虑到了出版企业的社会效益，但没能解释清权重的来源以及提出更细化的指标，因而可操作性较低[①]。

───────────

①　李竹荣.中国传媒产业效益评价研究[M].北京：中国传媒大学出版社，2009.

表 0-9   出版企业效益评价指标体系

评价项目	权重	评价内容
出版企业规模	5%	评价出版企业规模
市场份额	5%	评价出版企业市场份额
盈利能力	25%	评价出版企业盈利能力
营运能力	10%	评价出版企业资产管理水平
偿债能力	10%	评价出版企业的偿债能力
发展能力	10%	评价出版企业的发展能力
资本积累	5%	评价出版企业资本保值增值能力
社会效益	30%	评价出版企业社会效益水平

刘拥军将影响图书出版单位竞争力水平的相关指标划分为结果性指标与成因性指标两大类，其中结果性指标者包括图书出版单位的生产力、销售力、赢利力和影响力四项；成因性指标包括资源力和组织力两项，具体指标参见表 0-10（括号内为相关权重分配）。这套指标能较好地概括出版单位的竞争力来源，并对指标进行了权重分配。但其中部分指标指代模糊，如社长的个人名气、媒体亮相度、员工士气等，没有说明考核的具体内容，降低了该指标体系的可操作性。此外，社会效益在指标体系中只占到 0.013 的权重，明显不符合当前社会效益与经济效益并重的文化产业发展原则。

表 0-10   图书出版单位竞争力水平相关指标

出版社竞争力指标体系（1）	结果性指标系统（0.4）	生产力（0.16）	总品种（0.053）
			新品种（0.053）
			总印数（0.053）
		销售力（0.12）	销售收入（0.12）
		赢利力（0.08）	利润总额（0.08）
		影响力（0.04）	媒体亮相度（0.013）
			社长的个人名气（0.013）
			社会效益（0.013）

续表

出版社竞争力指标体系（1）	成因性指标系统（0.5）	资源力（0.2）	资源规模（0.1）	资产总额（0.033）
				净资产负债率（0.033）
				编辑人数（0.033）
			资源效率（0.1）	资产利润率（0.033）
				净资产收益率（0.033）
				人均销售收入（0.033）
		组织力（0.3）		员工士气（0.09）
				工作效率（0.09）
				图书类别变化率（0.12）
	成长性指标系统（0.1）			竞争力变化率（0.1）
合计	1	0.9		1

刘丽华和姚德海也对图书出版单位竞争力进行了指标体系设计，从市场因素、能力因素与风险因素三方面出发，构建了包含了 12 个二级指标与 76 个三级指标的出版社竞争力指标体系[①]。该指标体系从社会效益与经济效益两个方面来考察出版社的竞争能力，相对全面，参见表 0-11。但部分指标指代模糊，没有明确具体考察内容，如相关制度的科学性、政府经济政策对出版社的影响、出版社企业文化适应性等。此外，没有为相关指标设定权重也是一个较大的遗憾。

表 0-11　出版社竞争力指标体系

市场因素	出版社规模	出版社年图书销售码洋
		出版社年造货码洋（含重版）
		出版社年用纸量
		出版社年出版字数（含重版）
		出版社年出书数（含重版）

---

① 刘丽华，姚德海.出版社竞争评价指标体系探究[J].出版经济，2004（4）：20-22.

		出版社作者群
		出版社资产总额
		出版社净资产
		出版社无形资产
		出版社利税总额
		出版社年现金净流量
		出版社员工总数
能力因素	出版社盈利能力	销售利润率
		总资产报酬率
		资本收益率
		净资产收益率
	出版社可持续发展能力	销售收入近三年平均增长率
		利税总额近三年平均增长率
		员工收入近三年平均增长率
		年出版字数近三年平均增长率
	出版社资本运营能力	经济增加值
		资本保值增值率
		固定资产使用率
		图书平均边际成本
		出版社资信度
	出版社市场与营销能力	图书市场占有率
		图书市场覆盖率
		图书市场品种占有率
		图书市场应变能力
		出版社社会形象
		图书销售渠道数
		图书销售人员所占比例
		人均图书销售率
		图书营销和服务网点
		读者忠诚度

续表

	出版社技术与创新能力	信息技术拥有率
		信息技术使用率
		信息技术的投资收益率
		人均技术装备水平
		设备先进程度
		技术创新投入率
		技术开发人员比率
		是否具有较完备的技术支撑
能力因素	出版社人力资源与企业文化	出版社高级管理人员素质
		员工平均受教育程度
		人力资本开发成本率
		读者受教育程度
		读者的信息技术水平
		人均教育经费
		出版社聚合力
		出版社企业文化适应性
		出版社企业文化建设投资率
	出版社经营效率	图书存货周转率
		应收账款周转率
		流动资产周转率
		总资产周转率
	出版社版权贸易能力	版权贸易市场占有率
		版权贸易总额
		版权贸易图书品种
		版权贸易分布情况
	出版社组织管理能力	组织结构合理性
		组织外向拓展能力
		业务流程的合理性
		相关制度的科学性

风险因素	出版社运营安全	自有资本构成比率
		产权比率
		流动比率
		速动比率
		资产负债率
		销售收入中教材、教辅所占比例
		经营多样性
	出版社环境适应性	自主经营权力系数
		社会责任成本率
		书号属性
		政府经济政策对出版社的影响

　　顾金亮的出版企业竞争力评价体系相对而言更能体现现代图书出版单位竞争力的特性，选取的8个一级指标都比较有代表性，二级指标包含了硬指标与软指标，能较全面地反映图书出版单位的竞争力[①]。但有的指标表述不清，如某类图书的市场销售码洋排名，这个指标就可用多种细分指标来表示；编辑、出版、发行业务通过信息管理系统得到支持的比例也很难计算得出，因此实践操作性并不强，参见表0-12。

表0-12　出版企业竞争力评价体系

一级指标	二级指标
选题策划竞争力	拥有的优秀作者数量
	年获取政府支持的经费额
	曾推出具有重大社会影响、年销售20万册以上的出版物的次数
	某类图书的市场销售码洋排名
	选题实现率

---

① 顾金亮.出版企业竞争力评价研究[M].南京：东南大学出版社，2010.

续表

一级指标	二级指标
市场营销竞争力	年销售码洋在行业中的排名
	制定年销售数量、营销计划的出版物占总出版物的比例
	拥有年销售本企业出版物20万码洋以上的渠道数
	年开拓新市场的数量
	平均每印张定价低于行业平均定价水平的幅度
	营销费用占销售码洋的比重
内部协同竞争力	各部门参与全部选题论证的比例
	年出版物差错率小于万分之一的比例
	实际完成进度符合计划要求的比例
	实际成本符合计划要求的比例
	实际准时到位资金占满足正常生产应到位全部资金的比例
	库存占年销售码洋的比重
外部协同竞争力	退货率（退货占年销售码洋的比例）
	呆账、坏账占应收款的比例
	供应商管理库存方式的参与程度
企业文化竞争力	企业员工对企业宗旨的认同程度
	企业文化对环境变化的适应能力
	企业重要员工的离职率
	企业吸引业内优秀人才的能力
	员工对企业的榜样人物价值观及行为的认可程度
技术竞争力	编辑、出版、发行业务通过信息管理系统得到支持的比例
	年网络出版图书的品种数
	网上销售出版物种数占全部出版物品种的比例
	企业运用的反盗版技术的种数
	企业用于网络出版、网站建设、电子商务、反盗版等方面的技术开发投入占年销售码洋的比例
人力资本竞争力	企业家素质（企业家的知识结构、知识水平、相关从业经验、冒险精神、创新及学习能力）
	本科学历以上员工占企业员工总人数的比例（%）
	年人均创利水平（万元）
	30~50岁员工占企业员工总数的比例（%）
	培训与教育经费占年销售码洋的比例

一级指标	二级指标
品牌竞争力	企业获得中国政府图书奖、中华优秀出版物奖、"五个一"工程奖、国家科学技术进步奖的次数
	再版三次以上图书的比例
	某类出版物连续三年年均广告及宣传费用投入
	年品牌宣传投入
	企业形象和出版物标识设计能力在同行企业中的表现

徐小傑博士的《图书出版产业评价体系》一书中，对图书出版单位也进行了竞争力的研究[①]，如表 0-13 所示。他的创新点在于从相关利益者角度入手，构建了基于经济责任、法律责任、伦理责任及慈善责任的图书出版单位评价指标体系，增加了图书出版单位的社会效益比重，指标制定也较为详细。但这份指标体系也存在着一定不足，一是部分指标有重叠情况，如生产能力中的图书内容质量、图书编校质量与图书印装质量与法律责任中的图书出版物内容质量合格率、图书出版物印刷质量合格率两项指标重复；二是部分指标过于含糊不易考核，比如消费者投诉情况、是否有歧视现象等；三是未能设置相应权重，只提供了评价的框架，没有进行详细解释与运用标准设计；四是各级指标数不统一，如一级指标经济责任下有二级与三级指标，但一级指标伦理责任下只有一个三级指标，容易导致进行权重分配时由于各级指标数不同产生误差。

表 0-13　相关利益者视角下的图书出版单位评价指标体系

责任类别	相关利益者	评价内容	图书出版单位评价指标体系
经济责任	投资人、所有者	生产能力	图书总品种
			新书总品种
			重印／再版率
			图书内容质量
			图书编校质量
			图书印装质量
			畅销书（发行量超过10万册）品种数
			超级畅销书（发行量超过50万册）品种数
			图书获奖情况

---

① 徐小傑.图书出版产业评价体系[M].北京：中国书籍出版社，2011.

续表

责任类别	相关利益者	评价内容	图书出版单位评价指标体系
经济责任	投资人、所有者	获利能力	销售利润率
			总资产报酬率
			资本收益率
			盈余现金保障倍数
			成本费用利润率
			净资产收益率
			资本保值增值率
			教材／教辅占销售利润比例
			版权输出收入
			品牌资产价值
			人均效益
		营运能力	总资产周转率
			应收账款周转率
			存货周转率
			流动资产周转率
		偿债能力	资产负债率
			产权比率
			已获利息倍数
			现金流动负债比率
			速动比率
		成长能力	销售增长率
			销售利润增长率
			总资产增长率
法律责任	政府		有无违反国家法律法规而被查处的记录
			有无罚款支出
			社会贡献率
			社会积累率
	员工		员工工资保障支出占总支出的比例
			员工福利保障支出占总支出的比例
			平均每周工作时间

责任类别	相关利益者	评价内容	图书出版单位评价指标体系
	消费者	是否存在歧视现象	
		图书出版物印刷质量合格率	
		消费者投诉情况	
伦理责任	媒体	有无负面新闻报道情况	
慈善责任	其他利益相关者	慈善捐款情况	
		参加公益活动情况	
		每年吸收就业人数	

在国际上，两个较有影响力的应用性研究成果分别是 2000 年英国商务部发布的《知识经济时代的出版业：英国出版媒介产业竞争力分析（主报告）》和 2005 年欧洲出版委员会公布的《欧洲出版竞争力评估报告》，均部分涉及出版产业竞争力的指标体系构建。

0.2.2.2 出版集团竞争力评价体系研究综述

在出版集团竞争力评价方面，官方比较具代表性的有中国新闻出版研究院旗下的中国出版业发展报告课题组每年发布的中国出版业发展报告，选取企业的资产总额、所有者权益、主营业务收入与利润总额四项指标，采取主成分分析法通过 SPSS 直接计算，得出出版企业总体经济规模综合评价排名，虽然排名局限于经济规模方面，但仍具备较强的影响力，是目前出版蓝皮书对出版集团排名时所选用的方法。

由于我国出版集团发展起步较晚，因此国内学者们进行的相关研究还不多，目前已设计出的指标体系共有两个，一是彭兆平、熊正德设计的基于模糊灰色分析的出版集团竞争力评价体系，选取模糊灰色综合评价法，从资源因素、财务能力因素、运营能力因素以及发展能力因素四个角度出发[1]，构建出版集团竞争力的指标体系，并进行了实证分析，参见图 0-3。但该指标体系未能很好体现出版集团与出版企业竞争力上存在的不同之处，评价指标的选择与企业评价较为相似，对集团的母子公司治理、股权结构等方面均未涉及，不能很好地衡量出版集团竞争力。

---

① 彭兆平，熊正德.基于模糊灰色分析的出版集团竞争力评价体系[J].出版发行研究，2009，（11）：29.

出版集团竞争力

- 资源因素
  - 人力资源
  - 生产设备
  - 资源配置合理性
- 财务能力因素
  - 集团盈利能力
  - 资本运营能力
- 运营能力因素
  - 集团组织管理能力
  - 集团生产能力
  - 市场营销能力
  - 技术水平与创新能力
  - 集团版权贸易能力
- 发展能力因素
  - 集团运营安全控制
  - 集团对环境的适应能力
  - 集团可持续发展能力

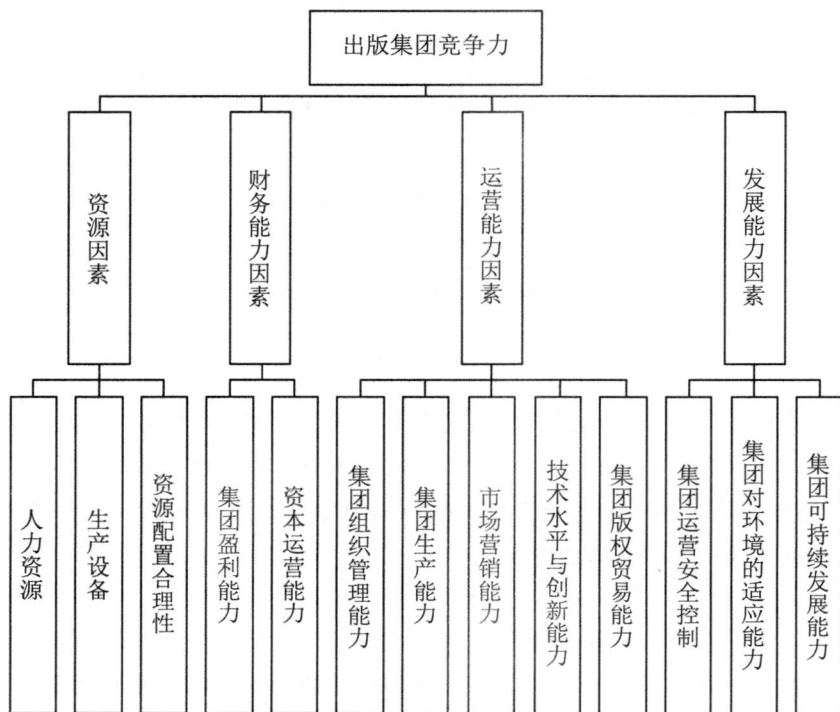

图 0-3　基于模糊灰色分析的出版集团竞争力评价体系

　　耿乃凡设计的出版集团竞争力指标体系主要从集团的战略过程竞争力、技术过程竞争力、组织过程竞争力、界面过程竞争力和市场化过程竞争力五个维度及动态因子共六个方面分析出版集团竞争力[1]，参见图 0-4。这份指标体系同样忽略了出版集团与出版企业的不同，虽然里面有提及集团战略共识性等个别涉及集团竞争力的指标，但整体上仍未能体现出集团经营的特色。此外，该指标体系也只提供了一个评价的框架，许多概念非常模糊，如营销渠道的管理、市场竞争动态、对变革的适应性等，很难进行量化与评价，导致实际可操作性较差。

---

[1]　耿乃凡.出版集团竞争力及评价指标体系研究[J].管理世界，2007，（6）：169.

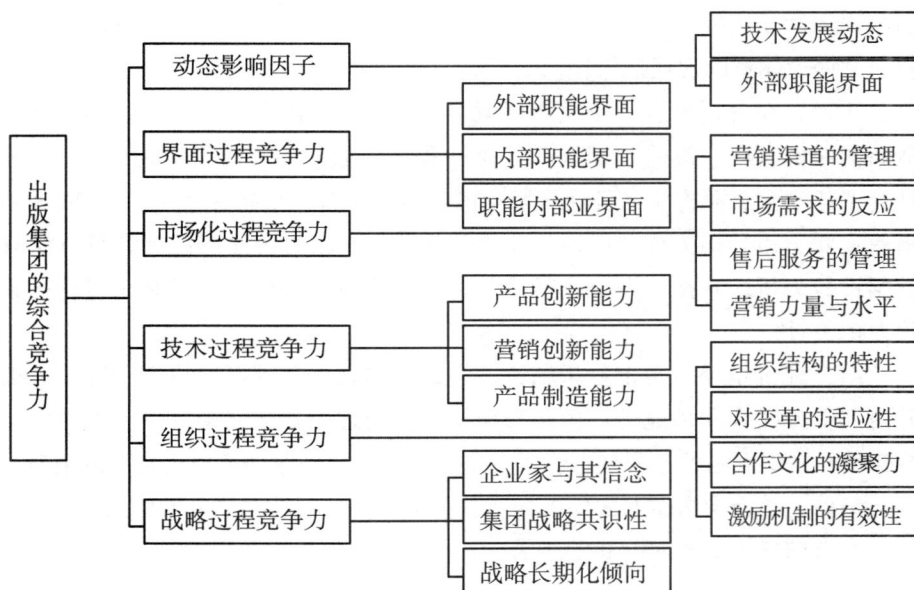

图 0-4　出版集团综合竞争力评价框架

综上所述，政府与国内学者对于我国出版图书经营单位竞争力的研究较多，也较为全面，存在不少有价值的研究。但出版集团竞争力的研究还处于起始阶段，官方只有针对经济规模的评价，国内学者也多未涉及这一领域。出版集团是出版产业发展的领头军，为其制定科学的竞争力评价体系意义重大，本书将基于已有的研究成果，构建符合我国国情的出版集团竞争力评价体系。

0.3　研究思路及研究方法

针对上述研究背景和目前存在的问题与不足，本书确立了以下研究思路和研究方法。

0.3.1　研究思路

首先，分析本书的研究背景与研究意义，并对有关出版企业竞争力评价体系研究的国内外文献进行回顾与评析，总结现有研究的不足，提出要在建立科学的出版集团竞争力评价体系基础上开展竞争力培育及提升的对策研究。

其次，对出版集团竞争力的形成机理与演化过程进行研究，总结出当前出版集团竞争力实质上是能力、机制和社会责任三方面相互作用的结果，为竞争力评价体系的构建提供理论支持。

再次，在分析出版产业发展环境基础上，设定出版集团发展目标，选取适当的评价方法，遵循"环境—目标—程序"的基本范式，从能力、机制和社会责任三个层面构思与设计出版集团竞争力综合评价指标体系。以2013年出版集团上市公司为样本，通过层次分析法、专家打分法等统计评价方法对数据进行分析，并按总得分进行排名，并以凤凰出版传媒集团为个案进行竞争力相关研究。

结合评价结果与案例分析结论，尝试从加强外部资源获取整合能力、提升内部资源整合利用能力、优化股权结构与治理模式、完善战略管理协同和构建基于知识网络的学习型组织等五个方面讨论出版集团竞争力提升的策略。

最后，总结本书做的主要工作及存在不足，并对后续研究做出展望。

本书的总体框架如图0-5所示。

0.3.2　研究方法

对出版集团竞争力的评价研究涉及多门交叉学科，相关研究变量较为复杂，因此本书主要采用规范研究与实证研究相结合的方法，同时为了保证数据的时效性，研究的资料数据尽量截止到2014年12月。

规范研究方法主要指从已有理论出发，依据一定的理论或是价值观念对需要分析的事物与现象作出判断，进而通过理论推理与逻辑分析推断出相应的结论。本书运用规范研究重点解决出版集团竞争力"本质是什么""为什么应该如此"等问题。规范研究的不足在于缺乏事实检验，纯粹的理论推断容易导致主观性过强，因此，如果能辅以实证研究的验证支持，将得出更为科学合理的结论。

实证研究可以弥补规范研究的不足，通过数据或案例来验证理论认识是否符合客观实际，重点解决当前的现实状况"是什么"的问题。本书主要利用统计和计量方法，采集上市出版集团公司样本数据，对研究数据进行量化分析，针对各章节研究内容的需要，综合运用层次分析法、专家打分法、理论分析法、频度分析法等统计分析方法，制定出较为科学的出版集团竞争力综合评价指标体系。

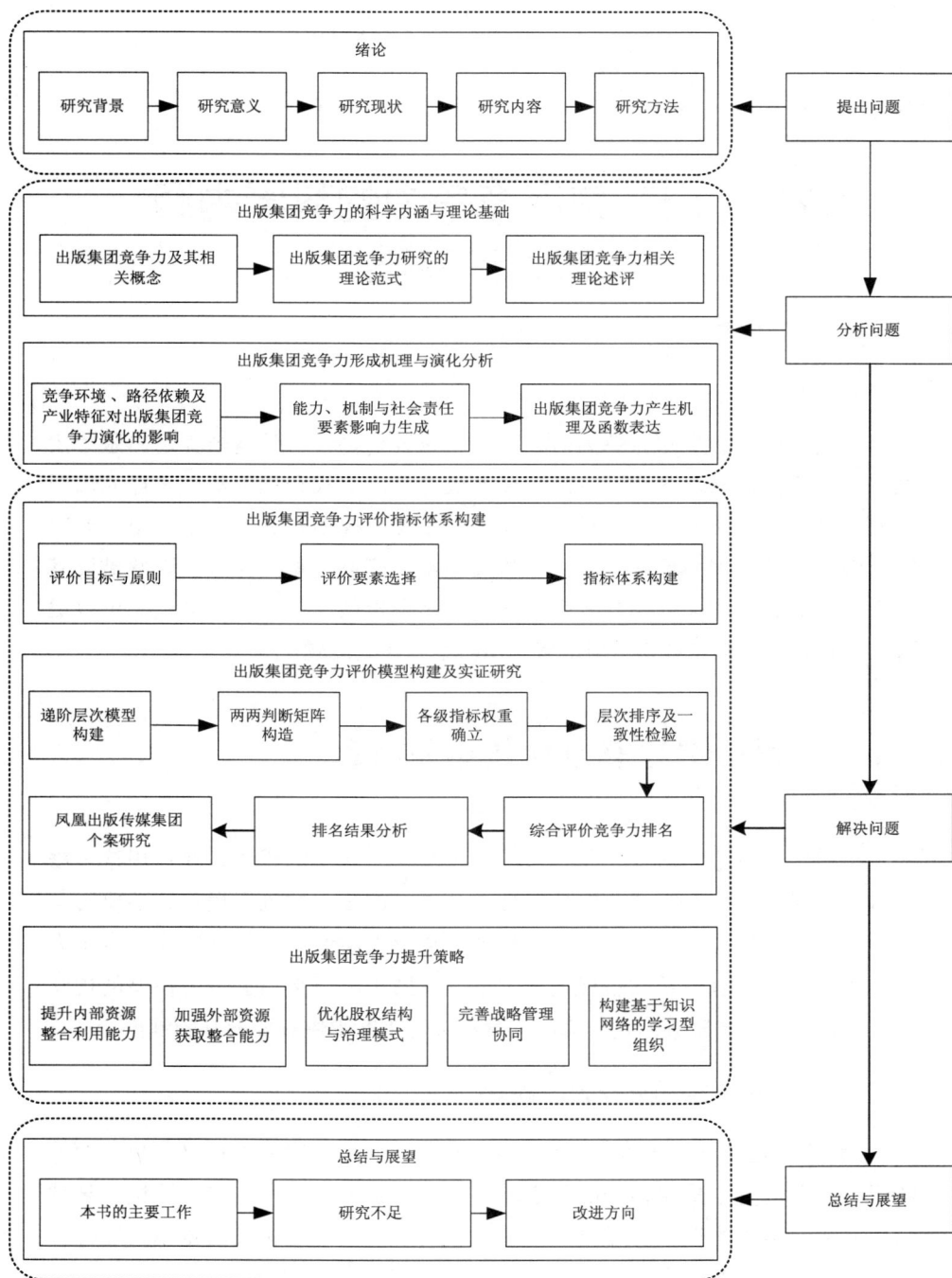

图 0-5 本书总体框架示意图

① 出版集团竞争力的科学内涵
与理论基础

开展我国出版集团竞争力研究有两个重要前提：一是清晰界定出版集团竞争力的相关概念及内涵；二是选择有效的理论范式和理论基础来探究出版集团竞争力的本质属性，进行指标体系的设计与模型构建。由于竞争力研究在经济学界和管理学界的学术成果比较丰富，研究也相对深入，因此借鉴其较为完善成熟的相关理论与研究方法，并结合出版学自身知识理论，可以更科学、高效地剖析和考究我国出版集团竞争力研究问题。

1.1 出版集团竞争力及其相关概念

出版集团竞争力是一个具有多元化和多层次含义的概念，在运用这一概念时，不仅要结合出版产业的特殊性对其含义的多元性进行揭示，还要对其内涵与外延作较为明确的限定。这种多元化审视能使后续的出版集团竞争力指标体系设计具有科学的指标选择依据，有助于出版集团竞争力模型的构建与检验，还能为出版集团竞争力的培育与提升策略提供重要的基础理论。

1.1.1 出版集团竞争力的界定

"竞争"是当下社会语境中常被使用的一个词，它存在着广义与狭义两种解读。广义的竞争是生物学的关系之一，指的是个人或者团体为了达到某种目标，从而努力争取其所需求的对象。本书所讨论的是狭义的竞争，即经济学领域的竞争，"它是组织经济活动以达到某个目标的手段"①，并将在此基础上进行竞争力的界定。

影响出版集团竞争力的因素众多，因此学术界对其作的界定也各有不同，通过对大量资料进行梳理总结后可以发现，学者们主要对竞争主体、竞争对象、竞争环境与竞争结果进行比较，并基于资源、效率、动态、能力等角度对竞争力做出不同定义。但由于竞争力的含义没有一种公认的界定，有的研究者将竞争力直接指代核心竞争力，有的则是包括表层竞争力，还有的将竞争力与竞争优势、独特能力相等同，容易导致阅读者理解出现偏差。因此，本书认为对出版集团竞争力应该进行明确的理论界定，使其具备高度概括性与普遍适用性。

借鉴经管学界和传播学界对竞争力的界定，我们可以将出版集团竞争力界定为：出版集团在有效的"可竞争性市场"中表现出对现有资源的最佳利用，能持续地向消费者提供更有价值的产品与服务，并能引导集团向其目标迈进的整体能力与综合素质。该定义主要可从以下几方面进行解读：

第一，出版集团竞争力建立在有效的"可竞争性市场"上，因此，对出版集团竞争力的讨论离不开对出版产业的深入研究，如果出版产业中的企业受到严重的壁垒限制或政策保护，竞争力的比较会失去效用。由此可见，培育开放且公平竞争的出版市场，是出版集团竞争力得以形成和提升的重要前提。"可竞争性市场"不仅包括国内市场，也包括国际市场，因而对出版集团竞争力的考察既要着眼于中国国情，也要具备国际性的视野，避免出现"坐井观天"的错误。

第二，出版集团竞争力的核心本质是对现有资源的最佳利用，即内外部资源整合利用的能力。出版集团要能在现有的市场条件下，借助"先前的组织与战略惯例"，合理调整与配置自身所掌握的静态与动态资源，通过"获取与分流资源、整合资源、重组资源等以实现价值创造"②。

第三，出版集团竞争力是受众价值需求与集团自身目标（经济目标与非经济目标）两个方面的有机统一。一方面，出版集团向购买者提供更多感知收益（即消费者的支付意愿与经济成本之间存在的差额）的产品与服务，是

① 乔治·J.施蒂格勒.产业组织[M].王永钦，薛锋，译.上海:格致出版社，上海三联书店，上海人民出版社，2006：5.

② 杰伊·B.巴尼，德文·N.克拉克.资源基础理论——创建并保持竞争优势[M].张书军，苏晓华，译.上海：格致出版社，上海三联书店，上海人民出版社，2011：26.

为了实现市场份额的扩张和利润的增长；另一方面，市场地位较高的出版集团具备更强大的实力，能更好和更持续地为受众提供优良的服务与产品，履行自身的社会责任，两者具有很大程度的统一性。

第四，出版集团竞争力包含所有运用资源为集团带来持续性盈利与提升自身市场地位的企业能力与素质，具体包括运用生产资料、土地等物质资源与依靠技术、人力资源、无形资产等不可辨认资源等。因此，能运用资源的独特能力是竞争力的重要要素之一。

第五，出版集团竞争力是出版集团所具有的整体能力与综合素质。"企业目标的实现程度不仅仅决定于企业拥有优势因素的多寡，而是企业所有的资源、能力与环境因素中优势、劣势和中间水平的整体反映。"[1]决定和影响出版集团竞争力的各种因素交织成整体并对出版集团的存在与发展产生长期作用。因此，在界定出版集团竞争力时，要明确其集团特性，如股权结构、公司治理等集团专有属性，不能简单地将其等同于出版企业。

1.1.2　出版集团竞争力的特征

多数研究者认为出版集团竞争力的特征大致与一般集团的竞争力特征相同，但由于我国出版业具有自身特殊的文化与社会责任属性，其竞争力特征与出版业特性联系较为紧密，与普通集团还是存在着一定区别，结合出版业的特性，我们可将出版集团竞争力特征概括为如下几个方面，参见图1-1。

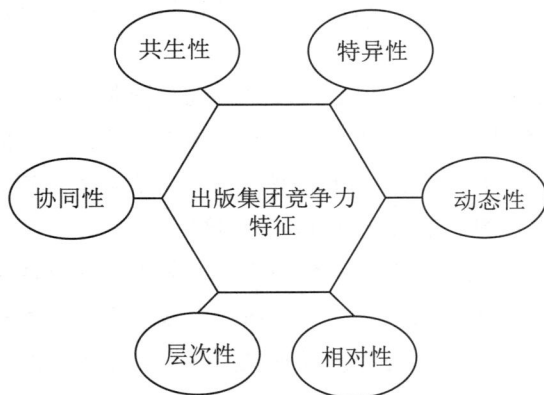

图1-1　出版集团竞争力特征

---

① 彭丽红.企业竞争力——理论与实证研究[M].北京：经济科学出版社，2000：45.

第一，共生性。出版集团竞争力既不完全是集团拥有的资源多寡，也不仅仅是某种独特能力，而是由资源、能力、环境等诸多不同权重的影响因素共同产生并复合形成。边际竞争力技术替代率递减规律证明出版集团竞争力必须要靠各要素的和谐发展来提升，管理学木桶理论也可以说明出版集团即使拥有诸多明显优势要素，也可能因为在某方面存在较大劣势从而失去整体的竞争力；相反，一个没有明显优势要素的出版集团，也可能因为实力较为平衡而体现出超过其他出版集团的竞争力，这就是出版集团竞争力共生性的体现。作为战略管理领域权威的分析框架之一，SWOT 分析框架一直是企业集团识别利用优势要素，避免其弱项的重要工具。

第二，特异性。出版集团竞争力的特异性可从两个层面来解读，其一是资源的特异性。并非集团的所有资源都能成为竞争力的来源，普通资源有助于集团在产业竞争中取得竞争均势，但只有有价值和稀缺的资源才能成为集团的竞争力来源。"只要拥有某项或某类有价值资源的企业整体数量少于使该产业变成完全竞争状态时的企业数量"[①]，那么这类资源就能为企业带来更强的竞争力。拥有此类资源的出版集团能成为行业内的战略革新先动者，因为它们能构建和从事其他集团由于缺乏相应资源而无法实施的战略。其二是组织使用资源能力的特异性。资源基础理论的代表学者格兰特认为，能力是指"一组资源协同运作来完成某项任务与活动的可能性"。竞争力强的出版集团具备对异质资源价值和稀缺性的判断、占有和围绕资源进行组织协同的独特能力。因为这些特异的异质资源只有在集团能有组织地利用它们潜力的时候，才可能成为竞争力的重要来源，而这种特异的组织协同能力能帮助集团完整地实现竞争力的提升。

第三，动态性。管理学家罗宾斯在"环境不确定矩阵"概念中提出，环境的不确定性可分解为变化程度与复杂程度两个不同维度。环境按变化程度可分为动态环境与静态环境，按复杂程度可分为简单环境与复杂环境，从而进一步将环境不确定性区分为简单稳态环境、复杂稳态环境、简单动态环境、复杂动态环境等四种环境类型。过去在计划经济体制下，我国的出版企业面临的基本上是稳定、可预测的行业环境，即简单稳态的环境。如今在市场经济的大环境下，政府控制等因素影响作用趋于弱化，出版集团的竞争环境转向复杂动态，出版集团继承的各项资源，即便它们有价值、有不可替代性或

---

① 杰伊·B.巴尼，德文·N.克拉克.资源基础理论——创建并保持竞争优势[M].张书军，苏晓华，译.上海：格致出版社，上海三联书店，上海人民出版社，2011：66.

具有其他类似特征，都不能维持其竞争力。熊彼特创新理论的提出加速了竞争力动态化的步伐，他认为："创新，就是建立一种全新的函数，即把一种以前从来没有过的，关于生产要素与生产条件的'新组合'引入生产体系中来。"[①]熊彼特式创新渗透在社会上的各个领域，使得竞争力的要素不断地被革新，企业需要在现有竞争力丧失之前，建立新领域的竞争力优势。因此，出版集团必须在环境与自身竞争力要素之间谋求动态的均衡性，不断寻求新的竞争力来源，制定能应对复杂动态环境的战略，而管理者如何安排公司的各种生产要素将影响这种动态均衡。[②]

第四，相对性。出版集团竞争力既是一种比较优势，也是一种"相对力"，它的相对性体现在两个方面。第一个体现是根据参照物的不同，竞争力存在相对性。具体分为两种情况，一是将自身作为参照物，比如某出版集团2012年竞争力强于2010年；A区域竞争力强于B区域竞争力；A区域财务竞争力强于A区域客户竞争力。二是将竞争对手作为参照物，如2012年A出版集团竞争力强于B出版集团竞争力；A出版集团A区域竞争力强于B出版集团A区域竞争力；A出版集团A区域财务竞争力强于B出版集团A区域财务竞争力。出版集团竞争力相对性的第二个体现是竞争力指标对比与实际对比可能会存在某种差异，因此指标对比只具备相对的意义，在市场竞争条件不充分的情况下，这种差异会更为明显。

第五，层次性。出版集团竞争力可以根据层次的不同进行细分，比如从竞争力在整体结构系统中所处位置的层面，可将竞争力分为表层竞争力与核心竞争力。前者主要是指具有可交易性（可模仿性）的要素，其要素可以量化，且竞争对手较容易通过购买或模仿的方式获得，表层竞争力不能为出版集团提供持续的竞争优势。普拉哈拉德与哈默认为核心竞争力是"组织的集团学习能力，尤其是如何协调多元化生产的技能与整合多重技术流的能力"，它是集团竞争力的源泉，主要表现为优质资源和"出版集团独有的、优异的、扎根于组织之中的、适应出版物市场机会的、能形成可持续竞争优势的能力"[③]。表层竞争力与核心竞争力对出版集团的发展而言是同样必要的，但核心竞争力是竞争力中影响较大的一方，它可以维护出版集团的长期竞争优势。此外，从竞争力主体涉及范围的角度，还可从

---

① 约瑟夫·熊彼特.何晨等，译.经济发展理论[M].北京：商务印书馆，1997：73-74.

② 丹尼尔·A.雷恩等.管理思想史[M].孙健敏等，译.第6版.北京：中国人民大学出版社，2012：322.

③ 朱静雯.论出版集团核心能力的内涵及培育[J].出版发行研究，2001（11）：10.

微观到宏观将其分为产品竞争力、部门竞争力、公司竞争力和集团竞争力。

第六，协同性。出版集团是指以某个实力雄厚的大型出版企业为主体，用产权联结作为主要纽带，以产品、技术经济、契约等多种辅要纽带将多个企业、事业单位进行联结，从而形成具有多层次结构的以母子公司为主体的多法人的经济联合体。[①]由于出版集团是一种依靠群体优势创造更大生产力并实现规模经济的经济联合体，集团的成员单位往往在两个以上，因此协同性的特征体现得更为明显。

1.2　出版集团竞争力研究的范式理论

企业竞争力研究是战略管理理论的重要研究内容之一，从18世纪中叶起就有学者从"管理有效性"的角度来研究企业管理问题，陆续产生了产业观、能力观、资源观等众多竞争力研究的范式理论。以竞争力的本质来源作为分类依据，可以将竞争力研究的范式理论大致分为内源论、外源论与方法论。

重视内源的竞争力研究理论强调企业竞争力的本质来源是企业内部，也就是说企业整体的竞争力主要是由企业内部因素决定的，外部环境起到的是次要作用。重视内源的竞争力研究范式理论起源较早，其中较有影响力的范式理论包括能力论、资源基础论（RBV）、创新论、知识基础论（KBV）、组织学习论等。

重视外源的竞争力研究理论认为企业竞争力或者企业竞争优势的决定因素来源于外部环境变量。这种观点在新古典经济学与管理学中都有较多论述，其主要范式理论包括梅森与贝恩提出的结构—行为—绩效（S-C-P）范式、波特的竞争战略理论（强调"产业结构分析是战略分析的起点和建立竞争战略的基础"）、生态位理论、制度理论等。

重视方法论的竞争力研究理论认为企业竞争力的获得与竞争力大小取决于本企业和竞争企业对资源的运用方案，即内部因素与外部因素均没有明显优势的企业也有可能具备较强的竞争力。其代表理论为博弈理论与权力理论。

这三类竞争力研究范式理论有着自身适合的领域与范畴，比如内源论对倾向于优势资源积累的行业更有参考价值，有利于挖掘与培育企业的独特资源与独特能力；外源论"以环境为中心"，针对不完全竞争市场结构，使企业

① 王国顺.企业理论：契约理论[M].北京：中国经济出版社，2006：79-110.

内部状态与外部环境相协调，在降低企业竞争风险的同时提升企业竞争力；方法论更适合用于以冲突为主要市场特点的竞争，促使企业信息化程度的提高，为劣势企业战胜优势企业提供了较为快捷的方法。

由于出版集团产品的内在经济特性在关键方面不同于其他形式的产品（Priest,1994），有着远超过单纯公司投资者从经济因素考虑的含义。因此我们在进行出版集团竞争力研究时必须要把出版领域产品独特的经济特性以及精神文化属性考虑在内，基于这个前提，与出版集团竞争力研究最为相关的理论范式主要有以下三种。

1.2.1 "结构—行为—绩效"（structure-conduct-performance）范式

SCP 范式的经济思想来源于克拉克提出的可行竞争（workable competition）理论，他认为不完全竞争市场的存在证明了长期均衡与短期均衡的实现条件无法协调，市场竞争与规模经济之间必然存在矛盾与冲突，需要形成一种既能维护合理的市场竞争又能充分发挥规模经济效应的"可行"竞争格局。20 世纪 50 年代末，美国哈佛学派在前人研究的基础上深入探讨了竞争与垄断，市场结构、市场行为与市场绩效间的相互关系，创立了 SCP 分析框架，参见图 1-2。贝恩提出的 SCP 框架解释了这三者的单向因果关系，并认为它们是互相重叠或是依赖的。

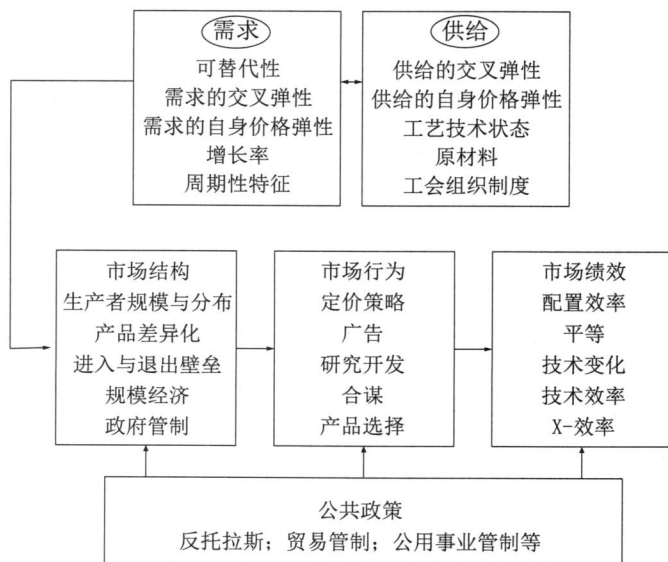

图 1-2　SCP 范式框架原型

结构—行为—绩效范式框架指出，"市场结构首先决定市场行为，再决定市场绩效"，它将反映市场结构的集中度指标与反映市场绩效的利润指标间的关联放置在核心位置，认为竞争程度的变化与潜在竞争企业的数目相关，"企业是由产业中过去的行为指导的"[①]，"决定企业盈利能力的首要和根本因素是产业的吸引力"[②]。关于 SCP 的研究主要立足于四种市场结构：完全竞争、完全垄断、垄断竞争、寡头垄断。研究认为，寡头市场会削弱市场竞争性，导致寡头垄断的市场行为，"在位者有从事串谋的惩罚性行动来对抗新进入企业的动机"[③]，造成不良的市场绩效尤其是资源配置的低效率。因此有效产业组织政策着眼于对市场结构的控制，保障可行竞争的市场结构，对垄断和寡头垄断采取规制政策，随着企业数目逐渐增加至接近完全竞争市场的状态，就能实现一种理想状况下的资源配置效率[④]。

对于出版集团而言，绩效既可以代表经济绩效，即组织研究的传统度量，也可以代表出版集团所承担的社会责任，因此 SCP 范式也较为广泛地被用来进行出版企业与出版行业的研究。

1.2.2　资源基础（resource-based）理论

巴尼博士提出的资源基础理论的发展建立在四类先前的研究成果上：传统的关于独特能力的研究；李嘉图关于地租的分析；彭罗斯对企业资源"可遗传性"的研究以及对反托拉斯的经济学研究。资源基础理论认为，尽管通常企业不能靠分析外部竞争环境来获得竞争优势，但在某些时候，企业可以通过实施基于开发、利用自身所控资源的企业战略来获取竞争优势。因此企业在追求竞争力提升与超额回报时，应该从分析自身当前所控制的资源与能力入手，"基于当下所控资源与能力来选择、实施战略的企业，比那些需要在竞争性的战略要素市场上获取资源来支持战略实施的企业更有可能取得竞争

---

① 乔治·J.施蒂格勒.产业组织[M]. 王永钦，薛锋，译.上海:格致出版社，上海三联书店，上海人民出版社，2006：16.

② 迈克尔·波特.竞争优势 [M].陈小悦，译.北京：华夏出版社，2005：4.

③ Baldwin,J.R. The dynamics of industrial competition[J]. Cambridge : Cambridge University Press,2001，（13）：76.

④ 柳旭波.传媒业产业组织研究——一个拓展的RC-SCP产业组织分析框架[M].北京：经济科学出版社，2007：118.

优势"[①]。

资源基础理论将资源分为普通资源与能成为持续竞争优势来源的资源两类，指出后者需要具备以下四个属性：有价值、稀缺、不可模仿、可被组织流程开发利用。如果企业拥有的某种资源没有价值，则不可能帮助企业提升竞争力，开发这种资源只会浪费企业的生产成本。如果某种资源有价值但不是稀缺的，开发这种资源能给企业带来竞争均势，但无法创造竞争优势。如果某种资源既有价值又是稀缺的，但较容易模仿，那么开发这种资源会给企业带来短效竞争力，获得先动优势及短期经济回报，但这种竞争力会随着竞争对手对资源的模仿而消失。一旦资源具备了价值、稀缺性及不可模仿性，则开发这种资源会为企业带来长效的竞争力。但有价值、稀缺且不可模仿的资源只有被组织流程开发利用，才能成为竞争力的持续来源，如果企业对一项有价值的、稀缺的且不可模仿的资源没有很好地利用，不仅不能获得竞争优势，反而有可能处于竞争劣势地位。VRIO框架[②]很好地从资源基础角度分析了企业竞争力的来源，有助于企业理解开发资源、能力和盈利潜力间的各项关系。

RBV理论范式同样适用于出版产业，因为它也考虑到了出版行业的社会责任，认为"具有资源优势的企业获得的高水平绩效是因为它们有效地利用了这些优势资源，而并非由于它们努力创造了导致社会福利水平无法最大化的不完全竞争市场。从某种意义上讲，这些利润可被视作'效率租金'"[③]。此外，出版产业属于内容产业，RBV理论范式能够从资源角度为出版集团竞争力的提升提供理论支撑。

1.2.3 生态位（ecological niche）理论范式

生态位理论范式来源于生物学中的生态位理论，即假定产业占据特定市场区域的行为类似于生物种群占据特定的生态环境[④]。传播学家迪米克在《基

---

① 杰伊·B.巴尼，德文·N.克拉克.资源基础理论——创建并保持竞争优势[M].张书军，苏晓华，译.上海:格致出版社，上海三联书店，上海人民出版社,2011：55.
② VRIO是一针对企业内部资源与能力，分析企业竞争优势和弱点的工具，它由四个问题构成：价值（value）问题、稀有性（rareness）问题、可模仿性（imitability）问题、组织（organization）问题。
③ 杰伊·B.巴尼，德文·N.克拉克.资源基础理论——创建并保持竞争优势[M].上海:格致出版社，上海三联书店，上海人民出版社，2011：82.
④ 阿兰·B.阿尔瓦兰.传媒经济与管理学导论[M].崔保国，等，译.北京:清华大学出版社，2010：41.

于媒体竞争与共存的生态位理论》一书中提出："因资源的有限性，当不同的传媒组织或者产业存在生态相似性时，竞争就不可避免地出现。"企业要想维持生存和继续发展，就要根植于特定的外部环境之中，并与之交织互动，逐步占有企业生存和发展所需的资源条件，并最终形成能够适应外部环境变化的生态特征。

企业生态位理论中最重要的相关概念有生态位宽度、生态位重叠度与生态位竞争优势等。生态位宽度是指企业在环境的现有资源谱上能够整合利用资源的能力宽度，即企业能在多大范围内与竞争对手争夺资源；企业生态位重叠度是指企业对同种资源的共同利用程度，生态位重叠度高意味着竞争更为激烈；生态位竞争优势用来描述处于同一生态位的企业竞争态势。生态位理论范式在20世纪80年代初开始被用来分析传媒的市场竞争状况，尤其是新媒介的兴起与扩散对传统媒介的影响，因为数字时代新媒介进入市场后会引起环境的变化与资源的再分配，从而导致原有媒介种群的资源发生改变，产生"竞争排斥"或是"竞争替代"现象。其中密度依赖模型与资源划分模型是常用于传媒产业分析的两大模型。

密度依赖是指产业中的组织密度对企业进入市场、退出市场或者存活过程所产生的影响[1]。进入市场的比率和合法组织的数量成正相关，与竞争的激烈程度呈负相关。在新的传媒产业发展阶段，进入市场的企业较少，随着企业组织形式的稳定，进入市场比率会迅速上升，但随着企业数目的增加，竞争的抑制效应变强，这个比率又会下降。根据密度依赖理论可以得出，传媒企业在数量上的趋势是成倒U型曲线函数。此外，密度依赖理论认为竞争与环境资源的改变将会决定市场中企业数量的成长上限，当企业的数量接近这个上限时，进入壁垒就会被设定，新企业的进入门槛大大提高。

资源划分模型可以用来研究多元化经营的大型传媒企业间的竞争。当市场集中度高时，尽管多元化的大型企业能够通过规模经济获取较高的利润和占据大部分市场份额，形成寡头垄断市场，但还是存在不少特殊的细分市场。许多小型传媒企业就立足于细分市场，虽然只能保持较小的规模，但是可存活机会依然很大。卡罗尔对报纸产业的研究结果支持这个理论[2]。

---

[1] 阿兰·B.阿尔瓦兰.传媒经济与管理学导论[M].崔保国，等，译.北京:清华大学出版社，2010：308.

[2] Carroll.G.R. Concentration and specialization: Dynamics of niche width in populations of organizations[J]. American Journal of Sociology,90:1262-1283.

1.3　出版集团竞争力研究的相关理论述评

可用作竞争力研究的理论基础主要涵盖了四大类：经济学理论集中关注企业最大化利润的过程；管理学理论通常集中关注企业的最大化控制；传播学理论往往倾向强调个人满足的最大化与由此可能会带来的个体生产率及创造性；知识学理论则集中关注信息时代如何使"企业的知识产生、存储和应用过程最大化"①。由于出版集团竞争力研究还处在起始阶段，没有形成统一成熟的理论体系，因此在后文研究中必然会涉及与竞争力相关的各种理论，本节的目的在于对这四大类基础理论中和出版集团竞争力较为相关的传媒经济学、协同学、竞争优势理论与知识论等基本理论进行述评，为后续研究提供坚实的理论基础。

1.3.1　传媒经济学理论

传媒经济学结合了经济学的研究与传媒学的研究，主要研究对象是在传媒业中不断变化的经济因素。罗伯特 · 皮卡德认为传媒经济学是"关于传媒经营人如何利用现有资源满足观众、广告商及社会对信息与娱乐的欲望和需求"②。艾尔布兰则提出传媒经济学应该是指传媒业将稀缺的资源合理配置利用，制作内容来满足受众各式各样的欲求。由于传媒及其文化产品拥有其他产品和服务没有的性质，具有公共商品的属性，并有可能在不同的市场展开竞争，因此很难直接套用以传统经济理论为基础的笼统模式。

传媒经济学理论认为传媒市场周围的传统界限逐渐被侵蚀，无国界经济与技术发展造成的全球化使得各国市场不断地开放，传媒市场的传统准入堡垒发生改变，某些基于知识的环节更倾向于垄断化。持续前进的传媒市场全球化以及传媒与其他产业的整合使许多传媒企业调整了自身的战略，传媒业发生着显著变化。传媒企业的发展战略可以分为三大类：横向扩张、纵向扩张及斜向扩张。

横向扩张即企业通过内部成长或合并接管类似产品的企业从而获得在市

---

① 马克斯·H.博伊索特.知识资产——在信息经济中赢得竞争优势[M].张群群，陈北，译.上海：上海人民出版社，2005：3.

② 吉莉安·道尔.理解传媒经济学[M].李颖，译.北京:清华大学出版社，2004：2.

场份额上的扩张，这类战略通常发生在多个企业处于供应链的同一环节或从事相同业务活动的时候。由于公司规模与效率两者之间的关系在很大程度上和规模经济的有效性相关，即伴随着产量的增加，边际成本是否会低于平均成本，因此获得规模经济已成为企业采取横向扩张战略的重要目标之一。

规模经济广泛存在于传媒的各个行业，对于出版行业而言，其提供的产品是有形的，其中的编辑管理成本不会随着出版物消费的扩大或减少而改变，所以读者群越大，企业收入越多，规模经济也就随之产生，良性的收益循环如图 1–3 所示。

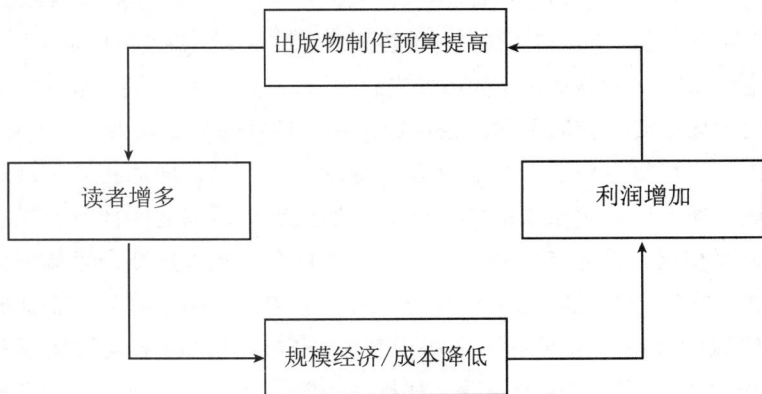

图 1–3 出版集团的良性收益循环

规模经济使得企业有可能进行更大规模的投资与加速对新技术的使用，也更容易吸引到优秀的人才。与此同时，横向扩张还可以为企业带来范围经济，一家企业横向扩张意味着它能把自身拥有的特殊资源或技术用在多种产品上，从而节约费用，降低单位成本。对出版集团而言，范围经济与规模经济潜在共存，且两种经济间的一致性越多，范围经济也就越大，最终出版集团所控制的市场力量越大，利润率就越高，如果把成本分摊在更多消费者身上而不影响产品质量，那么横向经济战略会产生更多的效率收益，效率收益的获得从理论上而言将为社会福利做出积极的贡献。

纵向扩张（也可叫做纵向整合、垂直一体化）是指企业向其供应链上游或下游环节进行扩张，其主要驱动力是企业希望提高效率从而获得最大化收入与增加对市场环境的控制能力，当企业控制了产品的生产、销售与展示的不同阶段与环节时，纵向扩张就产生了。纵向扩张战略与传媒的垂直供应链相关，在传媒的供应链中，各个环节互相依存，纵向整合后的传媒企业可以将其所从事的业务上下扩张，从传媒产品制作一直到销售展示。纵向扩张可以为企业降低交易成本，使企业集聚市场力量、控制市场并得到更多保障，避免企业由于上下游环节出现障碍而影响运营。"纵向一体化更有利于少数人议价环境，或者说是包括———一旦剩下初始契约，交易当事人在重新签订契约的间隙中被有效'锁定'———并且在面对不确定性时与考虑到有限理性时，一个适应性强的、更为连续的决策过程具备最优特点。它可以通过对利益的协调和允许更多种有待激活的敏感激励和控制过程来减少交易"[①]，但纵向扩张也有可能因增加准入壁垒而导致垄断，对其他竞争者造成不良影响。

斜向扩张是指把企业业务侧向或斜向地往其他互补领域发展，这种战略多数为跨媒体发展战略。艾尔布兰在其《传媒经济学》一书中将这种扩张又称为"公司多样性"，即"公司从通过不同市场或商业部门交叉获取利润的范围"[②]，他认为从不同市场中交叉获取利润的企业通常具有较好的应变能力。吉莉安·道尔也指出，当传媒企业已经拥有具备自身特色的产品，而后将其扩展经营至不同领域，通常会产生重要的协力优势，如报纸与图书之间拥有交叉所有权的一个重要特点就是会产生交叉宣传企业的机会，此外还能产生效率优势与经济优势。降低企业风险也是与斜向扩张相关的一个潜在好处，企业分散投资可以使风险分散，从而不用依赖于某一特定市场。迪米克与瓦斯利格在1986年推演出一项用来衡量企业多样性的指数，通过求出每部分利润的平方和，再用1除以该平方和的值得出一个D量值。D量值能更精确反映处于正常商业周期中的企业随时间而产生的变化，它可以对企业卷入某个市场的程度进行分析，但因为企业的行为具有重叠性，因此所生成的财务信息并不能完全反映部门之间存在的差异。

1.3.2　竞争优势定位理论

迈克尔·波特是定位学派的代表学者，他的竞争三部曲《国家竞争优势》《竞争战略》与《竞争优势》从本质上反映了一种基于经济学比较静态研究的假设与思路，并从实践应用的角度提出了五力竞争模型、三种基本战略、钻石体系、价值链和企业竞争优势等理论。波特的理论对战略管理产生了显著

---

① 奥利弗·E.威廉姆森.市场与层级制——分析与反托拉含义[M].蔡晓月，等，译.上海：上海财经大学出版社，2011：119.

② 安澜·B.艾尔布兰.传媒经济学——市场、产业与观念[M].陈鹏，译.北京：中国传媒大学出版社，2009:49.

影响，并使其研究方向从案例研究转向关于结构、行为和绩效的行业研究。

波特所持的立场是，一个企业的盈利能力可以概括为关于行业结构的"五力"函数，即新竞争者的入侵、供应商的议价能力、替代产品的威胁、客户的谈判能力和现有竞争者之间的竞争。"一个企业的竞争战略目标在于使公司在产业内处于最佳定位，保卫自己，抗击五种竞争作用力，或者根据自己的意愿来影响这五种竞争力量。"[①]这五种竞争作用力综合决定了某行业中的企业获取超过资本成本的平均投资收益率的能力，参见图1-4。五种作用力均由产业结构或者产业基本的经济与技术特征所决定，因此波特认为如果企业能影响产业结构，那它就能从本质上提高或者削弱产业的吸引力。

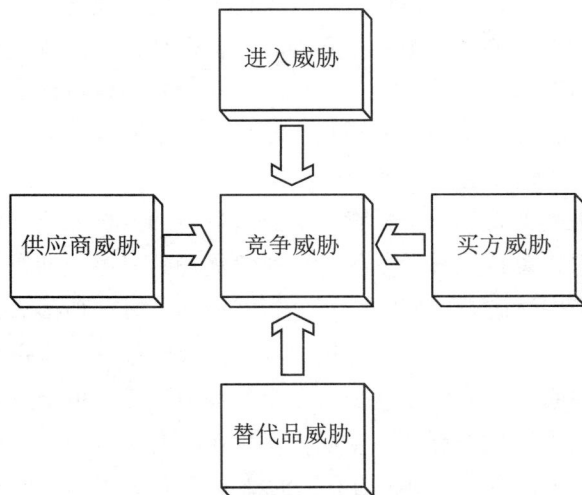

图1-4　波特五力模型

想要长期维持优于竞争对手的经营业绩，需要企业具备持久性竞争优势，一个企业相对其竞争对手最基本的两种竞争优势为低成本或差异性，这两者又是由产业结构所决定的，因此如果将竞争优势的这两种基本形式和企业寻求获得这种优势的活动范围相结合，就可以引导出三种使企业在行业中创造出高于平均水平的基本战略：成本领先战略、差异化战略与目标集中战略，其中目标集中战略又可细分为成本集中战略与差异化集中战略。

成本领先战略是指企业的目标要成为其产业中的成本领先者，而不能是竞争这一地位的几个企业之一。成本领先者可以依赖于成本领先来获得竞争

---

① 迈克尔·波特.竞争战略 [M].北京：华夏出版社，1997：3.

优势，但仍需要在相对竞争对手差异化的基础上创造出同等价值或近似价值的地位，以便企业能赚取高于产业平均收益水平的利润。差异化战略力求企业创造和保持经营差异性，在客户普遍重视的某些方面独树一帜，并因其独特地位而获得溢价的报酬。"如果企业提供的产品价格溢价超过它为产品的独特性而附加的额外成本，那么企业就会成为其行业中盈利高于平均业绩水平的佼佼者。"[①]因此企业要选择有别于竞争对手并能使自己的经营独具特色的特质，如果行业中存在多种客户普遍重视的特质，则行业中将可能会有不止一种成功的差异化战略。目标集中战略的逻辑使企业选择行业内一种或一组细分市场，并使其战略适合此种细分市场而不是其他，通过为企业的目标市场进行战略优化来获得在目标市场上的竞争优势。集中战略分为成本集中战略与差异化集中战略，前者指企业要寻求其目标市场上的成本优势，后者则是让企业追求其目标市场上的差异化优势，两种战略都以目标集中企业的目标市场与行业中其他细分市场的差异化为基础，其精髓为"就一个狭窄目标市场与产业平衡的差异大做文章"[②]。

价值链可视作波特用来分析竞争优势所创造的分析工具。他认为，将企业作为整体来看很难认识其竞争优势，竞争优势的来源包括企业在设计、生产、销售等环节中所进行的许多相互分离的活动，每一种都对企业的相对成本地位作出贡献，并且奠定了差异化的基础。价值链可以将企业分解成与战略性相关的价值系统中的许多活动。在竞争范围里，一个企业与其竞争对手的价值链存在差别，代表着企业竞争优势存在的潜在资源。价值链可以识别竞争优势资源，波特将产业内参与竞争的基本活动分为内部物流、生产作业、外部物流、市场与销售以及服务五大类，另外将参与产业竞争的辅助活动分为采购、技术开发、人力资源管理与企业基础设施，根据产业情况决定其对竞争优势方面的作用。协调一致的价值链能够支持企业在相关行业的竞争中获取竞争优势。

1.3.3 协同学理论

协同理论是德国物理学家赫曼尔·哈肯（H.Haken）教授于 20 世纪 70 年代提出的一门横跨社会科学和自然科学的交叉理论，其研究对象是由大量子

---

① 迈克尔·波特.竞争优势[M].陈小悦，译.北京：华夏出版社，2005：13.
② 迈克尔·波特.竞争优势[M].陈小悦，译.北京：华夏出版社，2005：14.

系统以复杂的相互作用方式所构成的复杂开放系统①。协同理论主要研究在远离平衡态的开放系统与外界有物质或者能量交换的情况下，怎样通过自身内部的协同作用，自发地出现时间、空间与功能上的有序结构。协同理论表明，协同的实质为强调事物或系统在发展过程中，其内部各个要素或各个子系统之间保持着合作性与集体性的状态和趋势，它强调整合、协作的一致性或和谐性，以及在某种模式支配下，事物或系统产生的不同于原来状态的质变过程。协同反映了企业内各创新主体和创新要素为了实现总体目标，在集体运作流程中通过互相配合和支持而形成的一种良性循环状态。在该状态下，各主体、要素的运作能够产生超越各自独立作用的整体效果，即"1+1>2"的效应，从而形成整个系统的统一性和有序性②，进而有效提高企业的运行效率，这种经协同形成的整体效果又可称为协同效应。反之，如果系统内部各主体与要素互相掣肘、离散或者存在冲突和摩擦，就会使整个管理系统内耗增加，各子系统无法发挥其应有的功能，导致整个系统陷于一种混乱无序的状态。

　　按照协同理论，如果把商业边界作为界限，企业协同可以分为内部协同和外部协同。内部协同是指企业通过内部各子系统之间的匹配来实现整体效应最优化③。外部协同是指企业在国家协同战略的指导下与外部环境之间在共赢的基础上互惠成长④，主要包括政治环境、技术环境、经济环境与法律环境等。若内部协同与外部协同达成一致则形成内外协同，是一种企业与外部环境的互动适应过程，指企业对外界变化做出快速和准确的反应，再通过内部协同把握战略与战术，使外部协同与内部协同在战略层面上实现一致。

　　协同学属于自组织理论范畴，哈肯认为，按照组织进化形式的不同可以将组织分为两类：他组织和自组织。前者是指主要靠外部指令作用形成组织的系统；后者指不存在外部指令，系统自身按照某种规则，协同地形成有序结构的组织系统，一个系统自组织功能越强，其保持与产生新功能的能力也就越强。市场经济条件下组织结构的演变，主要来自于产业的自组织行为，当企业作为主体，调整的力量就来自于企业自身发展的需求。

---

　　①　赫尔曼·哈肯.协同学：大自然构成的奥秘[M].凌复华，译.上海：上海人民出版社，2005：2.

　　②　Ansoff H. Igor，Corporate Strategy [M].New York: McGraw-Hill，1965.

　　③　赵灵章.基于价值链管理的协同效应研究[J].会计之友，2006（9）：33.

　　④　刘畅.我国出版集团联合重组的协同效应研究[J].出版发行研究，2011（5）：7.

1.3.4　知识学理论

美国经济学家彭罗斯为知识基础论（KBV）的提出做出了贡献，她认为"没有任何理由假设新的知识与服务将仅对企业现有产品有所裨益；相反，它们可以为企业提供一种将使之在某个完全崭新的领域获得一种或多种优势的基础"[①]。企业应该通过学习来扩展其能力，而不是满足或束缚于现有的知识。在此基础上，拉佐尼克提出了组织学习，用"释放"理性和组织激励来克服机会主义。在任何一个许多人协作的社会里，计划的做出在某种程度上必须建立在知识的基础上，而这种知识，通常首先是给了另外的某个人而非计划者，因此它必须被传递给计划者[②]。钱德勒则认为，"已学会的技能和知识是因企业和行业而异的"。制度主义者甚至提出更为极端的说法，"资本只有被看作是整个集体拥有的知识与技能的无形资本，同时在累积性增长，才是有意义的"[③]。

英国学者博伊索特在其出版的《知识资产》一书中提出，可以将一个企业的独特能力、本领及技术看成从其知识资产对构成了其实物资产的时空和能量系统的不连续的影响中产生出来的[④]，技术、能力与本领都是企业在不同组织层次上运作的知识资产的表现形式（具体术语约定如图 1-5 所示）。

[①]　Penrose.Theory of the growth of the firm[M].Oxford University Press，1995：115.

[②]　路易斯·普特曼.企业的经济性质[M].孙经纬，译.上海：上海财经大学出版社，2009：35.

[③]　马克·R.图尔主编.进化经济学[M].杨怡爽，译.北京：商务印书馆，2011：72.

[④]　马克斯·H.博伊索特.知识资产——在信息经济中赢得竞争优势[M].张群群，陈北，译.上海：上海人民出版社，2005：5.

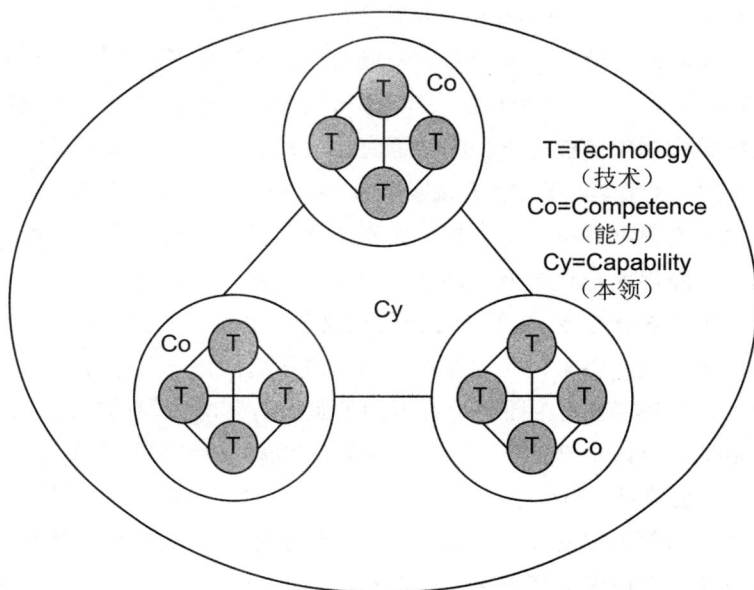

"技术"这一术语可用于描述已经设置好
的社会物理系统；"能力"这一术语用来
描述在产生这些效果的过程中达到某种水
平的性能；"本领"这一术语用来描述运
用和整合各种能力时所需的战略技巧

图 1-5 技术、能力与本领[①]

在人类事务中，知识通过融入实物资源、组织实物资源和增强与实物资源互动的具有智能的行为主体的理解力这三种途径实现了对实物资源（包括空间、时间与能量）的节约使用。

知识资产是指随着时间推移带来的可供企业专用的收益流量的知识，它可以按照两个维度来进行分类：维度一为知识在多大程度上可以被赋予形式。如用于大规模生产的人工产品之中的知识往往拥有更成体系的形式和更高的编码程度，而以论述方式表达的知识会具有更大程度的非正式性，如学习谈判技巧。维度二为函数的抽象程度。例如被嵌入人工制品中的实用知识必然比嵌入薛定谔波动方程中的抽象知识更具体[②]，区别两者的关键在于具体知识通常被限定于特定的空间与时间用途。而抽象知识在其应用范围内更具一般性且较少被限制，

———————

① 马克斯·H.博伊索特.知识资产——在信息经济中赢得竞争优势[M].张群群，陈北，译.上海：上海人民出版社，2005：5.

② 马克斯·H.博伊索特.知识资产——在信息经济中赢得竞争优势[M].上海：上海人民出版社，2005：17.

即编码与抽象降低了把潜在可用的知识转变为知识资产的成本。

对于企业而言，知识的学习取向包括新古典型（N型）和熊彼特型（S型）。N型学习取向提供了关于知识在社会体系中的生产与分配的牛顿学说视角，即在知识是编辑和抽象的前提下，淘汰不完善的知识后存有的累积知识流，是最容易获得的。N型学习要求管理者从当前的资产存量中榨取价值，这些资产存量包括资本密集型设备、专利权、保密条款和强大的品牌等。这些资产存量导致的进入障碍就是在制度上创造出的各种壁垒，从而使企业积累自己的认知资源，建立竞争优势。S型学习视角来源于熊彼特的创造性毁灭理论，即重要的新知识被创造出来，而现存的知识（包括结构化与默会知识）被修改或是毁灭。S型学习建立在社会学习周期的吸收与影响阶段的基础上，倾向于分享而不是蓄积其知识资产，是应付持续时间有限的危机的一种文化技能。蓄积战略（N型学习）与分享战略（S型学习）可以并存且互补，但当其中一种观念在企业内部占据支配地位时，就会导致企业在知识资产的投资方面形成独特的方法。在稳定的环境里，缓慢移动的社会学习周期适合于蓄积知识资产的N型学习者，而在以迅速变化为特征的环境里，快速移动的社会学习周期则适合于分享其知识资产的S型学习者。产业的学习环境不是一成不变的，在产业成长的早期阶段里，S型学习战略使用得较为广泛，而随着产业走向成熟，N型学习战略则更为可取。

信息经济的形成使得企业意识到远比拥有物质资源更为重要的，是用资源做出明智之举的决定能力，也是运用赋予形式所需要的知识的能力。学习活动借助承载信息的三类载体来显示自身，即企业提供给顾客的产品、企业用来生产产品的技术与为企业管理其技术提供架构的组织过程，这三种载体都能支撑社会学习周期，因此同样能促进知识资产的成长。从知识学的视角而言，大型企业既是信息的迅速传输所释放出的新型协调潜力的产物，也是扎根于新兴产业管理惯例中的新编码与抽象技能的产物，两者的发展大规模地创造出知识资产。

企业的制度设计最终目的是为了让创造它们的个体继续存活，因此在本质上，它们是用来维持现状的手段。但是随着时代的发展，环境的动态性日益加剧，企业设置的边界和壁垒反而常常成为阻挡自适应和创新的障碍，所以企业必须不断获得新的知识资产并放弃旧的知识资产，才能将竞争优势最大化。

2 出版集团竞争力形成机理与演化分析

国内外学者从不同的角度出发研究企业竞争力问题，从而形成了不同的理论范式与观点，众多研究成果为我国出版集团竞争力研究提供了扎实的理论基础。但在实际操作过程中，由于大多数理论只停留在对竞争力与企业战略的描述上，因此难以用来具体评价出版集团竞争力并指导企业实践。本章通过对我国出版集团竞争力形成机理与竞争力演化的分析，将出版集团竞争力进行分解，深入分析了出版集团竞争力的能力、机制与社会责任三大因素，为后文竞争力指标的设计提供理论帮助。

2.1 竞争环境变化对竞争力演化的影响

出版集团竞争环境包括集团以外的一切事物和现象，如国家制度、经济形势、其他相关产业和客户等，它是出版集团生存、成长、衰退的基础和重要决定因素。目前出版集团正处于革命性的转型中，工业时代的竞争变为信息时代的竞争，出版集团的竞争环境发生着剧烈的变化，因此，探讨其对竞争力演化的影响有着重要意义。

2.1.1 出版集团外部竞争环境的变化

企业和环境之间存在重要关联，一方面企业需要根据环境的变化来调整自身的发展，另一方面企业也可以主动引导并影响环境，二者相互作用。管理学家罗宾斯认为，环境会对企业绩效起到潜在影响[1]，因为企业随时与外部环境进行着信息、资源、人才等方面的协同，当外部环境发生变化时，这些协同会对企业的资源配置与组织管理造成一定影响，从而导致企业战略发生改变。企业可以通过驾驭环境使之朝着有利于企业发展的方向改变，从而在激烈的市场竞争中取得优势。

目前，出版集团正处在革命性的转型中，为了能在竞争中获胜，信息时代的出版集团需要了解自身所处的环境及必须具备的新能力。出版集团的外部环境大致可分为宏观环境与产业环境，宏观环境通过产业环境对出版集团产生间接影响或发生重要作用。信息时代外部环境的复杂动态性和出版集团竞争优势的取得与维持密切相关，对于出版集团而言，其战略规划实质就是将集团与环境建立联系，适应并有效利用企业所处的外部环境来增强自身能力的竞争力。

2.1.1.1 宏观经济发展环境

宏观经济发展环境主要指社会经济状况，包含国内生产总值、人均国民收入、经济发展水平（潜力）、人民消费结构和人口变化情况等。宏观经济发展环境既影响出版集团的定位与发展，也影响其产业竞争结构，是衡量出版产业发展的重要指标。

首先，经济发展对我国人口的数量、结构和分布会产生影响。经济发展水平的增高会导致恩格尔系数的降低，人民对出版产品的需求增大，并进一步提出个性化需求。因此人口基本状况的变化不仅决定了出版资源的需求量，而且影响出版集团的战略目标，进而推动国家对出版产业发展的合理规划。2013年，我国人均 GDP 超过 6700 美元，文化消费爆发式增长，人民文化消费支出的占比逐步提升，文化产业整体实力稳步增长。出版集团作为文化产业的重要组成部分，有着很大的上升空间。十八届三中全会指出了建立群众评价和反馈机制的重要性，要求出版业进一步推动文化惠民项目与群众文化需求的有效对接。因此，信息时代的出版集团，必须学会为不同的客户提供相应的产品与服务，充分运用全媒体时代的营销手段，打通渠道，重视读者的消费需求，同时还要避免因为多种类和小批量的经营方式而造成的昂贵成本。

其次，良好的宏观经济发展环境使各个层次的出版资源管理者可以运用价格、利率、税率等经济杠杆，引导出版集团的发展，通过各出版资源配置

---

① 霍春辉.动态竞争优势[M].北京:经济管理出版社，2006：36.

体系的相互合作向集团总体发展目标靠拢，平衡社会需求。改革开放以来，我国的经济发展势头迅猛，以年均 10% 的速度经历了近三十年的高速增长，良好的宏观经济发展环境为出版集团的发展奠定了坚实基础。国家统计局发布的最新数据显示，2013 年我国国内生产总值（GDP）增长率达到 7.7%，与 2012 年持平，国民经济持续稳定发展。继中央经济工作会议确定了经济工作要稳中求进的总基调后，2013 年召开的全国新闻出版工作会议也进一步指出，新闻出版战线的工作总基调应该做到稳中求进，围绕全面建成小康社会的目标，加快落实我国新闻出版业的"十二五"规划。

最后，开放的宏观经济发展环境也给出版集团带来了巨大挑战，国界已不能再阻止高效率、强能力的外国企业的竞争。信息时代意味着出版企业必须与全世界最好的企业相对抗，不仅要在本国的竞争中取得优势，还要能走出国门，在全球获得充足回报。因此信息时代的出版集团要具备全球经营的效率与竞争弹性，并保持对本地市场的营销敏感度[①]。

2.1.1.2 文化政策制度环境

我国的出版企业几十年来一直处于一种舒适的非竞争环境中，企业按国家需求来生产产品与定价销售，作为回报，相关政府监管部门保护这些出版企业能够生存发展而无须面对新竞争者的威胁，同时也保障它们能通过计划性的生产销售获取利润，甚至给予大量的经济补偿。信息时代带来了更开放的市场与全球化浪潮，信息技术也加剧了竞争的激烈程度，我国出版企业的文化政策制度环境发生了重大改变。为了提升综合国力，文化体制改革是中央在经济体制改革、政治体制改革、教育体制改革、科技体制改革和卫生体制改革后做出的又一项关系全局的重大决策。出版业由单一的事业体制向公益性事业及经营性产业协调发展转型，对于受传统体制保护的出版企业而言，转企改制意味着与对手展开激烈竞争已在所难免。但是由于我国出版业目前正处于转型发展期，政策对出版企业仍以鼓励扶持为主，因此现有的文化政策制度环境对于出版集团而言虽然有挑战，但也给予了更多的机遇。

2011 年召开的党的十七届六中全会将文化建设提到了前所未有的高度，会上提出我国要加快建设文化强国的目标。胡锦涛指出："当今时代，文化在综合国力竞争中的地位日益重要，谁占据了文化发展的制高点，谁就能更好

---

① 罗伯特·S.卡普兰，等.平衡计分卡——化战略为行动[M].广州：广东经济出版社，2004：3.

地在激烈的国际竞争中掌握主动权。"①十七届六中全会后，财政部、国家税务总局、新闻出版广电总局（原新闻出版总署）等相关部门分别表示将在出版产业的财政、税收、管理等各方面加大政策扶持力度。党的十八届三中全会进一步指出，要紧紧围绕建设社会主义核心价值体系，社会主义文化强国来深化文化体制改革，加快完善文化管理体制与文化生产经营机制，建立健全现代公共文化服务体系和现代文化市场体系。《中共中央关于全面深化改革若干重大问题的决定》还指出，"要完善产权保护制度，积极发展混合所有制经济"，鼓励国有出版集团与民营企业实现股份制合作。政策的指导和扶持为出版业的发展提供了巨大的发展机遇，中国的出版产业一直呈现良好的发展态势，2013年全国出版、印刷和发行营业收入比2012年增长9.7%，利润总额增加9.3%。集团化是世界出版产业的发展潮流，同时也是中国出版业发展的重要方向之一，常见的衡量文化建设的重要指标之一就是大型出版传媒集团的竞争力，因此我国在出版集团建设方面做了不少有益的探索。2012年新闻出版总署发布的《关于加快出版传媒集团改革发展的指导意见》中指出，要进一步发展国家层面的中国出版集团、中国教育出版集团与中国科技出版传媒集团三大中央级集团，培育多个年销售收入过200亿元的大型出版传媒集团，并鼓励有条件的出版集团上市，加大联合重组力度。2013年国家新闻出版广电总局成立，对出版集团影响深远，有助于出版集团进一步拓展产业链与跨媒介发展。

我国不少出版集团目前都有做大做强的内在动力，以下几点是出版集团把握外部环境发展自身实力的关键：一是抓住国家大力发展先进文化的契机，实现企业文化价值的提升；二是利用中央鼓励出版集团做大做强做优的契机，加快兼并重组的步伐，加大资本运作的力度，争取早日"走出去"，提升出版集团的国际竞争力；三是借助整合产业文化资源的契机，获取优势资源，形成以集团优质品牌为主导的产品群；四是以国家加大出版产业园与出版基地的建设力度为契机，实现集群化发展②。此外，出版集团还可尝试涉足沉没成本③较高但国家大力支持的高新技术领域。出版产业的部分新技术领域或高投

① 胡锦涛.在中国文联第八次全国代表大会、中国作协第七次全国代表大会上的讲话[EB/OL].: http://cpc.people.com.cn/GB/64093/64094/5026509.html.

② 郝振省.2011—2012中国出版业发展报告[M].北京：中国书籍出版社，2012：250-254.

③ 如果一种企业或产业的特殊支出在经济活动结束时无法回收（完全的或是部分的），则可将这种支出称为沉没成本，沉没成本能影响企业进入或者退出产业市场的决策。

资领域沉没成本较高，因为出版产品的受众消费模式与个人喜好均存在很大差别，很难判断受众是否会接受每个产品内的元素组合，所以这些领域往往是出版企业不愿涉足的，如需要大量前期投资的数字出版领域。现有的文化政策制度环境对部分沉没成本较高的领域有一定的倾斜，政府通过政治或法律的方式来为企业提供经济上的保障，以便出版集团能冒较小的风险抢占先机。

但文化政策制度环境对出版集团的发展也依然存在不少制约，如市场准入门槛高，对民营资本的利用还处在尝试阶段；地域壁垒依然存在，出版集团跨区域整合难度较大。此外，产业建设的相关政策尚有缺位，如支持出版集团跨区域、跨行业发展的具体政策；出版集团上市进行资本运作的具体政策等。因此出版集团应该借助逐渐放宽的政策环境，迎接挑战，按照出版领域体制改革的蓝图来制定战略目标，力争与外部环境目标协同。

2.1.1.3　科学技术环境

信息时代的媒介及媒介生态环境发生了重要改变，新的技术条件与传播模式也使得出版产业外部环境发生了相应的变化。出版集团应该清醒地意识到，传播技术的普及已经成为打造出版集团未来发展模式的重要力量。在传统的出版产业格局下，市场边界由产业内不同企业所提供的产品与服务构成来共同决定，在一个明确产业和市场边界的范围内，企业可以凭借自身原有优势，分析产业导向，采用规避风险的方式来保持竞争力。然而，信息化导致市场边界日益模糊，创新优势变得越来越明显。产业市场边界处陆续催生新的市场领域与竞争对手，如移动阅读便是通讯业与图书市场融合产生的新业务，它与传统图书出版不可避免地存在着竞争关系，也就是说，信息技术的发展实质上会导致产业之间出现竞争。

此外，科学技术的发展还造成了出版产业的基础结构变更、出版内容制作与展现技术更新、生产流程调整、产业价值链重构、产品营销环境的改变，同时也为出版集团创造了众多获得竞争优势的机会。事实上，新的信息技术会改变许多出版集团的经营方式，"产生了众多机会，使产品商业化的过程更为复杂，提高了出版市场的不确定性。这些不确定因素及伴随的风险对不同类型的传媒公司来说都很重要"[①]。目前我国出版集团对于传统出版市场面临

---

① Picard.R.G. The economics and financing of media companies[J]. New York: Fordham University Press,1990,(3):55.

的严峻形势认识不足，内部研发的技术创新能力与对外投资、建立研发机构的资本实力都较弱，而对科学技术环境的把握能力与技术创新能力将直接影响今后出版集团在产业竞争关系中的地位高低。

企业战略决定通常依赖于资源，并且依靠行业特异性[①]。出版产品的独特性使出版集团对新技术的采用必须上升到战略的高度，传播技术成为出版产业瞬息万变的潜在驱动力量。科学技术环境的变化导致出版集团必须不断创新，更加具备主动意识。对出版产业的新技术考察主要有以下几个方面：兼容性、互补性与功能相似性[②]；新颖度；效用可观察性和效率；内容发行和增强效用[③]；锁定效应和网络外部性[④]；技术成本[⑤]。出版集团应该从新技术的特征出发，根据本集团战略进行创新性评估，通过采用时机与采用强度的判断来最终决定新技术的价值与使用情况，使我国出版产业技术进一步提升，最终能实现"运用高新技术创新文化生产方式，培育新的文化业态，加快构建传输快捷、覆盖广泛的文化传播体系"的战略目标。

2.1.1.4 产业市场环境

像大部分的产业一样，出版产业也将沿袭从诞生、引进、成长、成熟直至衰败的常规途径。起始阶段的出版产业中拥有企业数量极少，产品销量较低，市场发展形势不明朗；接下来的阶段显示随着利润的增加，进入出版产业的企业数量增多，市场边界变得清晰，竞争开始激烈并从产品的创新转向过程的创新。引进期将会导致部分弱小的企业破产并退出竞争，其余活跃的企业继续扩张发展，出版产业到达成熟期。成熟期的产业特征是销量到达高峰、利润较高、行业企业数量多且有垄断趋势、市场的进入壁垒较高。竞争企业效益相对稳定。约万诺维奇等国外学者对报业和出版产业的年龄与生存概率进行相关研究后发现，"较老的现有企业比新企业更有效率，同时产业中

---

① Chatterjee,S.&Wernerfelt,B. The link between resources and type of diversification: Theory and evidence[J]. Strategic Management Journal,1998,(17),197–219.

② 兼容性是指新技术与目前已有技术的兼容程度；互补性则与协同效应相关，即把两者捆绑在一起比单独使用能提供更多价值；功能相似性显示了消费者所感觉的新产品可替代性。

③ 内容在出版市场中起着重要作用，新技术如果能对内容发行有增强作用，会大大增加其被出版集团采用的概率。

④ 锁定效应是指某类产品或服务强烈刺激消费者，使其重复交易的能力。网络外部性可参见第二章出版产业特征的外部性概念。

⑤ 阿兰·B.阿尔瓦兰.传媒经济与管理学导论[M].北京：清华大学出版社，2010:248–250.

企业存活的效率门槛会随着产业的成熟而提高"[①]。

目前我国的出版产业生命周期处在从引入期向保持期震荡演化的阶段，出版产业作为新兴产业，发展势头迅猛，竞争结构尚未确立，先行进入的企业进入成本较小，但没有哪家企业已经获得绝对优势。在这个阶段中，由于企业生存的可能性会因企业规模的扩增而提升，初始规模小的市场进入者存活率较低，因此出版集团在行业中具有很强的规模与范围优势。同时，根据资源划分模型，产品、业务和研发的经济规模扩增会导致市场的集中化，因此部分小型企业将转向细分市场谋求进一步发展，而大型出版集团则会继续扩张，差异化程度因此降低，形成媒介市场二元结构。此外，出版产业由于政府规制而导致的高进入壁垒也为出版集团的发展提供了有力保障。

结合我国当下的出版产业市场环境，不难发现出版集团做大做强做优的战略目标也符合出版产业发展的实际需要。与国际出版产业相比，我国产业集中度较低，出版集团的实力不明显，出版同构化现象严重，因此在改革推进过程中应该将大幅提高出版集团的实力与竞争力作为发展目标，使出版集团成为出版产业的领头军。我国出版集团的产生此前主要是行政捏合和推动的结果，如果出版集团自身要想在出版产业中占据较高的市场地位，谋求利益最大化，必须通过兼并、联合、重组等方式实现规模扩张、提升运营能力及进行市场扩张。

2.1.2　能力要素影响力的生成

良好的外部环境给出版集团的发展带来了有利契机，出版集团纷纷联合重组，掀起了集团上市热潮。但出版业与其他产业一样，发展的关键之一在于拥有资源的数量和质量，资源主要指企业用来创造产品或者服务的投入[②]，是出版集团战略的基本构成之一，也是集团竞争优势的基础。被投入到企业生产及运营中的资金、机器设备、人力资源、市场关系等都是企业资源的一种。有些资源不存在稀缺性与独特性，所有企业都可以得到，如土地、一般劳动力、借贷资金等，但有些资源的性质却有着企业的特征，这些资源很难通过正常的供应链渠道获得，如声誉、专利权、管理能力、商业机密等。

信息时代出版集团资源的价值发生了重大转移，实物资源不再是资源价

① Jovanovic,B.& Lach,S. Entry,exit,and diffusion with learning by doing[J]. American Economic Review,2003,79:690–699.

② 小阿瑟・A.汤普森.战略管理——获取竞争优势[M].北京：机械工业出版社，2011：61.

值的唯一来源，知识技术、人力资本、创新能力等无形资产都成为新形势下出版集团要挖掘开发和保护的资源要素，这些"存在于公司内用来创造不同优势的知识"或"公司职员满足客户需求的能力"[①]如果能与集团战略保持一致，将会为企业带来极大的价值。

在新中国出版产业发展初期，实行的是出版工作的计划性管理，各种出版物由国家按照需求统一规划与分配，各企业之间基本不存在竞争。随着体制改革的深入，出版企业间的竞争日益激烈，企业逐步开始通过开发和利用自身所控资源来获取竞争优势，基于此，在追求竞争优势和利润最大化的过程中，出版集团首先应该以内视的眼光对自己所控的资源进行有效挖掘。资源基础理论中的 VRIO 框架是用来分析企业资源重要性的工具，有助于理解和开发企业的资源、能力和盈利潜力，如图 2-1 所示。

VRIO 框架从资源基础角度提出了分析出版集团资源的四个主要问题：第一，价值问题。出版集团目前拥有的资源是否有助于企业构建与实施能提升自身效率和效能的战略。资源必须在它们能及时开发利用市场机会或是化解消除竞争威胁时才有价值。第二，稀缺性问题。有价值的资源如果不是稀缺性的，则企业无法靠其得到竞争优势。如书号在国家控制数量时是有价值的，但每个出版企业都有这种资源，因此利用该资源虽然能帮助企业得到竞争均势，但不能从中获取更大的优势。只有当拥有某项有价值资源的企业数目比能使该产业变为完全竞争状态的企业数目少，该资源才有可能给企业带来竞争优势。第三，可模仿性问题。出版集团必须意识到企业资源只有无法被竞争对手通过直接复制或替代的方式获得时[②]，才会成为持续竞争的优势来源，也就是说，企业资源必须拥有以下三个因素才能不易被完全模仿：独特的历史条件、因果模糊性、社会复杂性。出版集团需要判断缺乏上述资源的竞争对手在获取或者开发此资源时是否会面临成本劣势。第四，组织问题。企业的程序规章、政策制度等是否围绕资源来进行组织。出版集团可以从这四点出发来衡量企业内部的资源环境，从而制定或调整相关的战略目标。

---

① 罗伯特·J.S.卡普兰.战略地图——化无形资产为有形成果[M].广州：广东经济出版社,2005:160.
② 杰伊·B.巴尼，德文·N.克拉克.资源基础理论——创建并保持竞争优势[M].张书军，苏晓华，译.上海：格致出版社，上海三联书店，上海人民出版社，2011：66.

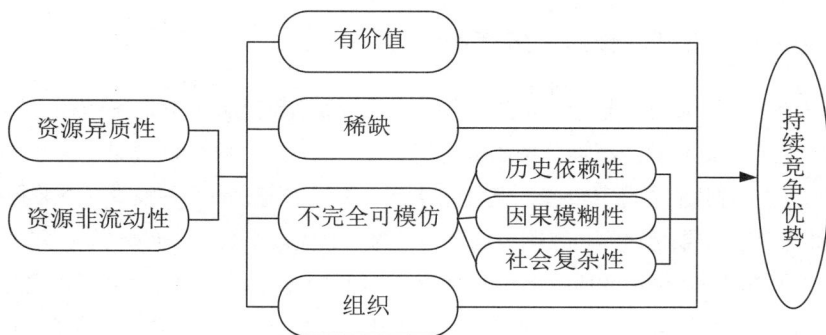

图 2-1　资源特性、组织、持续竞争优势三者关系

资源是出版集团赖以生存和发展的物质基础，因此也是出版集团竞争力的基础。但出版集团的资源若不能够被整合或放大，则不能转化为现实竞争力，也就不能成为维系出版集团生存、推动出版集团发展的有效力量。管理学家克里斯蒂森认为，"就本身而言，资源几乎没有生产能力"，生产能力是"生产活动要求资源进行组合和协调"而产生的。例如我国的部分大学出版社，在宏观环境、出版资源、人员构成等方面条件均基本类似，但经过多年的发展后，各出版社的竞争力却有着较大的差异。因而要有效整合与放大资源潜力，出版集团必须按照一定的目标与规则要求来对资源进行科学的获取与合理的配置，使集团资源按照一定的秩序进行动态的有机结合。出版集团资源潜力被激活与放大的程度将取决于出版集团的能力水平。因此，可以认为出版集团的能力，是一种把各种出版资源在运行过程中组合起来，并引导其为特定的出版生产目标服务的整合能力[①]，是出版集团竞争力的重要构成要素之一。

2.2　路径依赖对出版集团竞争力演化的影响

良性的路径依赖有利于竞争力的形成与强化，恶性的路径依赖则会导致集团竞争力无法形成或弱化，因此，克服恶性的路径依赖，利用良性的路径依赖来完成制度变迁，是目前出版集团竞争力演化的重点所在。

---

① 朱静雯.论出版集团核心能力的内涵及培育[J].出版发行研究,2001(11):13.

2.2.1　路径依赖的一般理论

保罗·戴维是最先将经济史学家的注意力吸引到路径依赖这一问题上的，他在《克利俄与键盘的经济学》中所举的例子说明了这样一种奇怪现象：技术的渐进性变迁一旦踏上某个特定轨道，就可能导致一种技术淘汰另一种技术，尽管可能最终人们发现的结果是这一技术路径比那个被抛弃的更没有效率。布莱恩·阿瑟最早提出这样的观点：微小的历史事件可能导致一种技术在和另一种技术竞争时胜出。

诺斯将技术领域的路径依赖运用到制度变迁的研究领域中，并将其用于解释由于国家制度变迁路径存在较大差异从而导致的经济绩效差异巨大的原因。他认为，制度矩阵的内部依存网络产生着很大程度的报酬递增，因此在这种情况下，制度是举足轻重的，并型塑了经济的长期路径[①]。制度变迁如果走上某一路径，无论好坏都将沿着这一路径发展下去，久而久之，人们会对这种选择及路径产生一种依赖，类似于物理学中的"惯性"。

诺斯的相关研究指出，路径依赖主要是由两方面原因所造成：一是利益集团的影响；二是非正式约束的影响。制度变迁是一种权利与利益的重新调整，因而会影响当前利益集团的既得利益，当前利益集团必然会对原有制度进行维护或是巩固，这就使得制度变迁很难完全按新设计的路径进行，而体现为新旧制度的折中，表现出制度变迁的路径依赖性。而非正式约束往往是某种正式约束的先验模式，影响着人们的意识形态、价值观念、精神文化等非正式制度因素，具有持续性、自发性、非强制性和广泛性的特点。行为人的观念在制度中所发挥的作用，远远比其在技术变迁中所发挥的作用更为重要，因为意识形态观念会影响决定选择的主观构念模型。由于正式约束与非正式约束间存在复杂的相互联系，因而处于制度环境中的选择相应复杂，路径依赖特征也表现得更为复杂。[②]

产业环境、国家政策、意识文化、监管机构的公司治理指引等因素都会影响到治理机制的选择，而由于制度演进的路径依赖性质，只有部分机制作为可被选择的范围保留下来，最终的公司治理机制将由制度使用过程中的成本收益比较来决定。

---

① 道格拉斯·C.诺思. 制度、制度变迁与经济绩效[M].上海：格致出版社，上海三联书店，上海人民出版社，2008：131.
② 道格拉斯·C.诺思. 制度、制度变迁与经济绩效[M].上海：格致出版社，上海三联书店，上海人民出版社，2008：142–143.

2.2.2 出版集团的路径依赖特征

中国的经济体制改革以及文化体制改革，采用的都是渐进式的改革方式。出版产业也不例外，转型期的中国出版业改革采取的也是渐进改良的模式，为国家、出版单位、公民三个利益主体寻找成本最小的改革路径。我国出版集团改革，没有直接对旧制度进行大规模改革，而是在旧制度的基础上衍生出部分新制度，再通过新制度的发展来逐步替换旧制度，最终促成旧制度的变迁，达到制度的全面创新，这样既能保证改革的稳定性，又能实现改革的最终目的。

"路径依赖意味着历史是重要的，不去追溯制度的渐进性演化过程，我们就不能理解今时的选择，以及界定其在解释经济绩效模型中的地位。"[①]中国出版企业经历了三个阶段的制度变迁：第一阶段是 1978 年至 1991 年的增量发展阶段，这一阶段的重点是对出版企业内部的图书结构、岗位责任、管理形式、企业自主权等方面进行改革；第二阶段是 1992 年至 2002 年的结构优化阶段，这一阶段的重点是转换企业经营机制，实行内部制度改革等；第三阶段是从 2003 年起的深化改革阶段，这一阶段要求出版企业探索建立产权关系明晰的现代企业制度，并完善法人治理结构[②]。对出版集团而言，其路径依赖特征具体体现在两个方面：一是利益集团影响导致的机制依赖，二是非正式约束影响导致的意识文化依赖。

出版集团实行的是以法人产权制度为基础，权责明确、政企分开、管理科学的现代企业制度，与过去在事业单位体制下的传统国有企业领导体制有明显区别。由股东大会、董事会与监事会组成的"新三会"淘汰了以往由党委会、工会和职工代表大会构成的"老三会"，在利益格局调整与利益重新划分的过程中，对原有的利益集团既得利益会造成一定的冲突或损害，因此，原来处于优势地位的领导者，很容易由于过多考虑自身利益，拒绝使制度沿预定的变迁目标行进，从而导致有效制度供给的延迟。例如依然在出版集团内部采用党政干部的管理方式；对领导者的绩效考核流于表面，不与实际业绩相挂钩；晋升机制沿袭过去的论资排辈方式；董事长与总经理职位由一人承担，"内部人"现象严重等。

---

① 道格拉斯·C.诺思. 制度、制度变迁与经济绩效[M].上海：格致出版社，上海三联书店，上海人民出版社，2008：138.

② 张新华.转型期中国出版业制度分析[M].北京：中国传媒大学出版社，2010：62-63.

出版集团的路径依赖还有着意识文化依赖特征。从宏观角度看，长期的计划经济与社会主义相等同的意识文化形态，使许多变革都只是小修小补，依然禁锢在传统旧体制的框架内。如出版集团的资产经营权似乎只有在国家与政府的直接控制下才合理；认为产权改革是私有化和国家资产流失的表现，不敢大刀阔斧地进行改革；许多职工认为管理是领导层面的事，职工董事或监事形同虚设；小股东缺乏参与意识，放弃投票权与诉讼权等。

当然，在我国的出版业制度变迁中，路径依赖对于出版集团的管理也有着一定的正面影响。如中国传统的意识形态与文化传统使自上而下的改革方针政策较容易被接受，能有效缩短新制度启动的时滞和费用，并且地方对中央权力的从属心理也减少了制度变迁中的阻力和摩擦。因此出版集团应该利用良性的路径依赖，克服恶性的路径依赖现象来完善公司治理，提升出版集团竞争力。

2.2.3 机制要素影响力的生成

由于我国出版集团存在着路径依赖特征，且目前我国大多数出版集团仍然处于建立现代企业制度的阶段中，因此，要想让出版集团立即消除传统企业运营框架下的痼疾，在真正意义上构筑起具有现代公司制度和国际经营惯例的出版企业制度与组织架构，必须循序渐进，不能操之过急。出版集团需要通过自身的努力摸索与尝试，寻找出一条科学合理并适合我国国情的改革路径。

然而由于受到传统管理体制的延续性影响，以及没有成功经验可以借鉴，出版集团难免会走一些弯路。具有路径依赖特征的出版集团难以全面实现政企分开，从而导致转型过程中集团行政治理痕迹依然较为浓厚，外部人控制现象突出，产权代理机制设计不科学等，对我国出版集团现代企业制度建设目标的实现造成阻碍，如出版集团经营身份的独立化流于形式，管理地位虚置，无法做到自主经营；对内外部资源整合利用效率不高，致使出版集团经济效益低下。我国出版集团在恶性路径依赖的影响下，不断暴露出在公司治理建设和发展等方面的问题与不足。

我国已经全面完成出版单位的转企工作，企业身份的转变意味着出版集团将要以独立的市场主体身份融入到出版市场中，过去一些垄断路径支撑下的政策优惠，如税收优惠、对外资与民营资本进入出版物的编辑出版环节的限制、出版经营资格终身制、教材教辅的垄断发行等曾为出版单位带来丰厚的利益与完善的保障，但体制改革出版集团有可能在各个层面上丧失出版经营的这些垄断性优势，必须面对残酷的市场竞争。因此，出版集团怎样培育出能与动态环境相匹配、有效防御经营风险并能充分体现高层管理者科学决策意图的能力，是出版集团有效提升竞争力的关键。柳斌杰曾指出："转制后的文化企业迅速成长为新型文化市场主体，是文化大发展大繁荣的主力。但是在市场经济体制下，落后的体制机制使其无法生存，更谈不上发展，必须要通过改革让其焕发青春活力。"①换言之，出版集团完善的制度建设和科学的机制设计将为其提供战略资源和核心能力运用的重要保障。因为出版集团想要做大做强，必然要有机整合内外部的战略资源，并合理利用。科学有效的机制方案与管理流程设计能使战略资源充分地流动、配置与整合，从而利用和释放战略资源的最大价值，同时良好的制度设计与体制作用，也能有效地对战略资源和战略的使用者——出版人才给予相关权利的保护，充分激发他们的工作热情。

此外，信息时代的集团经营，是通过一体化的业务流程来贯穿传统的业务职能，即跨职能协同。传统出版企业在环境开放度、组织结构、学习方式、沟通协同方式及技术信息共享度等方面都与现代集团存在较大区别。在深化改革阶段之前，我国出版企业均为各子系统的简单集合，没有产生协同效应，是各个子系统互不影响，而企业的整体经济业绩就是各子系统的业绩之和，有时还会因为子系统之间存在矛盾而造成整体运营效率的下降。

目前我国不少出版集团仍然存在着较为严重的路径依赖，因此完善企业机制就显得尤为重要，决定协同经济绩效的出版集团内部成员企业及组织之间的协同能力也需要进一步的提升。

协同效应是指系统中的各要素或子系统之间在操作、运行过程中的合作、协调与同步，以及通过各要素或各子系统复杂的相互作用而产生的整体效果。将协同效应理论应用在出版集团组织协同环境中可以发现，出版分社、财务中心、市场部门、发行中心、印刷厂、物资中心和物流中心等均是出版系统中的不同子系统，如图2-2所示。出版集团的发展并不仅仅依赖各个子系统的独立发展，更需要各子系统在相互联系和相互作用的过程中，形成合作与互补。效率可以用来衡量出版集团内部的协同效应状况，即效率越高，出版

---

① 柳斌杰.进一步深化改革开放，加快构建有利于文化繁荣发展的体制机制[N].人民日报，2011-11-10（05）.

集团内部的协同效应就越明显；组织协同环境越理想，出版集团的竞争力也就越强①。

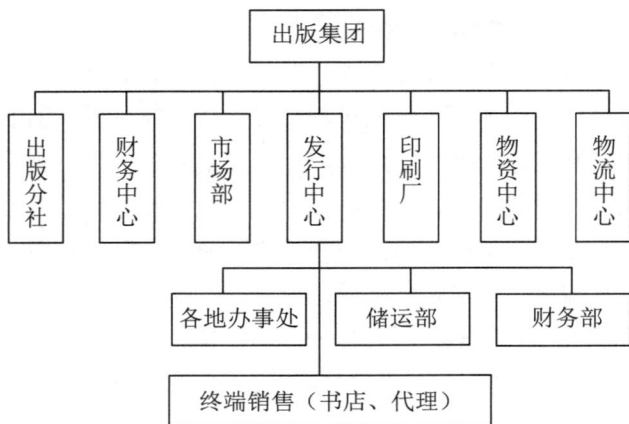

图 2-2　出版集团系统层次图

　　在现今的体制改革背景下，出版集团的组织协同环境发生了重大变化。出版集团作为一种现代的经济组织形式，可以通过行之有效的协同治理机制来保证集团的科学运作。现实实践中的出版集团内部成员企业的相互关系，主要表现为三种：母公司内部的关系、母公司和子公司之间的关系、母公司和关联公司以及业务协作企业间的关系。相对于普通的出版企业组织协同，集团协同的最大特点就是要处理好内部成员企业间的相互关系，特别是母公司与子公司之间的关系，从而更好地发挥出版集团的整体协同优势。虽然我国多数出版集团通过体制改革已经获得了法人身份，并具备一定的自主经营权，但仍未能完全做到政企分开和科学管理，因此我国出版集团在公司治理层面也需要建立起现代企业制度，采用协同治理方式，将各种分支性治理模式进行集成和系统化，形成层次分明、机制科学、协调高效的整体性公司治理模式，以推动公司治理机制在出版集团内部环境里的高效运行。出版集团是单个法人企业的联合体，有着各自相对独立的财产与利益，如果不加强对集团协同能力的培育，将会导致集团各子企业之间的合作程度降低，并加大集团的组织管理成本，最终影响到出版集团的经济绩效。

　　因此，在面临的生存压力和发展挑战与日俱增的大环境下，重视机制要

---

① 刘畅.我国出版集团联合重组的协同效应研究[J].出版发行研究，2011（5）：5.

素，构建科学有效的公司治理模式、深化机制改革、提升协同能力，如调整股权结构、完善公司治理结构、制定有效的激励与约束机制、构建有自身特色的企业文化、加强集团运营管理的效率等，能使出版集团拥有规范的运营环境，科学的经营机制与有效的监管体系，能使各部门利益均得、权责明确、流程简便，不仅为其经营管理行为的规范性、科学性和有效性提供有力保障，更是在巩固产权制度改革结果的基础上，为继续开展出版体制深层次改革奠定坚实的基础，同时促进我国出版集团竞争力的发挥与提升。

2.3 产业特征对出版集团竞争力演化的影响

我国的出版产业与其他产业相比较存在着显著不同的产业特征，即出版产品有着其独特的使用价值和价值实现形式。出版集团承担着提升国家文化软实力、满足人民精神文化需求的重要责任，因此，研究出版集团竞争力，必须要对出版产业的内涵属性及产业特性进行分析。

2.3.1 出版产业的内涵与属性

在制度经济学中，产业是指特定企业的集合[1]，传媒经济学则认为产业仅限于是卖者的集群，卖者可能存在于单一或多个市场中[2]。一般来说，国民经济的每一个行业都可以是一个产业部门，出版正是这样的一个产业部门，它具体包括属于出版物制造业的企业化管理的有关出版单位与复制企业；属于出版物销售行业的各种分销企业；属于出版服务业的各种读者服务机构、版权代理机构和信息调查中介以及由出版单位衍生出的各种文化服务教育企业[3]。

我国出版产业具备以下三方面的内涵：第一，出版产业是我国文化产业的一个重要组成部分。国家统计局为规范文化及相关产业统计工作而出台的《文化及相关产业分类》课题报告中提出文化产业主要包括文化产业的核心层、外围层及相关层三部分。其中文化产业核心层包括新闻服务，出版发行

① 乔治·J.施蒂格勒.产业组织[M].上海：格致出版社，上海三联书店，上海人民出版社，2006：37.
② 安澜·B.艾尔布兰.传媒经济学——市场、产业与观念[M].北京：中国传媒大学出版社，2009：26.
③ 聂震宁.我们的出版文化观——聂震宁演讲访谈录[M].北京：中国书籍出版社，2008：124.

与版权服务，文化艺术服务与广播、电视、电影服务等。将出版发行与版权服务都定义为文化产业的核心层，表明其在文化产业体系中的重要地位与作用。第二，出版产业拥有着较多既有共性又有差异性的不同产业门类。根据产业门类的技术特征与产品形态的不同，目前可以将其分为图书出版业、期刊出版业、音像出版业、电子出版业与网络出版业五大类。随着现代信息技术的发展，新的出版业态不断涌现，也使出版的内涵不断拓展。第三，出版产业是以内容为主的产业。出版产业的内容很少能被编码后融入工业生产流程，是因为其内容通常源于少数人的创作灵感。出版产业通过对作者的作品进行编辑加工与制作、发行来创造出基于文化产品的附加价值，使出版产业成为知识的创作与知识的消费之间的重要桥梁。

我国出版产业属性主要包括文化属性、宣传属性和经济属性[1]。我国政府及出版界对出版产业的文化属性认识较为深刻，早在 1983 年国务院发布的《关于加强出版工作的决定》中，就明确肯定了出版产业具有重要的文化价值，指出图书出版工作贯穿于我国文化事业的发展过程中。同时，出版产业对从业者和受众的知识结构和知识水平都有一定的要求，从业者必须投入较多的脑力劳动来生产出富有创意的出版产品，受众也需要一定的"解码"能力来接收出版产品中的信息。

中外出版界都意识到出版产业具有信息传播、影响舆论的宣传属性，因此均将其作为一种重要的宣传工具。我国出版产业的宣传属性一方面体现在对读者的宣传教育上，强调出版物的政治宣传与思想教育作用，承担着文化建设任务。如我国出版行政管理相关部门多次发文指出出版活动要具有社会效益，设立了各种出版奖项来鼓励经营者出版符合国家文化建设、意识形态以及科学文化发展需要的相关书籍，通过减免税收来为出版业宣传教育功能的发挥提供经济保障，等等。另一方面体现在通过出版物的出口贸易对他国进行文化渗透及加强各国之间的文化交流，近几年来，我国的图书出口呈现出了较为明显的增长势头。

1983 年，《中共中央　国务院关于加强出版工作的决定》中提出，"出版工作要把社会效益放在首位，同时注重经济效益。"首次明确了图书的商品属性，此后出版产业的经济属性和出版物的商品观念开始得到社会认同。出版产业和其他产业一样，其生产的商品具有经济属性，必须面对流通、消费与

---

[1]　罗紫初.比较出版学[M].武汉：武汉大学出版社，2006：32-41.

竞争，是一种完全的经济行为方式。从制度经济学角度看，我国出版产业可以纳入"混合经济"模式内，即将市场经济的手段与计划经济的方法有效结合，其典型特征就是出版产业既受到政府政策的管制，其经营又采用市场经济下的现代企业制度。这样，出版企业既可以追求产业利润的最大化，又可以坚守文化使命，满足人民的精神文化需求。

2.3.2　出版产业的产业特征

与其他产业部门相比，出版产业有着其鲜明的个性与特征，概括并掌握其特征能使出版集团充分重视产业规律并利用好产业优势，也是出版产业更好发展的要求。出版产业的主要特征包括外部性、垄断性和创新性。

外部性是指"买卖双方在经济交易中形成但不完全归卖方或买方而由第三方承担的成本或者利润"[①]。由第三方承担的利润可称之为正的外部性，由第三方承担的成本可称之为负的外部性。出版物作为一种精神文化产品，信息多元庞杂，存在着极强的外部性特征，正外部性特征体现为具有正确导向的出版物能促进社会的稳定，提升文化软实力；负外部性特征则体现为错误的舆论导向和文化价值观会对社会产生负面影响，造成产业公信力下降。因此出版产业的外部性特征也要求政府必须通过"外部性内部化"来抑制负外部性的产生，即通过制度安排经济主体的经济活动，使其产生的社会收益或成本转化为私人收益或成本，将技术上的外部性转化为金钱上的外部性，从而在某种程度上强制实现原先并不存在的货币转让。典型办法如征收庇古税，一方面对产生负外部性的产品或企业征收一定的税费，另一方面对产生正外部性的产品或企业减免税收，或者通过企业合并及利用科斯定理即通过明确产权和交易成本来保障具备正外部性效应的出版物或企业。

出版产业虽然属于竞争性产业，并不具有自然垄断的性质，但在实际情况中，它还是不可避免地有着一定的垄断性，并存在规模经济，主要表现在三个方面：第一，进入规制体系的垄断性。我国的出版产业受到国家政府的管制与控制，一直实行比较严格的进入规制，出版企业的设立实行审批制，并对整体出版企业数量与结构进行总体控制。目前，已经建立起了法人准入、产品准入、职业准入和岗位准入四位一体的进入规制体系[①]。第二，书号的

---

① 柯林·霍斯金斯，等.传媒经济学——经济学在新媒介与传统媒介中的应用[M].广州：暨南大学出版社，2005：227.
① 张新华.转型期中国出版业制度分析[M].北京：中国传媒大学出版社，2010：89.

垄断性。我国实行以书号方式对各个出版企业的出版物及其种类和数量进行计划控制，以便根据社会发展需要来扶持部分地区与个别品种的出版物出版。《出版管理条例》第22条明确规定："出版单位不得向任何单位或者个人出售或者以他种形式转让本单位的名称、书号、刊号或版号、版面，同时不得出租本单位的名称与刊号。"①对书号的总量控制和分配特权也使出版产业在实质上具有垄断性。第三，出版企业经营范围的垄断性。我国出版企业的经营范围均由新闻出版总署审批，所有出版企业都需要遵守专业分工，按照登记所核定的出版范围出书，这造成出版领域部分企业的寡头垄断，并限制了稀缺资源在出版市场的合理流动。

创新性是指出版产业作为涉及大量研发的知识高度密集型产业，在现代科技日新月异的情况下，创新技术或模式可能在短期内被更新的模式和更具创新能力的企业所替代，"创新包括了企业家对产品、技术、工艺、组织和市场的开拓和控制，渗透在社会的各个领域"②。因此出版产业必须通过不断创新来增强经济硬实力与提升文化软实力。胡锦涛在十七大报告中提出要从"内容形式、传播手段和体制机制"三方面入手，"解放和发展文化生产力"，只有按照知识经济的本质特征与内在要求来发展出版产业，强调其创新性的特征，通过政策制度层面、组织管理和内容技术创新层面的创新来使出版产业可持续发展，才能真正实现创新与飞跃。

总结出版产业的特征可以发现，它明显具备杰弗里·韦林提出的持续竞争优势产业特征，即信息多元庞杂、涉及大量研发、消费者熟悉该产业的商品及存在规模经济③。

2.3.3　社会责任要素影响力的生成

企业社会责任的概念最早于1924年由美国学者谢尔顿提出，他将公司社会责任与公司经营者满足产业内外各种需要的责任联系起来，提出公司社会责任应该包含道德因素。1953年，霍华德·R.鲍恩对企业社会责任进行了相对清晰的界定，即"商人的这样一些义务：他们采取的政策方针和所做出的

① 中华人民共和国国务院.出版管理条例[EB/OL].:http://www.gapp.gov.cn/cms/html/21/396/200601/447334.html.
② 熊彼特.经济发展理论[M].北京：商务印书馆，1990：73-74.
③ Waring,G.F.Industry differences in the persistence of firm-specific returns[J]. The American Economic Review,1994:1253-1265.

决策、遵循的行为准则都应该符合社会的目标与价值观"①。后期的企业社会责任理论更广泛地使用了"利益相关者"的概念，认为管理者对利益相关者同样负有责任，波特和克莱默也指出：企业通过投资于各种能加强企业竞争力的社会方面，与战略性的企业社会责任能达成共同的价值观。

在市场竞争中，所有企业都会通过技术改良、协同效应、降低成本等一系列手段来增强自身的竞争优势。对于已经取得一定竞争优势的企业而言，随着规模扩张与范围经济的产生，企业的成本优势与规模经济性日益凸显，使得企业有能力提供更低价或是更具性价比的产品。此外，为了设置进入壁垒，有条件的企业也通常会选择在短期内以不太经济的方式来填补由于部分企业退出而导致的市场空缺，在这种情况下，企业的供给曲线会发生稍许下移，使得消费者剩余增加，从而创造更多的社会福利，参见图2-3。

图中：S表示竞争前企业的供给曲线，S'表示获得竞争优势后企业的供给曲线。该图表明：随着规模经济与范围经济的产生，获得一定竞争优势的企业有降低价格的能力，使得供给曲线下移，消费者剩余与社会福利得以同步增加。

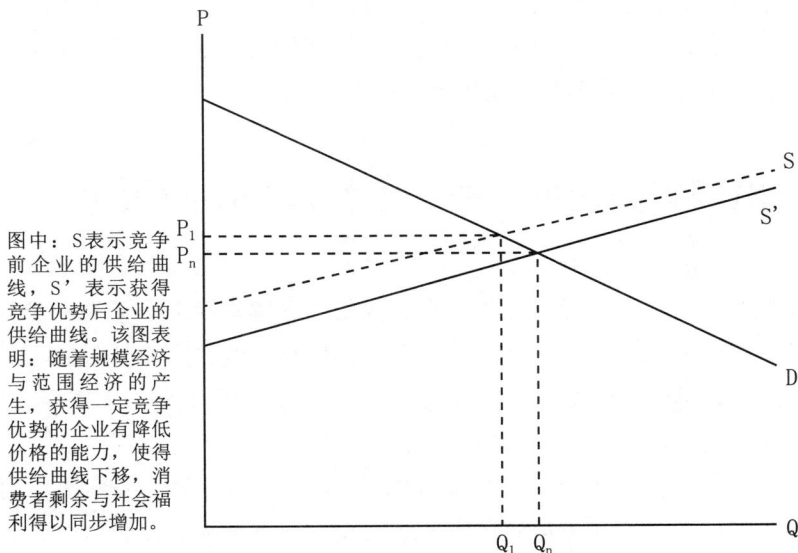

图 2-3　企业竞争对社会福利的影响

市场竞争的需求会使出版集团主动或被动地创造更多社会福利，但我国出版产业的特征要求出版集团在此基础上必须承担更多的社会责任，通过传播和创造先进的文化来满足广大读者健康的文化需求，为社会与人民服务。出版产品要符合国家的政治利益，符合当代社会意识形态的要求，同时也必须符合社会主义发展与文化建设的需求。出版是文化传承与发展的重要形式之一，出版

① 丹尼尔·A.雷恩等.管理思想史[M].第6版.北京：中国人民大学出版社，2012：376.

集团的社会责任要求其既要传承民族优秀文化，弘扬先进文化，服务于文化激励和文化传统；又要出版供大众阅读的精品读物，满足大众的精神文化需求。制作出版产品虽然是一个物质生产的过程，但文化促进才是其最根本的追求。追求社会效益、引领精神文化生活应该是出版集团的终极目标。因此出版集团不能简单地追求经济效益，而应该把社会效益放在首要的位置，坚持正确导向，实现两个效益的统一。

出版业的"十二五"时期发展规划对出版集团的社会责任提出了较明确的要求，"传播社会主义先进文化，弘扬社会主义核心价值体系；加强精品力作的生产，传承和弘扬中华文明；完善新闻出版公共服务体系，保障人民群众基本文化权益；加快国家数字出版重大工程建设和国家数字出版基地建设；推动出版业'走出去'等"[①]。对出版集团而言，承担相应的社会责任既是为社会做贡献，也是出版集团塑造自身品牌，在受众中获得较大影响力和提升行业地位的重要手段之一，最终同样能增强出版集团自身的竞争力。由此可见，社会责任是出版集团竞争力构成的重要因素之一。

2.4 出版集团竞争力的产生机理与函数表达

出版集团竞争力是指出版集团在有效的"可竞争性市场"中表现出对现有资源的最佳利用，能持续地向消费者提供更有价值的产品与服务，并能引导集团向其目标迈进的整体能力与综合素质。决定集团竞争力的因素有很多，并且彼此交叉影响，作为有机整体对出版集团竞争力产生着影响。

内外部环境的变化使得出版集团必须正确认识并提高自身能力，不仅要在产业市场中立足，还要培育集团的增长能力和可持续发展能力，从而谋求长久的竞争力。另外，出版集团发展中的路径依赖倾向十分明显，改制后的集团机制仍不完善，新的体制与制度并没有达到应有的效果，使得出版集团改革有"新瓶装旧酒"之嫌。而出版集团是有别于单个企业的复合型经济组织形式，其竞争力的一个重要要素就是机制，"通过对组织知识的丰富和内部合作效率的改进，使集团在竞争过程中正确地运用资源，进而做出恰当的战

① 新闻出版总署.新闻出版业"十二五"时期发展规划（摘要）[J].出版业，2011，（7）：4-8.

略选择与合理的行动管理，是企业竞争力提升的关键所在"[1]。

出版产业对我国文化产业发展起着重要作用，出版集团又是出版产业发展的领头军，承担着满足人民精神需求、提升国家文化软实力的责任。胡锦涛同志在十八大工作报告中指出："要增强文化整体实力和竞争力。要坚持把社会效益放在首位、社会效益和经济效益相统一……加强重大公共文化工程和文化项目建设，完善公共文化服务体系。"[2]未来出版集团的竞争，不仅是能力与机制的竞争，也是社会责任的竞争。因此，出版集团竞争力实质上是能力、机制和社会责任三方面相互作用的结果，其具体产生机理如图 2-4 所示。

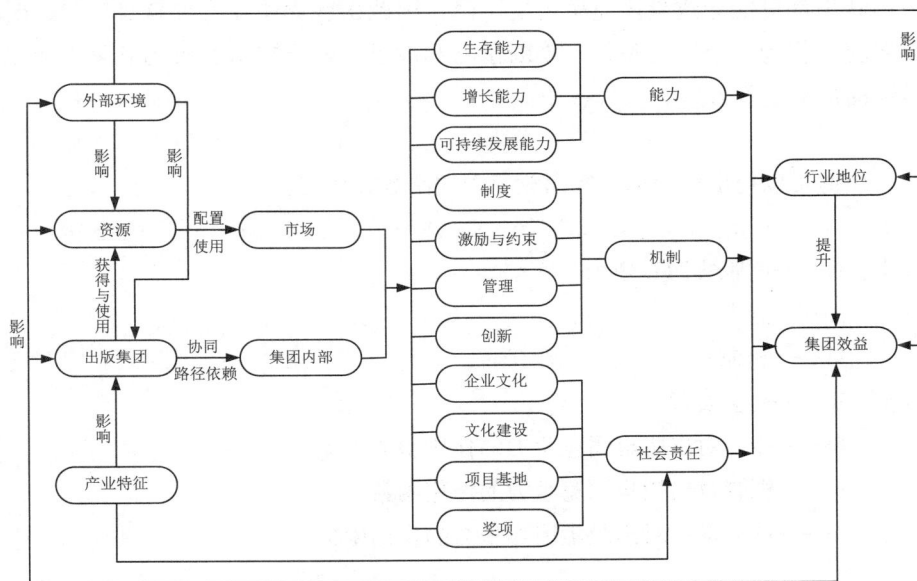

图 2-4　出版集团竞争力的产生机理示意图

出版集团依据其既有的能力与拥有的资源，结合外部环境状况，通过对资源的配置与使用，表现出其在产业市场上的生存能力、增长能力与可持续发展能力；同时通过集团内部的协同与整合，克服路径依赖，使集团在制度、激励机制、管理、创新和企业文化等方面具备一定的优势；此外出版产业的社会性使得出版集团必然要重视其文化建设、项目基地建设、公益事业与奖

---

① Arthur Francis and Tharakan,PKM. The Competitiveness of European Industry[M]. London: Roufledge，1989.

② 胡锦涛. 坚定不移沿着中国特色社会主义道路前进为全面建成小康社会而奋斗[EB/OL].: http://cpc.people.com.cn/18/n/2012/1109/c350821-19529916.html.

项获取来谋求集团的社会效益。这些表现最终体现为出版集团的能力、机制与社会责任，这三者共同影响着集团的行业地位与效益，行业地位对集团的收益会产生一定影响，集团收益多少反过来又会影响出版集团对能力、机制与社会责任的投入与培育。就竞争环境、市场地位、集团效益三者而言，竞争环境的变化会影响集团的市场地位与效益，而集团市场地位与效益的变化也有可能导致竞争环境的改变。

综上所述，出版集团竞争力并不是简单地由一个或两个因素构成，而是在循环发展中产生变化的，许多因素之间都存在交叉影响关系，任何一个环节的缺失都可能导致集团竞争力的下降，因此出版集团在发展自身竞争力时需要将其作为一个有机整体，不断学习和改进，才能在动态市场竞争中形成较强的持续竞争力。

由此可以得出中国出版集团竞争力的函数关系式：

$$C = f_1(A) \times f_2(M) \times f_3(R) \cdots\cdots\cdots\cdots\cdots\cdots\cdots\cdots$$

式中：C——出版集团竞争力；

A——能力；

M——机制；

R——社会责任；

f_1——能力对出版集团竞争力的作用函数；

f_2——机制对出版集团竞争力的作用函数；

f_3——社会责任对出版集团竞争力的作用函数。

③ 出版集团竞争力评价指标体系构建

　　管理和决策是一个综合系统工程，涉及多个因素。只有对管理对象和决策环境进行综合、系统评价，才能更好地为科学管理和决策服务。科学的评价体系是企业发展的支持和保障机制，通过科学的评价体系来调控企业的发展方向是评价机制作用于企业发展的立足点，也就是说，企业发展与评价体系构建存在着密切的关联。同样，出版集团发展也必须依托科学的出版集团竞争力评价体系。但出版集团相对于一般企业而言，具有自身的特殊性。除一般的企业特性外，还具有一定的意识形态属性，因而其外部性特征更为明显。此种特殊性必然对竞争力评价体系的构建产生影响。因此，出版集团竞争力评价与一般企业竞争力评价有着完全不同的要求，只有构建完善健全的出版集团竞争力结构模型，才能更科学地进行管理与决策，进而提升出版集团的竞争力，促进出版产业的科学发展。

3.1　出版集团竞争力综合评价目标与原则

　　出版集团竞争力的综合评价，既是对出版集团在发展过程中的资源利用能力进行测度，同时也是对出版集团的相关机制协作的程度进行考察，并对所产生的经济效益与社会效益进行综合评估，从而为完善出版集团的机制构建、制定发展战略等提供客观依据。因此，在进行出版集团竞争力综合评价前，必须明确其评价目标和基本评价原则。

3.1.1　综合评价目标

出版集团竞争力综合评价是保障出版集团做大做强做优，提升竞争力的必要环节。它不仅能使出版集团了解当前自身各方面的基本能力，还对集团未来的发展方向起着积极的引导作用。因此，出版集团竞争力的综合评价工作应始终与出版集团的发展处于并行状态，做到边发展、边评价、边改进，紧密围绕提升出版集团竞争力的总体目标实施，参见图3-1。

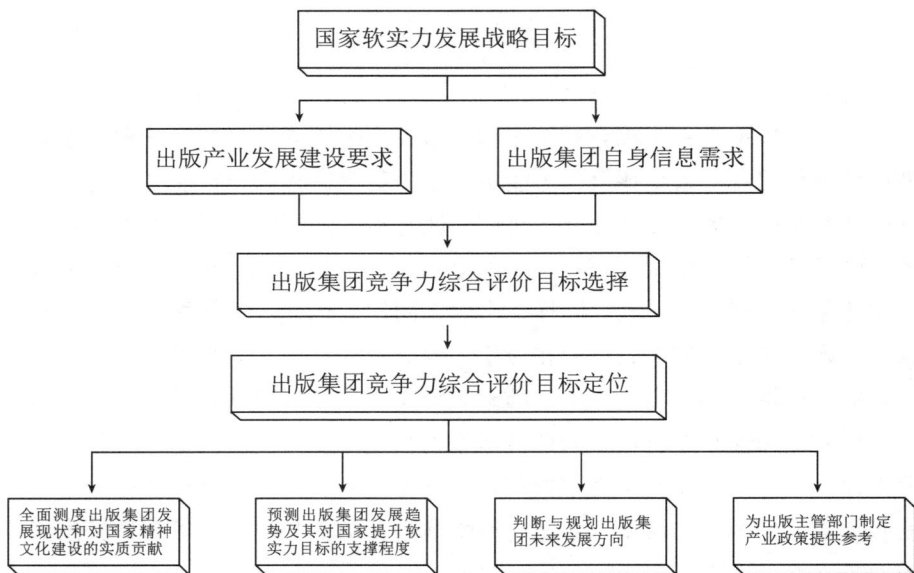

图3-1　出版集团竞争力综合评价目标体系

具体而言，出版集团竞争力综合评价的目的在于：

其一，全面测度出版集团发展现状和对国家精神文化建设的实质贡献。目前，我国出版集团考核主要针对集团的经济规模，既无法体现出版集团的真正竞争力，也造成出版产业的文化价值缺失。因此，竞争力综合评价能帮助出版集团了解自身实际的发展水平和行业位置，有利于出版集团根据该综合评价同国内外竞争对手进行比较，从而制定合理的战略计划并进一步发展。出版集团发展的最终目的在于提高出版集团的国际竞争力，同时为国家的精神文化建设做出贡献，因此对出版集团竞争力的考察应该包含其创造的经济效益和社会效益两方面。

其二，预测出版集团的整体发展趋势及其对国家提升文化软实力目标的支撑程度。在国内外竞争环境的不断演变和出版集团自身发展需求的推动下，出版集团的竞争力始终处于动态变化过程中。竞争力评价能将出版集团发展目标、内部流程、组织管理等环节和国家文化软实力发展的目标、内容、路径相结合，使之符合国家以出版集团为领军者，提升文化软实力的导向性意见，进而促进两者目标的协同与有机统一。此外，通过对出版集团各项指标的持续监测与评估，可以及时总结出版集团的运营规律，预测其发展方向与国家提升文化软实力的目标相吻合程度，进而做出相应的战略变化与运营调整。

其三，能够实现对出版集团未来发展方向的判断与规划。出版集团正处于革命性的转型中，工业时代的竞争已经变成信息时代的竞争，单凭经济规模已经不能说明集团实际的竞争力。竞争力的综合评价能通过对出版集团竞争力潜力的挖掘分析，找到使出版集团提升竞争力的路径，从而对集团未来的发展预期进行科学定位。

其四，为出版主管部门制定产业政策提供参考。中国出版产业改革起步较晚，难免出现产业政策可操作性不强的情况，对出版集团竞争力进行综合评价，有助于政府和主管部门从出版集团竞争力的评价结果中发现问题，对影响出版集团发展的相关政策进行调整，检查政策是否落到实处。因此出版集团竞争力综合评价对于出版主管部门的政策制定有着重要的借鉴意义。

3.1.2　综合评价原则

结合出版集团竞争力的特征，在构建出版集团竞争力评价模型时应遵循以下几条基本原则。

第一，国家战略导向整体联动原则。

出版集团的综合竞争力应始终与国家战略导向保持整体联动。为此，在进行指标评价设计时，要从该角度入手分析各个指标相互之间的互补性和重叠度，且各指标的效应取向应和国家的战略导向相一致。把社会效益放在首位，同时获取最大化经济效益是我国出版集团竞争力评价的最基本准则与着眼点，离开了这一原则的出版集团竞争力综合评价既无法反映出版产业的特征，也不是出版集团竞争力的真实体现。

第二，全面性原则。

影响出版集团竞争力的因素众多，在构建评价模型时应尽量做到指标的全面性，评价指标应涵盖影响出版集团竞争力的各种关键因素，既要能反映出版集团当前的经济实力，也要能体现出版集团承担社会责任的能力，还要考察其可持续发展能力与学习创新能力。

第三，科学性原则。

构建评价模型应该基于科学性原则，从指标的选取、界定、描述、计量、权重分配都要有科学依据，选用科学的评价方法，这样才能够确保最后评价的结果公正、可靠和可信。

第四，系统性原则。

出版集团竞争力的相关指标中，不少指标相互之间存在关联，因此，必须明确评价系统各指标之间的层次关系和评价模型。只有这样才便于对指标体系的合理性进行估计，提高评价结果的效度。

第五，适用性原则。

出版集团竞争力具有动态性特征，因此评价模型应能适用于不同的环境。适用性原则要求评价模型能对动态的出版集团竞争力进行评估和比较，考量各因素在评价过程中的变化趋势，测度出版集团现在与未来的综合发展能力。同时，在设置评价指标与方案时，要考虑到指标数据的可获得性，舍去部分不易评价且较难获取的指标，采用其他相关指标进行弥补，使评价体系适用面广泛，便于出版集团及相关政府部门使用。

第六，代表性原则。

虽然指标体系要尽可能全面，但不能为了完备性而将所有的指标都加入到指标体系中，一是会造成指标的冗余，二来也不利于数据的收集。因此，在选择指标时要考虑到指标的代表性，将最能反映出版集团竞争力特征的指标选入体系中，去除可有可无的指标。在这个过程中，就要求采用科学的方法判断指标的重要性，以免出现指标选择不当的情况。

第七，定性与定量相结合原则。

定性指标与定量指标各有优势，能从不同角度与层面对出版集团竞争力予以反映，并且往往不能相互替代。因此，在设置权重时可以采用定性的方法，充分体现评价模型的导向性；在具体指标选择上尽量采用定量指标，保证评价结果的客观可靠，全方位地评价出版集团竞争力。

3.2 出版集团竞争力综合评价指标体系

构建科学的评价指标体系是对出版集团进行竞争力综合评价的基础，依据综合评价的目标和原则，评价指标的选取必须具有全面性、科学性、系统性、适用性和代表性，并能用定性与定量相结合的方法来体现国家战略导向原则。

3.2.1　综合评价指标体系设计思路

一般来说，出版集团竞争力综合评价指标体系的构建主要包括以下三个方面的内容：一是在全面分析出版集团竞争力的产生机理与演化的基础上，通过合适的方法确定评价要素，即从哪几个维度对出版集团竞争力进行评价；二是为确定好的各项要素选择具体的考核指标，即衡量每个要素评价的内容并选取有代表性的具体指标，以此作为评价标准；三是根据各项具体指标所评价内容的重要程度，对其进行权重赋值，建立一个完整的可被度量与操作的评价指标体系。

评价要素的选取通常采用统计法和模型法。其中统计法是指从现有的较为成熟的竞争力评价相关标准中抽取出和出版集团竞争力评价有直接关联的指标，进行合并与调整，然后确定出版集团竞争力综合评价的要素；模型法是利用与评估相关的理论及方法重新设计出版集团竞争力评价模型，然后将模型界定的影响因素作为评价要素。对于出版集团而言，它与传统的集团公司有着一定的共性，但同时由于出版产业的特殊性，又必须对出版集团的社会效益进行评价，因此很难仅用某一种方式对其进行全面考察。本节主要采用的是模型法与统计法相结合的设计思路，即先用统计法借鉴权威的集团竞争力评价要素，再根据出版集团的特性采用模型法进行要素与指标的补充删减。

此外，在确定具体的评价指标时，要对各项指标的考核标准给予详细说明，形成规范的评价标准体系。这是因为参与出版集团竞争力综合评价权重设计的相关专家，会存在知识背景和认识上的差异，因而可能导致理解偏差与评价分歧。因此，为了保证评价结果的客观有效，必须为相关专家在评估打分时提供统一的参考标准。

3.2.2　评价要素选择

由于出版集团具有一般集团的特征与发展规律，因此本节借鉴了国家统计局设计的企业集团竞争力理论框架。该理论框架的结构设计为金字塔形，如图 3-2 所示，共由四个层面构成，即目标层、要素层、准则层与指标层。

第一层为目标层，是集团竞争力评价结果的标志——竞争力指数；第二层是要素层，反映集团竞争力的两个组成要素——能力与机制；第三层为准则层，即每个要素的判断准则，每个要素层都由若干个准则形成；第四层为指标层，最终每个准则层均落实到具体评价指标上来衡量[①]，参见图3-3。

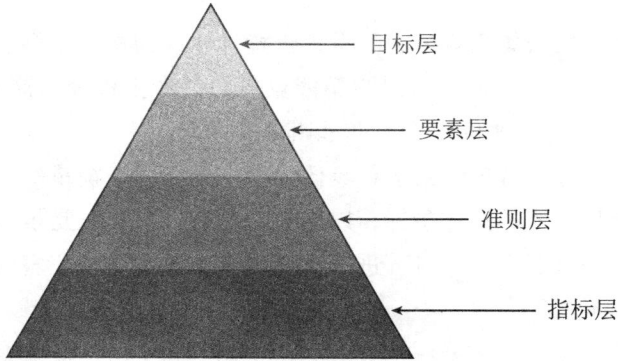

图 3-2   大企业集团竞争力评价体系金字塔形结构

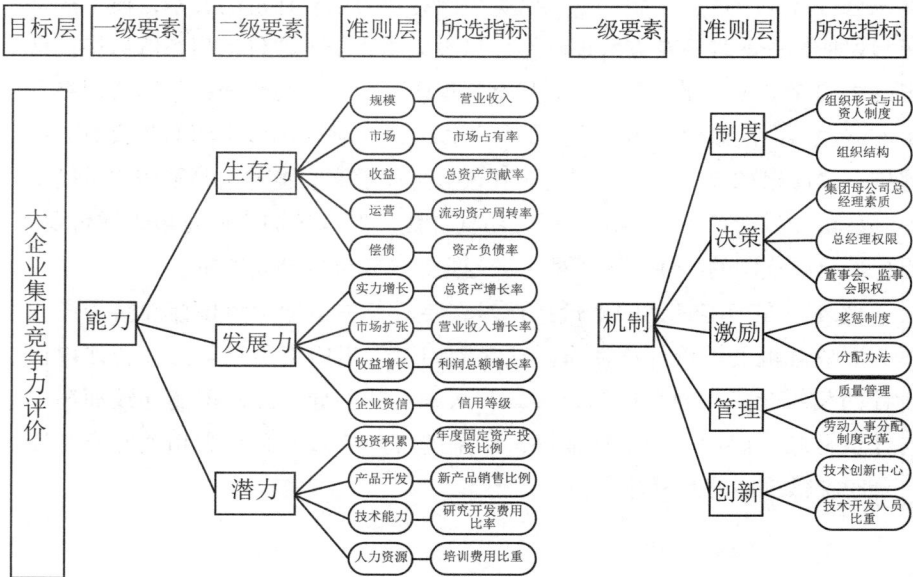

图 3-3   国家统计局的大企业集团竞争力指标体系

---

① 中华人民共和国国家统计局服务业调查中心.中国大企业集团竞争力年度报告[M].北京:中国统计出版社，2009：50.

但国家统计局的大企业集团理论体系用作分析出版集团竞争力也存在一定的局限性。首先出版产品是精神产品，具有文化与商品的双重属性，决定了出版集团既要追求经济效益，又要保证社会效益。同时出版产品有着极强的外部性，承担着引导社会文化的作用，这就决定了对出版集团竞争力的判断还要包括其履行的社会责任大小。为了更清晰直观地展示出版集团的公益性精神，本节借鉴了企业社会责任理论（CSR）来对金字塔形理论体系进行修正补充，使要素层扩充为能力、机制与社会责任三项要素，以便更适应于出版集团竞争力分析。

3.2.3　综合评价指标体系构建

科学评价指标体系的形成通常包括以下几个流程：第一，对指标体系进行初选。评价指标体系的构建主要是通过层次分析法、专家调查法、理论分析法、频度分析法等方法初步构成指标体系，然后对该指标体系进行初选。初选的方式包括分析法、综合法、交叉法、指标属性分组法等。第二，优化初选后的指标体系。该流程主要采用各种定性与定量的方法对指标体系进行测验，如检验其完整性、系统性、可行性、科学性、精准度、关联度、冗余度等，通常以专家判断等定性方法为基础，再以定量测验方法为补充。第三，指标体系结构完善。采用定性与定量的方法从指标体系结构的层次深度、每一层级的指标数、是否存在网状结构等方面进行完善。第四，指标量化与处理。"指标量化（即指标属性值的确定）可分成定量指标量化与定性指标量化。"[1]前者可由统计和调查得出，后者根据量化时对象的不同可分为"直接量化"与"间接量化"。评价指标量化还包括指标的相关无量纲化处理，将不同属性的指标值进行归一化处理，转换成可直接比较的形式[2]。第五，评价指标体系试用。检验是否存在问题，如无，则最终确立评价指标体系。

在金字塔修正层次结构模型的基础上，采用科学的指标构建方法，本节最终将模型要素层中的能力、机制、社会责任3个评价要素确立为出版集团竞争力综合评价的一级指标，然后依据各要素的评价内容，确立了12个准则作为二级指标，最终组成了由3个一级指标、12个二级指标、32个三级指标与81个四级指标构成的综合评价指标体系，如表3-1所示。

① 邱均平，文庭孝.评价学：理论·方法·实践[M].北京：科学出版社，2010：138-139.
② 邱均平，文庭孝.评价学：理论·方法·实践[M].北京：科学出版社，2010：139.

表 3-1 出版集团竞争力综合评价指标体系

目标	一级指标	二级指标	三级指标	四级指标
出版集团竞争力A	能力B1	生存能力C1	规模D1	总资产E1
				固定资产净值E2
				主营业务收入E3
			收益D2	总资产报酬率E4
				每股收益E5
			运营D3	流动资产周转率E6
				存货周转率E7
				市场占有率E8
			偿债D4	资产负债率E9
				现金比率E101
		增长能力C2	成长能力D5	总资产增长率E11
				主营业务增长率E12
				净利润增长率E13
			影响力D6	码洋占有率E14
				受众忠诚度E15
		可持续发展能力C3	产品开发D7	新品种比例E16
				新书码洋占有率E17
			知识技术D8	专利权数量E18
				图书总品种E19
				无形资产净额E20
			人力资本D9	人均利税E21
				员工总数E22
				员工本科生以上人数E23
	机制B2	制度C4	股权结构D10	股权集中度E24
				股权制衡程度E25
				国有股持股比例E26
				流通股比例E27
				十大股东是否关联E28
			股东大会D11	股东大会次数E29
				股东大会出席率E30

目标	一级指标	二级指标	三级指标	四级指标
出版集团竞争力	机制B2	制度C4	董事会结构与特征D12	董事长两职状态E31
				独立董事比例E32
				董事会年召开次数E33
				专业委员会个数E34
			监事会结构特征D13	独立监事比例E35
				监事会人数E36
				年度监事会会议次数E37
			信息披露及财务透明度D14	经营业绩披露E39
				专题及重大事项披露E40
				前瞻性信息披露E41
		激励与约束C5	激励机制D15	管理层持股比例E42
				高管报酬E43
				职工意愿表达程度E44
				员工人均总收入E45
			约束机制D16	管理费用率E46
				审计委员会E47
		管理C6	流程管理D19	书号平均经济效益E48
				重印重版率E49
				动销品种占有率E50
			品牌质量管理D20	图书质量合格率E51
				核心品牌知名度E52
		创新C7	知识创新D19	专业技术人员比重E53
				学习培训费用E54
				宣传推广支出比例E55
			技术创新D20	人均技术装备水平E56
				R&D能力E57
		企业文化C8	企业内部文化D21	企业价值观凝聚力E58
				人力资源成本费用利润率E59
			企业外部文化D22	社会美誉度E60
				产品市场认知度E61

续表

目标	一级指标	二级指标	三级指标	四级指标
出版集团竞争力	社会责任B3	文化建设C9	走出去战略工程D23	版权输出率E62
				海外分支机构数目E63
				国际参展次数E64
			出版精品工程D24	国家出版基金立项E65
				重点规划项目数量E66
			农家书屋建设D25	重点图书数量E67
				其他重点出版物数量E68
		重大项目基地C10	产业基地建设D26	产业基地数量E69
				产业基地投入资金额E70
			物流体系建设D27	物流基地数量E71
				物流基地投入资金额E72
		公益C11	社会贡献D28	政府支持力度E73
				社会贡献率E74
			慈善D29	对外捐赠E75
				公益活动E76
		获奖C12	单位获奖情况D30	国家级奖项数目E77
				省部级奖项数目
			图书获奖情况D31	国家级奖项数目E78
				省部级奖项数目E79
			人员获奖情况D32	国家级奖项数目E80
				省部级奖项数目E81

3.2.4 出版集团竞争力评价指标体系分析

出版集团竞争力综合评价指标体系的设置主要基于中国出版产业转型的大背景下，针对目前我国出版集团的特征设计。本体系对出版集团竞争力的综合评价从三个层面进行，分别是能力、机制与社会责任。其中部分指标如E5每股收益、制度C4下的各项指标均为上市出版集团公司独有，即上市出版集团公司在竞争力的评定上会有一定优势，这并非表明上市出版集团公司整体竞争力一定强于未上市出版集团，而是考虑到出版集团发展的高级阶段是资本运营，并且上市出版集团的经营管理的确有许多可取之处，是未来出版集团的发展方向，有一定的导向性，因而给予加分。

3.2.4.1　出版集团能力评价指标

（1）出版集团生存能力指标

出版集团生存能力的相关指标主要从规模、市场、收益、运营和偿债五个层面考察集团整体的经济规模和资本运营能力，也即出版集团目前在行业中的生存竞争能力。出版集团规模过小，势必会导致资金、创新投入不足等，从而制约出版集团的发展，影响集团效益；而规模过大也可能导致集团主副业不明朗，经营发展无序，最终使规模扩张失态。因此，在考察生存能力时，不能仅从总资产角度衡量集团的竞争力，还要进一步分析其主营业务的发展水平。市场层面主要考察出版集团的市场份额，所占份额越大的出版集团生存能力就较强。而收益、运营与偿债三个层面分别考察的是出版集团的盈利能力、资本运营能力与偿债抗风险能力。出版集团生存能力可以通过如下十个指标来衡量。

①总资产

总资产是指出版集团在会计年度结束时拥有的所有资本性资产，包括流动资产、固定资产、在建工程、无形资产、递延资产和其他长期资产六类。

②固定资产净值

固定资产净值 = 固定资产原值 − 固定资产折旧

固定资产是出版集团创造收益的重要来源，能反映其厂房、机器设备等资产的成本价值。对于能有效利用固定资产的出版集团而言，拥有的固定资产越多表示集团的可利用资源也越多。但固定资产存在折旧问题，集团需要每年提取一定比例的折旧费来冲抵固定资产的价值损失，因此为了更科学地反映出版集团实际拥有的固定资产，本指标体系选择了更有代表性的指标固定资产净值。

③主营业务收入

主营业务收入是指企业经常性的、主要业务所产生的基本收入。对于出版集团而言，主营业务主要是指出版发行、印刷销售等相关业务。

④市场占有率

该指标主要反映了出版集团在产品市场上的竞争力，是衡量出版集团营销能力的重要指标，该值越大，表明出版集团的营销能力越强。

⑤总资产报酬率

总资产报酬率可用来衡量出版集团运用总资产创造利润的能力。该指标能反映出版集团的盈利能力，即每元资产可创造的收益。在正常情况下，该指标数值越大，出版集团运用其资产盈利的能力就越强。计算公式如下：

总资产报酬率＝税后利润（净利润）/平均资产总额 ×100%

⑥每股收益

每股收益即每股盈利（EPS），或称为每股税后利润、每股盈余，指出版集团税后利润与股本总数的比率，比率越高，表明出版集团所创造的利润越多。每股收益是衡量出版集团盈利能力的重要财务指标。

⑦流动资产周转率

流动资产周转率，即出版集团在一定时期内主营业务收入净值与平均流动资产总额的比率，是用来评价出版集团资产利用率的重要指标之一。

⑧存货周转率

存货周转率＝销售成本/平均存货

出版集团的存货主要是指图书、音像制品等出版产品。存货周转率越高，表明出版集团对存货的处理能力越强，如果存货不能及时售出，不仅会造成库存积压，也会导致出版集团运营资金的减少，而且可能会引发新的债务负担或增加利息支出。

⑨资产负债率

这一指标能够衡量出版集团的偿债水平及经营风险程度。适度的资产负债率表明出版集团的经营安全稳健，并具有较强的筹资能力。单从偿债的角度分析，该指标越低越好，但考虑到出版集团对财务杠杆的利用，因此国际上一般公认 60% 左右的资产负债率较为合理。其计算公式为：

资产负债率＝负债总额/资产总额 ×100%

⑩现金比率

现金比率克服了流动比率与速动比率中包含有存货或应收账款的缺陷[1]，能准确反映出版集团直接偿债的能力，该指标的数值越大，短期偿债能力就越强。其计算公式为：

现金比率＝（货币资金＋可上市证券）/流动负债

（2）出版集团增长能力指标

出版集团目前的生存能力较强，不代表其同时具有较好的增长能力。竞争力发展是一个动态的过程，因此出版集团的增长能力指标能体现出版集团竞争力的成长速度，增长能力越强的出版集团发展也就越快。这一层面的指

---

① 赵彦云.国际竞争力统计模型及应用研究[M].北京:中国标准出版社，2005：27.

标主要体现了出版集团的实力增长速度、市场扩张速度、收益增长速度，同时考虑到影响力对出版行业的影响，增长能力中也包括了影响力指标，包括市场影响力和受众影响力两个方面，影响力较大的出版集团其发展速度也通常较快。增长能力指标具体包含了 5 个四级指标。

①总资产增长率

总资产增长率，即出版集团本年度总资产增长额同年初资产总额的比率，能够反映集团本期资产规模的增长能力。

②主营业务收入增长率

该指标主要用来反映出版集团本期主营业务收入较上期主营业务收入的增长情况，该指标数值越大，证明出版集团主营业务发展速度越快。其计算公式如下：

主营业务收入增长率 =（本期主营业务收入 / 上期主营业务收入）— 1

③净利润增长率

反映出版集团净利润增长的情况。其计算公式如下：

净利润增长率 =（本年度主营业务净利润 / 上年度主营业务净利润）— 1

④码洋占有率

码洋占有率可以反映出版集团的市场影响力。占有率越高，证明出版集团在图书市场上拥有的产品数量越多，可认为其市场影响力越大。

⑤受众忠诚度

出版产品的竞争实质上是对受众影响力的竞争，受众忠诚度越高，证明受众对于该出版集团的产品越为肯定，该集团出版产品未来的发展形势就越好。

（3）出版集团可持续发展能力

可持续发展能力是对出版集团未来竞争力的判断，创新能力越强、无形资产越多的出版集团势必在后续的竞争中表现出更强的竞争力。因此，从出版集团的产品开发、知识技术、人力资本三项来对出版集团进行综合评价，能较为全面地反映出版集团的可持续发展能力，并成功解决了企业竞争力的一个矛盾现象，即投入资金到无形资产的培育领域（如企业声誉、人才培养、品牌树立等）会使短期财务指标受损，而只着眼于短期财务竞争力则可能会导致企业在未来失去原有的市场地位，因为短期结果总是用牺牲长期投资为代价来实现的[①]。该评价指标同时也能体现无形资产的价值，"对于企业而言，

---

① 罗伯特·S.卡普兰，等.战略地图——化无形资产为有形成果[M].刘俊勇，孙薇，译.广州：广东经济出版社，2005：10.

有效使用无形资产的能力它比投资与管理有形资产更具有决定性。[①]"本层面共由 8 个具体指标来进行考核。

①新品种比例

新品种比例是指每年新出图书品种占全年总图书品种的比率，该指标能体现出版集团的创新速度。

②新书码洋占有率

该指标是对新品种比例指标的一个补充，指新书码洋在市场上的占有率。该指标越高，证明出版集团的创新能力越强，创新质量也越高。

③专利权数量

专利权数量是指出版集团所拥有的专利权总和，包括发明专利、实用新型专利与外观设计专利三大类。

④图书总品种

该指标是指当年度出版集团出版的图书总数。

⑤无形资产净额

反映集团拥有的各项无形资产的净额，包括集团的土地所有权、软件技术等不能直接用金钱衡量但对集团的生存发展有重大影响的非货币性资产。其计算公式为：

无形资产净额＝无形资产总值－无形资产折旧

⑥员工总数

出版集团拥有的员工总人数。

⑦员工本科生以上人数

员工本科生以上人数越多，证明集团员工的学历层次越高。集团员工的素质越高，他们对出版产业竞争焦点的捕捉能力就越好，也越有利于集团制定好的战略。因此，员工本科生以上人数在一定程度上反映了出版集团的核心战略能力。

⑧人均利税

该指标用于衡量集团员工利用自身的知识技能为出版集团创造经济价值或社会价值的能力。其计算公式如下：

人均利税＝利润总额／企业员工总数

---

① H.Itami.Mobilizing Invisible Assets[M]. Harvard University Press,1987.

3.3.4.2　出版集团机制评价指标

近十多年来，我国出版产业的集团化建设经历了"三步走"：第一步是从20世纪90年代末期开始，国家用行政捏合的方式在各地出版总社的基础上组建起新的出版集团，这个阶段的出版集团实行的是事业单位企业化管理[①]。第二步是从2003年文化体制改革试点工作开展后，出版集团开始大规模地进行公司制改造，不少出版集团成功改制为出版集团公司，或是把公司制改造与股份制改造相结合，成立了股份有限公司，目前我国出版集团的转企改制工作已经基本实施完毕。第三步是从2005年起的股份公司上市进程，目前已有9家出版集团公司上市，还有不少大型集团如中国出版集团、中国教育出版传媒集团、中国科技出版传媒集团等中央级出版集团和重庆出版集团、吉林出版集团等地方级出版集团也计划于近年内首次公开募股。在深化体制改革的背景下，完善集团机制，全面实行现代企业制度是建设好出版集团公司，鼓励出版集团上市做大做强，提升出版集团竞争力的关键。

（1）制度竞争力指标

出版集团制度竞争力主要考察的是集团公司治理结构与公司内部治理质量，涉及以下五个层面：股权结构、股东大会、董事会结构特征、监事会结构特征、信息披露及财务透明度。其中，不同的股权结构决定了集团公司的治理结构，一股独大或股权过度分散都不利于集团的治理，因此可以从股权集中度、制衡程度、国有股及流通股比例等指标进行衡量。股东大会反映了股东行为特征；董事会、监事会的参与治理状况能反映公司治理结构的优劣，通过其治理质量、运作效率等角度来进行测评。公司内部治理质量主要体现为信息披露与内部控制等方面，监管机构及相关中介组织通过搜集、分析、验证上市公司披露的信息可以评价信息披露的可靠性；对公众投资者而言，及时并准确地披露经营业绩等相关信息能使投资者合理判断公司的运营状况，从而理性投资；从资本市场来看，及时披露信息能使公司股价得以及时调整，保证交易的连续及有效，减少市场盲动行为。可从信息披露的相关性与可靠性进行测度[②]。其中部分重要指标如下。

①股权集中度

股权集中度是指因全部股东持股比例的不同所表现出来股权集中或分散

---

①　魏玉山.出版集团改革的若干问题研究[J].编辑学刊，2012（3）：6.

②　南开大学公司治理研究中心公司治理评价课题组.中国上市公司治理评价研究报告[M].北京：商务印书馆，2011.

的数量化指标。股权集中度可以用来衡量集团公司股权的分布状态，也是衡量集团公司稳定性强弱的重要指标。其计算方式为第一大股东的持股数除以总股数的比值。针对我国目前的出版集团公司治理环境，股权集中度逐步降低是较为理想的选择。

②股权制衡程度

该指标的计算方式为第二至第五大股东持股数与第一大股东持股数的比率。股权制衡能避免集团控制权由个别大股东独占导致的过于集中，通过内部牵制的约束，达到大股东之间相互监督的股权安排模式，使得任何一个大股东都无法单独控制集团的决策，这样既能保留股权相对集中的优势，又能有效抑制个别大股东对集团公司利益的侵害。

③国有股持股比例

即国有股在上市公司股份中的比例。目前出版集团国有股比例较高，探索特殊管理股制度成为深化改革的一项重要工作。

④流通股比例

流通股是指上市公司股份中，可以在交易所流通的股份数量。目前我国出版集团的流通股比例普遍偏低，因而增加流通股比例有助于出版集团募集资金，改善股权结构。

⑤股东大会次数

即召开股东大会的次数。

⑥董事长两职状态

董事长两职状态是指董事长是否同时兼任总经理。

⑦独立董事比例

即独立董事人数占全体董事会成员的比例。通过在董事会中引入适量的拥有不同专业背景的独立董事，有利于增强董事会的独立性和决策的科学性。

⑧专业委员会个数

该指标用以衡量董事会的权力制衡状况，即是否已建立战略委员会、审计委员会、提名委员会和薪酬与考核委员会。

⑨独立监事比例

独立监事制度作为公司治理结构中一种重要的制衡手段，可以更好地保障监督的独立性。

⑩经营业绩披露

该指标从信息披露的可靠性、准确性和及时性三方面对信息披露的质量进行评价。

（2）激励与约束机制部分指标

激励与约束相关指标用来衡量出版集团的激励约束机制建设情况。

①管理层持股比例

即管理层持有的股份占总股份的比例。管理层持股过多或过少都不利于出版集团的发展。

管理层持股比例 = 总股数 / 管理层持股数量 ×100%

②高管薪酬

该指标用以评价高管人员的薪酬在国内同行业所处的相对水平。相对于国内同行业，有较高收入会产生较强的激励作用。

③职工意愿表达程度

职工意愿表达程度越高，激励效果就越好。该指标可通过职工董事和职工监事的数量来衡量。

④员工人均总收入

员工人均收入越高，激励效果越好。

员工人均总收入 =（员工工资 + 奖金 + 津贴 + 福利）/ 员工人数

⑤管理费用率

管理费用率 = 管理费用 / 主营业务收入 ×100%

（3）管理机制指标

管理机制主要通过两个层面来衡量：流程管理、品牌与质量管理，这两个层面能体现集团管理的效率与质量。

①书号平均经济效益

该指标能衡量集团的业务管理水平，书号平均经济效益越好，集团的管理水平也就越强。其计算公式为：

书号平均经济效益 =（出版业务收入 + 发行业务收入）/ 年度书号总个数

②重印重版率

对于出版集团而言，重印重版率能充分说明出版集团的选题管理成效。其计算公式为：

重印重版率 = 重印重版数 / 年出书总量

③动销品种占有率

该指标能衡量出版集团在图书出版与营销流程上的管理水平，即动销品种的市场份额。

④图书质量合格率

图书质量合格率越高，出版集团对图书质量的管理水平越强。

⑤核心品牌知名度

该指标能全面考察出版集团的管理机制，核心品牌知名度越高，证明出版集团在品牌与质量管理方面做得越好。

（4）创新机制相关指标

出版集团的创新机制建设与完善程度主要从以下几个层面进行评价：知识创新机制、技术创新机制与营销创新机制。

①专业技术人员比重

该指标反映集团在知识创新以及把创新成果转化为产出上的人力资源投入情况，其计算公式为：

专业技术人员比重 = 集团专业技术人员数 / 集团员工总数 ×100%

②人均学习培训费用

该指标用于反映集团在人力资源培养方面的资金投入情况。

人均学习培训费用 = 学习培训费用支出 / 职工总数。

③人均技术装备水平

技术装备可以反映集团的技术竞争能力，技术装备越先进，集团的竞争能力就越强。

人均技术装备水平 = 生产用固定资产平均净值 / 生产人员平均数值

④R&D 能力

即研究与开发能力，用来衡量集团的技术创新能力。

R&D 能力 = 集团研发费用 / 集团销售收入

⑤宣传推广支出比例

宣传推广支出比例 = 宣传推广费用 / 销售费用 ×100%

（5）企业文化部分相关指标

企业文化主要包括企业内部文化与企业外部文化两大部分，可从企业价值观凝聚力、人力资源成本费用利润率、社会美誉度和产品市场认知度四个方面进行测评。

①企业价值观凝聚力

凝聚力是指企业通过培养企业文化，在企业群体中建立起了一个共同的价值标准、道德标准与精神理念，从而形成的内聚力，由企业管理层的团结进取力与职工群众的凝聚力两大部分组成。其计算公式为：

企业价值观凝聚力＝企业的全要素生产率／行业的全要素生产率×100%

如果凝聚力大于1，则企业相对于行业具备一定的生产优势，凝聚力较强。

②人力资源成本费用利润率

该指标能反映人力资源成本及集团费用控制能力。其计算公式为：

人力资源成本费用利润率＝人力资源创造的利润总额／（工资成本＋奖金＋津贴＋福利＋费用）×100%

③社会美誉度

这一指标主要通过调查问卷和社会荣誉获得多寡来估算。可以认为出版集团社会美誉度越高，其外部文化建设得更好。

④产品市场认知度

即消费者对出版集团产品的认知度。产品市场认知度也体现了企业外部文化的优劣。

3.3.4.3　出版集团社会责任评价指标

（1）文化建设指标

文化建设指标主要从"走出去"战略工程、出版精品工程与农家书屋建设三个方面来测评出版集团文化建设层面的社会责任履行情况。我国出版产业力求推进出版产品与实体的双重"走出去"战略目标，因此对出版集团"走出去"战略工程的测评不仅包含了其出版产品的"走出去"情况，还包含了出版集团海外分支机构的建设情况及国际参展次数。出版精品工程能体现出版集团的精神文化产品质量，可以从出版基金与重点出版物项目两项的获得数来进行衡量。农家书屋是我国文化建设的一个重要项目，出版集团针对农家书屋建设出版的重点图书数量同样可以作为考量出版集团文化建设层面的社会责任指标之一。

①版权输出率

该指标反应出版集团在出版物"走出去"方面的能力，其计算公式为：

版权输出率＝集团版权输出数／版权输出总数×100%

②海外分支机构数目

该指标可体现出版集团在出版实体"走出去"方面的能力。

③国家出版基金立项

该指标用于反映集团策划出版优质图书的水平。其计算公式为：

国家出版基金立项数＝集团获出版基金个数／国家出版基金总数

（2）重大项目基地指标

重大项目基地主要包含数字出版基地与物流项目基地，测度出版集团在这两个领域履行社会责任的情况，可从基地数量与投资额来进行综合评价。

（3）公益部分指标

该部分的指标主要从出版集团的社会贡献与慈善捐赠两个方面来评价其社会责任表现。

①政府支持力度

该指标反映政府对出版集团发展的支持力度，其计算公式为：

政府支持力度 = 政府支持资金 / 主营业务收入 × 100%

②社会贡献率

该指标可衡量集团对社会整体或劳动者群体所做出的贡献。其计算公式如下：

社会贡献率 = 企业社会贡献总额 / 平均资产总额 × 100%

其中：企业社会贡献总额包括工资性收入（工资、奖金、津贴等）、劳保退休统筹及其他社会福利支出、利息支出、应缴所得税、应缴增值税、应缴其他税款和净利润等。

（4）获奖

获奖指标从单位获奖情况、出版物获奖情况、人员获奖情况三方面来进行综合考察。每一指标分别从国家级奖项数量和省部级奖项数量两个层面来进行评价。

出版集团竞争力评价模型
构建及实证研究

实证研究可以揭示各变量间可能存在的因果关系，通过数据或其他依据来验证其是否符合客观实际，并利用统计与计量分析方法，对研究对象数据进行量化分析，深入考察研究对象各相关因素互相之间的影响程度及影响方式。近年来，常规的层次分析法（AHP）在综合评价中被广泛使用，本章将把层次分析法引入出版集团竞争力的综合评价中，用层次分析法的基本步骤计算出各指标的权重，并提出一种出版集团竞争力综合评价系统模型，进而利用该模型对我国上市出版集团进行实证分析，计算出其竞争力综合排名。

4.1 层次分析法的基本原理

层次分析法（AHP）是美国运筹学家萨蒂教授于 20 世纪 70 年代初提出的一种定性与定量相结合的多目标决策方法①。它将一个复杂的多目标决策问题视作一个系统，先把总目标分解为多个具体目标或准则，并进一步分解为多指标（准则）的若干个层次，然后按照其支配关系形成一定的层次结构，再通过定性指标模糊量化方法算出层次单排序（权数）和总排序，从而为多目标、多准则或无结构特征的复杂决策问题提供科学而简便的决策方法。

层次分析法分析出版集团竞争力的基本原理是：将总体竞争力分解为多个目标或准则，再将这 N 个目标或准则分成不同层次，形成基于不同支配关系的层次结构，然后将同一层级的指标进行两两比较，得出相对重要性的判

---

① 王莲花，许树柏.层次分析法引论[M].北京：中国人民大学出版社，1990：2.

断矩阵，如图 4-1 所示。

也就是说，我们可以假定竞争力的总量为单位 1，在缺乏有效比较标准的情况下，只要对各层级指标进行两两比较构造判断矩阵，然后求出判断矩阵的最大特征根以及其对应的特征向量，该特征向量的各个分量便是各分指标相对于总目标的权重。运用层次分析法能使竞争力评价系统从无序向有序、无结构向结构化状态转化，使之产生一定的应用价值。

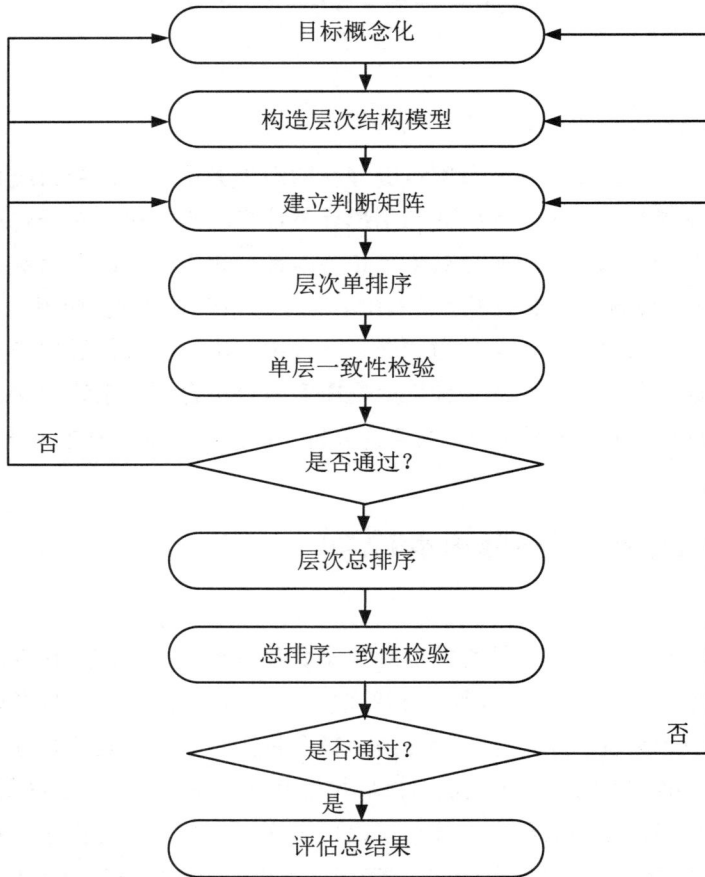

图 4-1　AHP 使用步骤

4.2 出版集团竞争力递阶层次结构模型构建

在应用层次分析法时，要根据总目标将问题条理化及层次化，客观构造出一个有层次的结构模型，如最高层（目标层）用来指代评价目标；准则层（指标层）用来指代构成目标的不同因素与属性，每一准则都应该能够准确表达评价目标的不同侧面，且各准则之间相对独立，如果准则层的元素过多，最好再将其划分为若干子层次，参见图 4-2。最底层（方案层）用来指代评价方案或是评价对象。合理的递阶层次结构应该具有层次分明、关系清晰、全面简洁的特点。

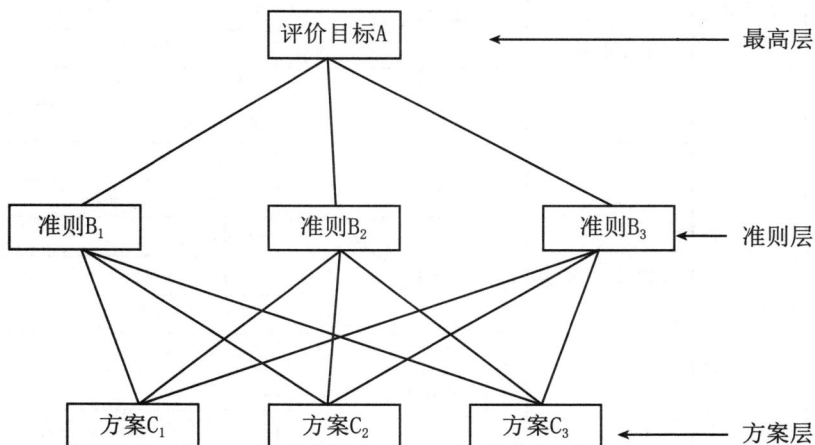

图 4-2 层次结构模型

基于该原则，本节将各指标划分为目标层（出版集团竞争力综合评价 A），一级指标层（能力 B_1、机制 B_2、社会责任 B_3），二级指标层（生存能力 C_1、增长能力 C_2 等），三级指标层（规模 D_1、收益 D_2、运营 D_3、偿债 D_4 等），四级指标层（总资产 E_1、固定资产净值 E_2 等）。整个出版集团竞争力综合评估指标体系如表 4-1 所示。

表 4-1　出版集团竞争力评价指标体系层次划分

目标	一级指标	二级指标	三级指标	四级指标
出版集团竞争力A	能力B_1	生存能力C_1	规模D_1	总资产E_1
				固定资产净值E_2
				主营业务收入E_3
			收益D_2	总资产报酬率E_4
				每股收益E_5
			运营D_3	流动资产周转率E_6
				存货周转率E_7
				市场占有率E_8
			偿债D_4	资产负债率E_9
				现金比率E_{10}
		增长能力C_2	增长速度D_5	总资产增长率E_{11}
				主营业务收入增长率E_{12}
				净利润增长率E_{13}
			影响力D_6	码洋占有率E_{14}
				受众忠诚度E_{15}
		可持续发展能力C_3	产品开发D_7	新品种比例E_{16}
				新书码洋占有率E_{17}
			知识技术D_8	专利权数量E_{18}
				图书总品种E_{19}
				无形资产净额E_{20}
			人力资本D_9	人均利税E_{21}
				员工总数E_{22}
				员工本科生以上人数E_{23}
	机制B_2	制度C_4	股权结构D_{10}	股权集中度E_{24}
				股权制衡程度E_{25}
				国有股持股比例E_{26}
				流通股比例E_{27}
				十大股东是否关联E_{28}
			股东大会D_{11}	股东大会次数E_{29}
				股东大会出席率E_{30}
			董事会结构与特征D_{12}	董事长两职状态E_{31}
				独立董事比例E_{32}
				董事会年召开次数E_{33}
				专业委员会个数E_{34}

目标	一级指标	二级指标	三级指标	四级指标
出版集团竞争力A	机制B_2	激励与约束C_5	监事会结构特征D_{13}	独立监事比例E_{35}
				监事会人数E_{36}
				年度监事会会议次数E_{37}
			信息披露及财务透明度D_{14}	经营业绩披露E_{38}
				专题及重大事项披露E_{39}
				前瞻性信息披露E_{40}
			激励机制D_{15}	管理层持股比例E_{41}
				高管薪酬E_{42}
				职工意愿表达程度E_{43}
				员工人均总收入E_{44}
			约束机制D_{16}	管理费用率E_{45}
				审计委员会E_{46}
		管理C_6	流程管理D_{17}	书号平均经济效益E_{47}
				重印重版率E_{48}
				动销品种占有率E_{49}
			品牌质量管理D_{18}	图书质量合格率E_{50}
				核心品牌知名度E_{51}
		创新C_7	知识创新D_{19}	专业技术人员比重E_{52}
				学习培训费用E_{53}
				宣传推广支出比例E_{54}
			技术创新D_{20}	人均技术装备水平E_{55}
				R&D能力E_{56}
		企业文化C_8	企业内部文化D_{21}	企业价值观凝聚力E_{57}
				人力资源成本费用利润率E_{58}
			企业外部文化D_{22}	社会美誉度E_{59}
				产品市场认知度E_{60}

续表

目标	一级指标	二级指标	三级指标	四级指标
出版集团竞争力A	社会责任B$_3$	文化建设C$_9$	走出去战略工程D$_{23}$	版权输出率E$_{61}$
				海外分支机构数目E$_{62}$
				国际参展次数E$_{63}$
			出版精品工程D$_{24}$	国家出版基金立项E$_{64}$
				重点规划项目数量E$_{65}$
			农家书屋建设D$_{25}$	重点图书数量E$_{66}$
				其他重点出版物数量E$_{67}$
		重大项目基地C$_{10}$	产业基地建设D$_{26}$	产业基地数量E$_{68}$
				产业基地投入资金额E$_{69}$
			物流体系建设D$_{27}$	物流基地数量E$_{70}$
				物流基地投入资金额E$_{71}$
		公益C$_{11}$	社会贡献D$_{28}$	政府支持力度E$_{72}$
				社会贡献率E$_{73}$
			慈善D$_{29}$	对外捐赠E$_{74}$
				公益活动E$_{75}$
		获奖C$_{12}$	单位获奖情况D$_{30}$	国家级奖项数目E$_{76}$
				省部级奖项数目E$_{77}$
			出版物获奖情况D$_{31}$	国家级奖项数目E$_{78}$
				省部级奖项数目E$_{79}$
			人员获奖情况D$_{32}$	国家级奖项数目E$_{80}$
				省部级奖项数目E$_{81}$

4.3　出版集团竞争力两两判断矩阵构造

　　层次分析法的一个重要步骤就是判断矩阵的构造，在完成对竞争力递阶层级结构模型的构建后，需要由专家对中间层各层次中的目标两两比较其重要性，构建判断矩阵，以便计算出它们的权重。比较数个三级指标的重要性，其判断依据就是这数个三级指标对其上级指标的影响程度。每一层级的不同指标群都应该独立进行操作，根据各自的评判标准建立不同的判断矩阵，呈现为矩阵形式，如表4-2所示。矩阵 Bij 表示相对于 Ak 而言，Bi 和 Bj 的相对重要性。任何判断矩阵都应满足 Bij=1，Bij=1/Bji（i，j=1，2，…，n）[①]。整

---

　　① Che-Wei Chang,Cheng-Ru Wu,Chin-Tsai Lin,Hung-Lung Lin.Evaluating digital video recorder systems using analytic hierarchy and analytic network processes[J].Information Sciences, 2007,177:3383-3396.

个指标体系分为四级，共有 130 个指标，共需进行两两判断 128 次。

表 4-2   各因素的相对重要性

A	B1	B2	…	Bn
B1	B11	B12	…	B1n
B2	B21	B22	…	B2n
…	…	…	…	…
Bn	Bn1	Bn2	…	Bnn

在构建两两判断矩阵时，层次分析法通常采用 1~9 级比例标度，即将两个对象区分为"同样重要""稍微重要""比较重要""很重要""非常重要"5级，这种分类法较适用于大众心理。如果再将判断细化，则可以在相近两级间再插入 1 级，使之成为 9 级。各个等级及其对应的比例标度如表 4-3 所示。

表 4-3 两两比较的等级划分及其标度

相对比较	标度
同样重要	1
稍微重要	3
比较重要	5
很重要	7
非常重要	9
重要程度介于1、3、5、7、9	2、4、6、8
次要	上述各数的倒数

4.4   竞争力各级指标权重确定

整个指标体系分为四级，各指标在评价中的重要程度不同，本节采取的是专家调查法和层次分析法相结合的方式，通过运行相关程序，可以简单、准确地计算出判断矩阵的权重。经过走访 5 位专家，根据他们对出版产业的了解和多年来与出版集团的接触，将两两判断矩阵形成的调查问卷进行填写（问卷见附录一）。结合专家调查结果和 Satty1~9 级标度法，采用和积法计算出各个矩阵的最大特征根和相应的权重（部分见表 4-4 至表 4-7）。这里要说明的是，由于有数位专家，在对专家的调查结果进行统计时，本节采用了加权平均的方式，设各专家权重为 0.2。比如当专家 1、2 认为对于出版集团竞争力，社会责任比能力稍微重要，专家 3、4 认为社会责任与能力同等重要时，用加权平均即可得出社会责任与能力的重要程度为 2。

表 4-4　A-B 层判断矩阵

A	B1	B2	⋯	Bn
B1	B11	B12	⋯	B1n
B2	B21	B22	⋯	B2n
⋯	⋯	⋯	⋯	⋯
Bn	Bn1	Bn2	⋯	Bnn

表 4-5　B3-C12 层判断矩阵

B3	C9	C10	C11	C12	W
C9	1	7	1	7	0.4342
C10	1/7	1	1/7	4	0.0877
C11	1	7	1	7	0.4342
C12	1/7	1/4	1/7	1	0.0439

$\lambda_{max}=4.2463$　CR=0.0923<0.10

表 4-6　C1-D4 层判断矩阵

C1	D1	D2	D3	D4	W
D1	1	1/5	1/3	1	0.1058
D2	5	1	3	2	0.4872
D3	3	1/3	1	3	0.2740
D4	1	1/2	1/3	1	0.1330

$\lambda_{max}=4.2203$　CR=0.0825<0.10

表 4-7　D10-E5 层判断矩阵

D10	E1	E2	E3	E4	E5	W
E1	1	1/5	7	3	1	0.1936
E2	5	1	7	5	3	0.5084
E3	1/7	1/7	1	1/3	1/2	0.0466
E4	1/3	1/5	3	1	1/3	0.0845
E5	1	1/3	1/5	3	1	0.1669
			λ max=5.3646　　CR=0.0814<0.10			

4.5　层次排序及一致性检验

　　层次排序及一致性检验分为层次单排序及一致性检验和层次总排序及一致性检验两类。层次单排序是对体系结构内的每一层的层内元素进行排序，它是体系结构逻辑合理的基础，其检验值为 λ max。可以想象，专家在不知晓层次分析法原理的情况下，做出的调查问卷具有主观性，可能会出现如下判断：对于出版集团竞争力而言，能力比机制更重要，机制比社会责任更重要，社会责任比能力更重要等等，这样的逻辑错误、等级不确定或非等比性的情况，在层次分析法严苛的体系结构中是不可以出现的。因此，必须对调查结果进行层次单排序及一致性检验。从表 4-4 至表 4-7 可以看出，上例中所有 λ max>0，因此，层次单排序及一致性检验结果满意。

　　层次总排序及一致性检验不是针对层内元素，而是对整体层次结构进行的检验，主要通过计算下层元素相对于上层元素的权值来判断两者的一致性，其检验值为 CR。CR=CI/RI，CI 表示对上层指标进行下层层次单排序的一致性指标，RI 表示相应的平均随机一致性指标（具体 RI 指标见表 4-8）。从表 4-4 至表 4-7 可以看出，上例中所有 CR<0.10，因此，层次总排序及一致性检验结果满意。

表 4-8　RI（平均随机一致性指标）

矩阵阶数	1	2	3	4	5	6	7	8	9
RI	0.00	0.00	0.58	0.90	1.12	1.24	1.32	1.41	1.45

4.6 综合评价出版集团竞争力

本节实证研究选取的对象为已经上市的 9 家出版集团公司，通过对相关原始数据的整理分析，结合本章构建的出版集团竞争力评价指标体系，运用层次分析法予以综合测度及评价，并按其竞争力强弱进行排名分析。

4.6.1 数据信息来源

在出版集团竞争力评价过程中，原始数据的准确性和可获取性非常重要，决定了后续评价工作是否能顺利展开。数据的准确性是影响综合竞争力评价结果的最基本因素，通过不同的程序与方法所获得的数据会存在一定的差别，为了有效减少评价误差，需要对数据的获得程序和方法加以规定。主要用于资料搜索的方法包括以下四种：文档检索与分析、问卷调查、专家打分、数据信息分析等。为了进一步保证原始数据的准确性，需要检验数据的可获取性。在此项评价中，原始数据主要来自以下五个方面：

（1）有关政府部门的统计数据资料（年鉴、公司报表等）；

（2）有关政府部门、出版集团的网站；

（3）国内外相关数据库；

（4）行业内专业咨询服务公司的相关数据、资料；

（5）国内外相关书籍、报刊、会议资料及报告等。

其中，可直接获取原始数据，无须计算的指标及数据来源如表 4-9 所示。

表 4-9 可直接获取的数据指标

数据来源	具体指标
上市公司公布的2011年度及2012年度报表	总资产、主营业务收入、每股收益、员工总数、员工本科生以上人数、股东关联度、股东大会次数、董事长两职状态、董事会年召开次数、专业委员会个数、监事会人数、年度监事会会议次数、管理层持股比例、高管报酬、审计委员会、学习培训费用、宣传推广支出比例、对外捐赠、产业基地数量及投资额、物流基地数量及投资额
国泰安数据库	固定资产净值、总资产报酬率、每股收益、存货周转率、资产负债率、现金比率
2012中国出版年鉴	图书总品种、单位获奖情况、出版物获奖情况、个人获奖情况
开卷公司数据库	新书码洋占有率、动销品种占有率

数据来源	具体指标
公司网站及相关资料	股东大会出席率、海外分支机构数目、国际参展次数、公益活动
新闻出版广电总局（原新闻出版总署）及相关部门发布的文件公告	图书质量合格率、国家出版基金立项、重点规划项目数量、农家书屋重点图书数量、其他重点出版物数量
国家知识产权局网站	专利权数量（分别搜索发明专利、实用新型专利、外观设计专利，按5：3：1赋值计算）

需要通过多种数据分析方法综合计算得出的指标及数据来源如表 4-10 所示。

表 4-10　通过计算获取的指标数据

数据来源	具体指标
通过上市公司2011年度及2012年度报表计算得出的数值	流动资产周转率、总资产增长率、市场占有率、主营业务增长率、净利润增长率、无形资产净额、人均利税、股权集中度、股权制衡程度、国有股持股比例、流通股比例、独立董事比例、独立监事比例、职工意愿表达程度、员工人均总收入、管理费用率、专业技术人员比重、人均技术装备水平、R&D能力、企业价值观凝聚力、人力资源成本费用利润率、政府支持力度、社会贡献率
通过《2012中国出版年鉴》和《中国新闻出版统计资料》计算得出的数值	码洋占有率、新品种比例、重印重版率、版权输出率、书号平均经济效益
通过SPSS对读者进行问卷调查计算得出的数值	受众忠诚度、核心品牌知名度、社会美誉度、产品市场认知度
通过专家打分方式得出数值的少量定性指标	经营业绩披露、专题及重大事项披露、前瞻性信息披露

4.6.2　上市出版集团公司竞争力排名

关于出版集团公司竞争力的评价对象，剔除传媒行业分类中的营销服务、影视动漫、互联网、有线网络、报业经营与其他三家综合性的上市公司后，选取了证监会 L0101 出版业版块的所有九家上市公司，如表 4-11 所示，包括北方联合出版传媒集团股份有限公司（出版传媒）、湖北长江出版传媒集团股份有限公司（长江传媒）、江苏凤凰出版传媒股份有限公司（凤凰传媒）、中文天地出版传媒股份有限公司（中文传媒）、时代出版传媒股份有限公司（时代出版）、四川新华文轩出版传媒股份有限公司（新华文轩）、天舟文化股份有限公司（天舟文化）、中南出版传媒集团股份有限公司（中南传媒）和中原大地传媒股份有限公司（大地传媒）。

表 4-11　上市出版集团公司基本情况一览表

证券代码	证券名称	集团公司名称	上市日期	主营业务
000719	大地传媒	中原大地传媒股份有限公司	1997-03-31	互联网信息服务；媒介产品出版发行；版权贸易；文化创意等
600757	长江传媒	湖北长江出版传媒集团股份有限公司	1996-10-03	图书出版发行；出版物版权及物资贸易；新介质媒体开发与运营等
600373	中文传媒	中文天地出版传媒股份有限公司	2002-03-04	出版发行；文化经纪；广告；会议及展览服务等
600551	时代出版	时代出版传媒股份有限公司	2002-09-05	出版发行；新兴传媒科研、开发、推广和应用；出版印刷物资贸易等
00811	新华文轩	四川新华文轩出版传媒股份有限公司	2007-05-30	出版；经营图书及影音产品零售门市；发行教材及助学类读物等
601999	出版传媒	北方联合出版传媒集团股份有限公司	2007-12-21	版权贸易和对外出版、出版发行、印刷贸易,广告、会展、文化服务等
601098	中南传媒	中南出版传媒集团股份有限公司	2010-10-28	出版发行；文化服务；版权贸易等
300148	天舟文化	天舟文化股份有限公司	2010-12-15	发行；书刊项目的设计、策划；著作权代理；教育培训；移动网游等
601928	凤凰传媒	江苏凤凰出版传媒股份有限公司	2011-11-30	出版物总发行；全国连锁经营；广告等

选取这九家上市公司是基于以下几点原因：

一是未上市的出版集团相关数据较不透明，获得难度较大，即使获取也很难保证其信度，而上市出版集团公司需要对广大投资者披露经营信息，其相关企业数据基本可从上市公司报表中获取，准确度高，评价的结果也会更准确。（由于本研究数据的获取条件有限，下文中的上市出版集团竞争力排名有可能出现因数据信息不准确导致的分数差异，特此说明。）

二是目前我国已上市的出版集团公司代表了我国出版行业内发展能力较强、经营状况较理想、内部制度建设相对完善的第一梯队，而公司上市也是我国出版集团做大做强的发展方向。因此，对其进行竞争力综合评价有一定的代表性，也有着相当的现实意义。

三是由于中国证监会是按行业的营业收入比重为标准对从事多种产业活动的上市公司法人进行分类，出版发行集团、报业集团在基本产业门类中虽然都属于"L0101 书、报、杂志、资料出版业"，但由于它们的经营方式、主营业务都与传统出版集团存在较大区别，评价指标也不尽相同。因此，为了使评价结果具有可比较性，不将它们作为本次实证研究的评价对象。

在获取到所有的原始数据后，应首先对数据进行全面核查，对有异常的数据进行调整，有的压低权重，有的取消指标重新查找，并依次填入四级指标中。然后，结合专家调查的最终意见，采用层次分析法确定与计算各个指标的权重，并利用相关应用软件建立数据库，对数据进行整理、统计、分类、计算及排序等工作。其次，为排除不同指标数量级在计算时可能会带来的差异，需要对四级指标的原始数据进行归一化处理，即将所有原始数据的大小控制在 0~1 或 –1~0（若某些有关增长率或收益为负值，经过归一化过后仍为负值）。再次，依次将归一化后的数据（即四级指标得分）分别乘以对应的权重，并对相应三级指标下的四级指标进行得分求和，得到各公司的三级指标得分；同理可得二级、一级指标及出版集团公司竞争力总得分，按总得分排序，即可得出上市出版集团公司竞争力排名结果。最后，将各层指标得分进行百分化处理，即将所有得分值控制在 0~100，便可得出各层指标的百分化得分，如表 4–12 所示。

表 4-12　上市出版集团公司竞争力排名结果

得分与排名 ＼ 上市公司	出版竞争力总得分	总排名	能力得分	能力排名	机制得分	机制排名	社会责任得分	社会责任排名
江苏凤凰出版传媒股份有限公司	100.00	1	86.21	3	90.86	3	100.00	1
中南出版传媒集团股份有限公司	99.55	2	90.88	2	100.00	1	85.33	5
四川新华文轩出版传媒股份有限公司	96.08	3	83.64	4	90.14	5	92.65	2
中文天地出版传媒股份有限公司	95.07	4	100.00	1	92.32	2	74.51	6
时代出版传媒股份有限公司	92.72	5	76.07	5	90.02	6	88.99	4
湖北长江出版传媒集团股份有限公司	92.61	6	73.15	6	90.30	4	90.12	3
中原大地传媒股份有限公司	73.16	7	62.81	8	80.89	7	55.15	8
天舟文化股份有限公司	66.84	8	67.83	7	77.17	8	31.25	9
北方联合出版传媒集团股份有限公司	62.95	9	12.81	9	76.52	9	55.60	7

4.7　上市出版集团公司竞争力部分排名结果分析

从表 4-12 可以看出,江苏凤凰出版传媒股份有限公司排名第一,其中能力得分 86.21 分,排名第三;机制得分 90.86 分,排名第三;社会责任得分 100.00,排名第一。中南出版传媒集团股份有限公司以 99.55 分排名第二,其中能力得分 90.88,排名第二;机制得分 100.00,排名第一;社会责任得分 85.33 分,排名第五。四川新华文轩出版传媒股份有限公司竞争力总得分为 96.08,排名第三;其中能力得分 83.64 分,排名第四;机制得分 90.14分,排名第五;社会责任得分 92.65,排名第二。天舟文化股份有限公司和北方联合出版传媒集团股份有限公司则分别以 66.84 和 62.95 的总得分位列上市出版集团公司的末两位。

　　通过总体排名可以发现，目前上市出版集团公司存在三大出版集团梯队。第一梯队包括四家出版集团公司：江苏凤凰出版传媒股份有限公司、中南出版传媒集团股份有限公司、四川新华文轩出版传媒股份有限公司和江西中文天地出版传媒股份有限公司，这四家上市出版集团公司得分均在95.00分以上，可认为其出版竞争力较强；第二梯队包括时代出版传媒股份有限公司与湖北长江出版传媒集团股份有限公司，这两家集团公司得分较为接近，分别为92.72和92.61分；第三梯队包括中原大地出版传媒股份有限公司、天舟文化股份有限公司和北方联合出版传媒集团股份有限公司，得分均未达到75.00分。前两个梯队的分值差距较小，第三梯队竞争力明显较弱，在上市出版集团公司中处于相对竞争劣势。

　　从上市出版集团公司竞争力排名结果可以看出各公司核心竞争力和能力不足之处能力，下面选取部分指标重点分析排名结果。

4.7.1　一级指标排名结果分析

　　一级指标包括能力、机制与社会责任三项，出版集团具体得分情况见表4-12。

　　（1）能力

　　能力部分主要考察各样本集团的生存能力、增长能力与可持续发展能力。上市出版集团公司在能力指标一项上存在较大差距，如江西中文天地出版传媒股份有限公司这三项能力较为均衡，且在增长能力上有突出表现，因此在这一项的得分最高，中南出版传媒集团股份有限公司能力得分90.88，排名第二。所有上市出版集团公司能力得分90分以上的仅有这两家。江苏凤凰出版传媒股份有限公司以86.21分排名第三,四川新华文轩出版传媒股份有限公司以83.64分排名第四。其余五家得分均低于80.00分，其中北方联合出版传媒集团股份有限公司由于2011年及2012年度业绩均明显下滑，因此得分仅为12.81分，明显低于其他集团公司。

　　（2）机制

　　这一指标主要考察出版集团公司的制度建设是否完善以及集团管理、创新、企业文化、激励与约束方面的现状。第一名为中南出版传媒集团股份有限公司，且较大幅度高于江西中文天地出版传媒股份有限公司和江苏凤凰出版传媒股份有限公司，北方联合出版传媒集团股份有限公司的机制得分仍为最低。与能力这一指标相联系可以发现，在出版集团发展过程中，如果不注重机制的优化，则很有可能导致其能力受到较大影响。

（3）社会责任

社会责任指标主要考察出版集团在注重经济效益的同时是否关注其产生的社会效益，具体从文化建设情况、集团重大项目基地建设情况和公益获奖等领域来测度。江苏凤凰出版传媒股份有限公司在这一项的得分最高，排名第一，中南出版传媒集团传媒股份有限公司则在这一项得分略低，只排在第五位，天舟文化股份有限公司以 31.25 分排名第九。从得分上可以看出，排名前五的出版集团公司在这一项上得分均在 85.00 以上，而中原大地出版传媒股份有限公司、天舟文化股份有限公司、北方联合出版传媒集团则得分均不到56.00 分，与第一梯队存在明显差距。

由此可见，出版集团竞争力的强弱与其对社会责任的承担情况联系十分紧密，出版集团想要增加其综合竞争力，必须重视自身的社会责任。出版集团履行其社会责任能推动社会进步和文化发展，进而惠及读者、雇员及股东等利益相关者，采用长远的观点来看，履行社会责任也有助于提高集团的未来获利能力。

4.7.2　二级指标排名结果分析

本节分别对能力层面、机制层面与社会责任层面的 12 个二级指标进行单项排名，并进行相关分析。

4.7.2.1　能力层面

各上市出版集团公司能力层面的竞争力排名结果如表 4-13 所示。

表 4-13　上市出版集团公司能力层面竞争力得分与排名

上市公司 \ 得分与排名	生存能力得分	生存能力排名	增长能力得分	增长能力排名	可持续发展能力得分	可持续发展能力排名
中南出版传媒集团股份有限公司	95.40	3	88.62	2	87.53	5
江苏凤凰出版传媒股份有限公司	90.60	4	66.57	5	100.00	1
江西中文天地出版传媒股份有限公司	99.15	2	100.00	1	95.91	2

得分与排名 上市公司	生存能力得分	生存能力排名	增长能力得分	增长能力排名	可持续发展能力得分	可持续发展能力排名
四川新华文轩出版传媒股份有限公司	100.00	1	68.94	3	88.14	4
湖北长江出版传媒集团股份有限公司	76.20	6	68.06	4	74.42	7
时代出版传媒股份有限公司	79.78	5	56.30	7	90.17	3
中原大地出版传媒股份有限公司	73.30	7	54.98	8	63.92	8
天舟文化股份有限公司	54.72	9	60.83	6	77.08	6
北方联合出版传媒集团股份有限公司	64.22	8	−62.95	9	57.92	9

其中特别值得一提的是江苏凤凰出版传媒股份有限公司在可持续发展能力指标上较为突出，与整体排名第二的中南出版传媒集团股份有限公司有较大差距，说明中南出版传媒集团股份有限公司应注重自身的可持续发展能力培育；天舟文化股份有限公司作为唯一上市的出版民营企业，虽然由于其规模较小，生存能力排名最末，但在增长能力与可持续发展能力两个指标上均排名第六，表明其发展态势良好。此外，四川新华文轩出版传媒股份有限公司生存能力排名第一，江西中文天地出版传媒股份有限公司增长能力排名位居第一。还有一个值得注意的现象是北方联合出版传媒集团股份有限公司增长能力得分为 −62.95 分，主要是因为其 2012 年度营业收入同比下降 8.97%，主营业务收入也同比下降 10.11%。

4.7.2.2　机制层面

各上市出版集团公司机制层面的竞争力排名结果如表 4−14 所示。

表 4-14　上市出版集团公司机制层面竞争力得分与排名

得分与排名\上市公司	制度得分	制度排名	激励与约束得分	激励与约束排名	管理得分	管理排名	创新得分	创新排名	企业文化得分	企业文化排名
中南出版传媒集团股份有限公司	86.63	4	83.25	4	100.00	1	99.40	2	87.83	5
江苏凤凰出版传媒股份有限公司	81.50	5	83.85	3	85.96	3	100.00	1	90.70	3
江西中文天地出版传媒股份有限公司	74.01	9	84.62	2	94.61	2	87.89	7	86.67	8
四川新华文轩出版传媒股份有限公司	100.00	1	80.17	8	80.35	6	93.88	4	87.48	6
湖北长江出版传媒集团股份有限公司	94.39	2	82.39	5	83.20	4	92.62	5	91.33	2
时代出版传媒股份有限公司	92.47	3	80.35	7	82.66	5	95.25	3	88.43	4
中原大地出版传媒股份有限公司	78.44	6	79.52	9	77.99	7	77.92	9	87.46	7
天舟文化股份有限公司	74.99	8	100.00	1	65.70	9	89.92	6	100.00	1
北方联合出版传媒集团股份有限公司	76.98	7	80.89	6	69.33	8	81.88	8	83.11	9

　　从制度指标得分情况来看，四川新华文轩的得分最高，这与其是在香港联合交易所主板（H 股）上市有一定关联，因为联交所的上市规则力求向国际标准靠拢，要求上市发行人高水平地披露相关信息，同时对企业管治要求严格，确保投资者能够从发行人提供的信息中获取适时及具透明度的资料，从而科学地评价公司的状况及前景。在香港上市的企业必须符合和遵守交易所的上市规则和其他有关法规，内地企业为了符合这些要求，必须改革企业

体制、转换经营机制、采纳国际标准的财务和会计制度，使企业与国际接轨。江西中文天地出版传媒股份有限公司制度排名第九，这是其明显的短板，集团想要增强其竞争力必须要进一步加快并完善集团制度的建设。

激励与约束指标得分较为接近，除排名第一的天舟文化股份有限公司得分较高外，其余八家出版集团公司得分均在 79.50 至 85.00 之间，可见国有出版企业在激励与约束方面水平相近，而天舟文化作为民营企业，在对经营者和员工的激励与约束存在较好的灵活性与科学性，值得国有出版企业借鉴学习。

管理指标主要考察集团具体的业务流程管理与品牌质量管理，中南出版传媒股份有限公司、江西中文天地出版集团股份有限公司与凤凰出版传媒集团分列前三。天舟文化股份有限公司排名最后，与其在主营业务中更偏向于图书发行相关，导致其自主原创品牌认知度较低。

创新指标主要从知识创新与技术创新两个方面来考察集团的创新机制建设。江苏凤凰出版传媒股份有限公司在这一项表现优异，排名第一；时代出版传媒股份有限公司由于获得国家发改委批准的"国家认定企业技术中心"称号，成为首家获批文化企业，并承担科技部"科技支撑计划"数字出版重大项目及牵头成立全国首个数字与新媒体产业技术创新战略联盟等动作而排名第三。上市集团公司中相对规模最小的天舟文化股份有限公司以 89.92 的得分排名第六，证明创新在其公司战略中占据着较为重要的位置。中原大地出版传媒股份有限公司是唯一一个在创新指标上得分不到 80.00 分的出版集团。但综合来说，各上市出版集团均较重视创新能力与机制的培育，因此差距较小。

天舟文化股份有限公司在企业文化指标上表现不俗，排名第一，主要原因是企业内部文化分值较高，天舟文化员工人数仅有 467 人，是所有上市出版集团公司中最少的，不到集团员工人数平均值的 1/10，但其企业价值观凝聚力很强，且人力资源成本费用利润率远远高于其他出版集团，充分呈现出其费用控制能力。与天舟文化相比，其余国有出版企业还需进一步建设企业内部文化，以增强自身的竞争力。北方联合出版传媒集团股份有限公司得分最低，为 83.11 分，其主要原因是企业价值观凝聚力不强，导致其 2012 年度经营业绩不理想，人力资源成本费用利润率偏低。但整体而言，此项指标除天舟文化外，其余出版集团得分差距并不大。

由表 4-14 可以看出，江苏凤凰出版传媒股份有限公司在创新指标上排名第一，四川新华文轩制度指标排名第一，中南出版传媒集团股份有限公司管理指标排名第一，而天舟文化股份有限公司则是激励与约束、企业文化这两个指标排名第一，说明国有企业与民营企业在机制建设上各有所长，应该互相学习借鉴，此外，境外上市可以促进集团体制改革，并且进一步优化与完善集团制度，也是我国其余未上市的出版集团可以考虑的上市发展方向。

4.7.2.3　社会责任层面

上市出版集团公司在社会责任层面的竞争力存在一定差距，具体二级指标得分及排名如表 4-15 所示。

表 4-15　上市出版集团公司社会责任层面竞争力得分与排名

得分与排名 上市公司	文化建设得分	文化建设排名	重大项目基地得分	重大项目基地排名	公益得分	公益排名	获奖得分	获奖排名
中南出版传媒集团股份有限公司	94.18	2	50.02	6	47.44	8	66.15	5
江苏凤凰出版传媒股份有限公司	100.00	1	68.53	4	100.00	1	100.00	1
江西中文天地出版传媒股份有限公司	60.44	6	70.04	3	37.04	9	70.04	4
四川新华文轩出版传媒股份有限公司	73.41	4	96.17	2	55.91	4	47.90	7
湖北长江出版传媒集团股份有限公司	92.62	3	62.13	5	50.34	6	85.08	3
时代出版传媒股份有限公司	57.32	7	100.00	1	58.77	3	58.95	6
中原大地出版传媒股份有限公司	52.30	8	16.02	8	52.61	5	95.85	2
天舟文化股份有限公司	35.02	9	12.34	9	73.38	2	11.18	9
北方联合出版传媒集团股份有限公司	64.06	5	15.62	7	48.96	7	46.09	8

综合排名第一的江苏凤凰出版传媒股份有限公司在社会责任层面竞争力上有不俗表现，四项二级指标中有三项排名第一，做到了党的十八大报告中

提出的"把社会效益放在首位,并争取经济效益最大化"。文化建设指标一项,江苏凤凰出版传媒股份有限公司由于入选精品工程、版权输出、农家书屋入选规划出版物等数量均较多,因此排名第一,中南出版传媒股份有限公司排名第二,湖北长江出版传媒集团股份有限公司排名第三,属于该项指标得分在 90.00 分以上的出版集团第一梯队。四川新华文轩出版传媒股份有限公司得分为 73.41,排名第四,北方联合出版传媒集团股份有限公司以 64.06 分排名第五。剩下四个出版集团有限公司得分在 35.00 分至 61.00 分之间,表现不太理想。天舟文化股份有限公司得分最低主要原因是其在"走出去"战略工程与出版精品工程这两方面表现较差,与其自主出版原创作品较少且集团规模较小有一定关联。

时代出版传媒股份有限公司在重大项目基地一项上得分最高,排名第一,主要是由于其 2012 年度在产业基地建设与物流体系建设上投入较大。新华文轩在此项指标上表现也较为理想。值得一提的是该项指标分值差距较大,因为部分在出版集团上市之前已投入的资金或已建设好的基地无法统计到其金额及数值情况,因此为了科学、公平起见,只能以上市以来各年度统计报表的涉及金额来计算。天舟文化得分最低,主要是由于集团规模较小导致在资金利用上未能侧重于重大项目基础的建设。

公益一项江苏凤凰出版传媒股份有限公司依然表现优异,政府支持力度排名第一,证明其经营发展与国家软实力发展目标较为符合,此外,对外捐赠的数目和开展的公益活动均处在出版集团的领先位置。天舟文化股份有限公司在公益一项排名第二,得益于其超高的社会贡献率,社会贡献率能较好地反映企业为国家做出的整体经济贡献,天舟文化股份有限公司尽管人员较少,但人均创造的经济价值很高,并且在税收、利息等方面均为国家做出大量贡献,因此提升了其在公益一项的整体排名。时代出版传媒股份有限公司排名第三,但得分仅为 58.77 分,与前两名有较大差距。江西中文天地出版集团股份有限公司以 37.04 分在这一项排名最末,尽管较少的捐赠和公益活动会使得集团有更多资金,从而表现为增长速度较快,但集团致力于公益事业能有效提升集团声誉和社会发展,因此从集团长远竞争力来看,加强公益意识才是长久之计。

奖项指标依然是江苏凤凰出版传媒股份有限公司排名第一,近年来凤凰出版传媒股份有限公司在出版领域有较好表现,旗下多家出版社位居全国前列,获得的各类奖项数较多。中原大地出版传媒集团股份有限公司在这一项上也有不错的表现，以 95.85 分排名第二，其中单位获得的国家级奖项位居第一。天舟文化股份有限公司在这一项能力较弱，仅得 11.18 分，排名最末。

4.7.3 部分三级指标排名结果分析

在全部 32 个三级指标中，本节选取了下列五个最终得分两两相差绝对值的平均值较大的指标进一步分析，其数值与排名如表 4-16 所示。

表 4-16 上市出版集团公司部分三级指标得分及排名

上市公司	规模得分	规模排名	知识技术得分	知识技术排名	激励机制得分	激励机制排名	流程管理得分	流程管理排名	"走出去"战略得分	"走出去"战略排名
中南出版传媒集团股份有限公司	98.26	2	91.78	2	62.53	2	100.00	1	74.17	3
江苏凤凰出版传媒股份有限公司	100.00	1	80.66	4	62.23	3	76.54	3	77.57	2
江西中文天地出版传媒股份有限公司	82.06	3	100.00	1	60.41	4	92.03	2	69.79	5
四川新华文轩出版传媒股份有限公司	66.11	4	60.90	5	46.05	8	68.71	6	71.71	4
湖北长江出版传媒集团股份有限公司	60.22	5	45.69	7	51.85	6	73.00	4	100.00	1
时代出版传媒股份有限公司	59.39	6	90.66	3	53.81	5	70.82	5	44.65	7
中原大地出版传媒股份有限公司	44.64	8	51.03	6	43.22	9	63.53	7	8.03	8
天舟文化股份有限公司	22.56	9	13.93	9	100.00	1	36.91	9	0.00	9

得分与排名 上市公司	规模得分	规模排名	知识技术得分	知识技术排名	激励机制得分	激励机制排名	流程管理得分	流程管理排名	"走出去"战略得分	"走出去"战略排名
北方联合出版传媒集团股份有限公司	46.12	7	40.74	8	51.77	7	47.52	8	63.55	6

　　规模指标主要考察的是出版集团公司的总资产、固定资产净值与主营业务收入三大项，能比较全面地反映集团的规模大小。江苏凤凰出版传媒股份有限公司排名第一，中南出版传媒集团股份有限公司以98.26分排名第二，江西中文天地出版集团股份有限公司以82.06分排名第三，属于我国目前上市出版集团公司中规模较大的一批。四川新华文轩出版传媒股份有限公司、湖北长江出版传媒股份有限公司、时代出版传媒股份有限公司与北方联合出版传媒集团股份有限公司规模较为接近，属于规模中上的上市出版集团公司。天舟文化股份有限公司得分偏低，在上市出版集团公司中规模最小。出版集团规模较大能使其更易获得规模经济与范围经济，能有效提升其综合竞争力，因此出版集团公司应该积极兼并重组，以壮大自身规模。

　　知识技术指标从专利权数量、图书总品种和集团的无形资产净额三项进行综合测度。该指标两两相差绝对值也较大，证明各集团间存在较明显的差距。其中江西中文天地出版传媒集团股份有限公司股份有限公司排名第一，中南出版传媒集团股份有限公司与时代出版传媒集团股份有限公司排名第二、第三，得分均在90分以上，四川新华文轩出版传媒股份有限公司排名第五，得分降至60.90分。而天舟文化股份有限公司排名最末，得分仅为13.93分，主要是由于图书总品种偏少和集团的无形资产净额偏低。

　　激励机制指标主要从管理层持股比例、高管报酬这两项来考察集团对管理层的激励情况；而职工意愿表达程度和员工人均总收入这两项考察的是集团对员工的激励情况。从得分数值来看，天舟文化股份有限公司排名第一，与排名第二的中南出版传媒集团股份有限公司存在近40分的差距，主要原因是天舟文化股份有限公司是唯一一家管理层持有一定比例股份的集团，其余的国有出版集团均无内部持股。四川新华文轩出版传媒股份有限公司排名第八，与其员工数较多，平均收入偏低相关。中原大地出版传媒股份有限公司在这一项上表现最不理想，排名第九，表明其激励机制不灵活，不能很好地起到激励管理层与普通员工的作用。

流程管理主要考察的是出版集团主营出版业务的流程是否科学高效。中南出版传媒集团股份有限公司、江西中文天地出版传媒股份有限公司与江苏凤凰传媒股份有限公司排名前三，其书号平均经济效益较为理想，重印重版的出版物比例较高，在出版物市场上占据较高的动销品种比例。北方联合出版传媒集团股份有限公司与天舟文化股份有限公司在这一项上得分最低，与其他出版集团在得分上相差较大。

出版集团肩负着出版业跨越式发展、为我国出版传媒产业带来新机遇的使命。制定带有自己标签的国际化战略，以应对全球出版时代的竞争，是国内出版集团的首要任务[①]。

目前我国较有实力的出版集团大多还处于国际出版产业链上的低端，只有进一步整合区域资源、优化出版行业资源，才能够增强和国际传媒巨头竞争的实力。出版集团"走出去"的模式有多种，如参与全球出版工程；成立专项合作基金；就单个选题进行合作出版，由中外双方共同策划，分工负责编辑、翻译、印刷、发行等环节，分享利润，共享版权等。"走出去"战略工程不仅能反映出版集团在海外出版领域的竞争力，也是国家文化软实力的体现，因此具有重要考察意义。湖北长江出版传媒集团股份有限公司在这一项表现最佳，拥有最高的版权输出率，同时积极参与各种国际书展，为中国出版物的输出做出了一定贡献。江苏凤凰出版传媒股份有限公司排名第二，在过去几年中，江苏凤凰出版传媒股份有限公司在国外建立了多个分支机构，为中国出版企业实体"走出去"打下良好基础。此外，中南出版传媒集团股份有限公司与四川新华文轩出版传媒股份有限公司也有不错的表现。中原大地出版传媒股份有限公司在这一项上得分偏低，仅得 8.03 分，而天舟文化股份有限公司由于没有输出的版权和海外分支机构，因此未能在这一项上得分，排名最末。

4.7.4 部分四级指标排名结果分析

在 81 个四级指标中，本节选取了下列六个差异较大的指标作进一步分析，其数值与排名如表 4-17 所示。

总资产报酬率又称为资产所得率。是指企业在一定时期内获得的报酬总

---

① 唐圣平.出版集团国际化战略研究[J].出版发行研究，2010（3）：13-15.

额与其资产平均总额的比率，可全面反映企业的获利能力与投入产出状况。四川新华文轩出版传媒股份有限公司在此项的得分最高，表明集团投入产出的水平较高，资产运营能力也比较强。天舟文化股份有限公司以 87.93 分排名第二，虽然作为我国出版行业唯一上市的民营企业，天舟文化股份有限公司的集团规模明显小于其他国有集团，但其资产运营效益明显好于大部分国有上市出版集团公司。北方联合出版传媒集团股份有限公司的得分最低，集团应该增强对企业资产经营的关注，提高单位资产的收益水平。

存货周转率能反映企业存货的周转速度，即存货的流动性及存货的资金占用量是否合理，是分析企业营运能力的重要指标之一，在企业竞争力评价中被广泛地使用。天舟文化股份有限公司在这一项上表现最好，排名第一，表明其存货资产变现能力较强，存货及占用在存货上的资金周转速度较快。中文天地出版传媒股份有限公司以 90.27 分排名第二，其余的出版集团均得分不足 65.00 分，与排名前二的出版集团股份有限公司有较大差距。北方联合出版传媒集团股份有限公司依然得分最低，仅有 38.09 分。从该项指标可以看出，出版集团的存货运营效率普遍偏低，为了增强综合竞争力，集团要在保证生产经营连续性的同时，尽可能提高资金的使用效率，并增强企业的短期偿债能力。

资产负债率是用来评价集团负债水平的综合指标。资产负债率过高有可能会导致集团资不抵债，增加债权人的风险；而过低的资产负债率则会影响集团财务杠杆应用，使股东利益受到损失；因此必须将资产负债率控制在合理的范围内。江西中文天地出版传媒股份有限公司在这一项上排名第一，四川新华文轩出版传媒股份有限公司与时代出版传媒股份有限公司分别排名第二和第三。其余六家上市出版集团公司除天舟文化外，得分均较接近。天舟文化股份有限公司以 42.04 分排名最末，主要是资产负债率偏低，这与其民营企业背景有一定关联，在投资上比国有企业略为保守。

股权集中度是指全部股东因持股比例的不同所表现出来的股权集中还是股权分散的数量化指标。是用来衡量公司的股权分布状态的主要指标，也是衡量公司稳定性强弱的重要指标之一。针对我国出版集团的现状而言，普遍存在股权集中的情况，但根据国际大型传媒集团的发展规律来看，略为分散的股权较有利于集团的可持续发展。四川新华文轩出版传媒股份有限公司在此项指标上得分最高，其次是湖北长江出版传媒集团有限公司和时代出版传媒股份有限公司。中原大地出版传媒股份有限公司的第一大股东控股数占总

表4-17　上市出版集团公司部分四级指标得分及排名

上市公司 \ 得分与排名	总资产报酬率 得分	总资产报酬率 排名	存货周转率 得分	存货周转率 排名	资产负债率 得分	资产负债率 排名	股权集中度 得分	股权集中度 排名	独立监事比例 得分	独立监事比例 排名	政府支持力度 得分	政府支持力度 排名
中南出版传媒集团股份有限公司	75.46	7	56.44	4	74.99	7	89.81	4	0.00	2	41.92	7
江苏凤凰出版传媒股份有限公司	73.40	8	44.99	7	75.75	6	76.42	7	0.00	2	100.00	1
中文天地出版传媒股份有限公司	79.64	5	90.27	2	100.00	1	73.77	8	0.00	2	35.36	8
四川新华文轩出版传媒股份有限公司	100.00	1	64.80	3	88.15	2	100.00	1	100.00	1	52.65	4
湖北长江出版传媒集团有限公司	78.69	6	46.58	6	74.18	8	93.51	2	0.00	2	52.30	6
时代出版传媒股份有限公司	83.17	3	40.94	8	82.91	3	93.21	3	0.00	2	60.19	2
中原大地传媒股份有限公司	81.78	4	49.49	5	79.52	5	71.20	9	0.00	2	54.17	3
天舟文化股份有限公司	87.93	2	100.00	1	42.04	9	85.38	5	0.00	2	30.10	9
北方联合出版传媒集团股份有限公司	45.31	9	38.09	9	81.59	4	78.39	6	0.00	2	52.65	4

股数的 75.78%，股权集中程度最高，因此排名第九。

独立监事比例指标的排名比较特殊，除四川新华文轩出版传媒股份有限公司外，其余得分均为零分。原因是仅有四川新华文轩出版传媒股份有限公司在其监事会人员中设置两名独立监事，其他上市出版集团公司均未设置独立监事，因此不得分。

政府支持力度是考察我国出版集团是否承担相应社会责任的重要指标之一，因为政府支持的项目通常是我国文化软实力发展急需的领域；同时也能反映我国出版集团在重点项目上的竞争力，具有较强竞争力的出版集团会获取更多的政府支持专项资金。江苏凤凰出版传媒股份有限公司在这一项上具有明显优势，与排名第二的时代出版传媒股份有限公司有近 40 分的差距；江西中文天地出版传媒股份有限公司与天舟文化股份有限公司两者获得的政府支持较少，以 35.36 分与 30.10 分分别排名第八和第九。

4.8　案例分析

基于上述对出版集团竞争力提升策略的分析，本节以综合竞争力评价结果排名第一的江苏凤凰出版传媒股份有限公司为案例，对其竞争力提升策略进行具体分析。

4.8.1　凤凰出版传媒集团发展现状

凤凰出版传媒集团的前身是成立于 2001 年的江苏出版集团，2004 年改名为凤凰出版传媒集团，2011 年正式上市。凤凰集团出版传媒是我国规模最大、实力最强的文化产业集团之一，注册资本 7.2 亿元，总体经济规模和综合实力评估连续多年保持全国前列。

在三届"全国文化企业 30 强"评比中，凤凰出版传媒集团均名列前茅。世界品牌实验室发布的"2010 年中国 500 最具价值品牌"中凤凰出版传媒集团排名第 243 位，是全国唯一上榜的出版传媒集团。2012 年上半年，凤凰出版传媒集团的营业收入与利润总额分别比上年同期增长 11% 和 47%，成为全国唯一一家同时入选上证 180 与沪深 300 指数样本股的文化传媒类公司。集团旗下共有全资子公司 85 家、控股子公司 25 家、参股公司 9 家，拥有销售网点 856 个；所属 6 家出版社进入中国百家出版社行列，被评为国家一级出版社；同时还拥有技术先进、规模巨大、全国一流的物流配送中心。在根据本文指标体系得出的竞争力排名中，凤凰出版传媒集团在能力竞争力一项上排名第三，机制竞争力一项上排名第三，社会责任竞争力一项上排名第一，总体综合竞争力位居第一。

新时期出版行业的竞争日趋激烈，竞争的重点也从出版物本身的价格、质量、营销渠道等扩大至出版资源、品牌、机制的竞争。自 2009 年以来，凤凰出版传媒集团快速实现全集团的股份制改造，并积极打造文化产业特色的现代企业制度，提高资本运作能力，通过各业务领域的优势协同来获得最大利润率，为出版集团的持续发展提供了动力与保障。同时集团通过新定位、新思路、新目标与新举措的"四新"战略思考，深化改革，立足业态创新，形成结构调整型、资本拉动型、数字技术提升型的协调增长方式，力争在未来 5~7 年，营销收入达到双百亿元，净资产达到 150 亿元，从而成为文化产业重要的战略投资者[①]。

在 2012 年，凤凰出版传媒集团又提出新的设想，即争取制度创新、技术创新与业态创新[②]，构建以书业为核心产业链的文化产业生态圈。凤凰出版传媒集团目前采取一业为主、多元发展的模式，打造综合竞争力，力争为中国出版产业的大发展大繁荣做出应有的贡献。

4.8.2 凤凰出版传媒集团竞争力提升路径

凤凰出版传媒集团自成立以来，积极响应国家号召，探索集团化、多元化、跨地区发展与资本运作的思路，开始了同时发展出版事业与出版产业的"双轮驱动"发展道路，产业发展不断攀升，于 2011 年成功上市，其竞争力提升路径主要可以概括为以下几个方面。

4.8.2.1 稳步推进体制改革，完善公司治理

凤凰出版传媒集团是全国率先实行局社分设，实行政企完全分开、政事分开，并与原属行政机关彻底脱离的大型出版集团之一。1999 年，凤凰出版集团的前身之一江苏新华发行集团启动对全省市县新华书店的资源整合，这是江苏出版发行业改革迈出的第一步。2001 年，江苏人民出版社等出版单位

---

① 谭跃.明确战略新定位，争创发展新优势——凤凰出版传媒集团的探索与发展[J].求是杂志，2009（18）：55.
② 吟春.加快数字化转型，全力打造创新型文化领军企业——访江苏凤凰出版传媒集团暨凤凰传媒董事长陈海燕[J].中国编辑，2012（6）：30.

从江苏省新闻出版局剥离，实行政事分开、政企分开，组建江苏省出版集团，并于 2004 年组建江苏省级六大文化产业集团，江苏出版集团改名凤凰出版集团，合并了全省出版、发行资源，成为六大文化产业集团之一。之后，集团开始稳步推进体制机制改革，根据资产关系、企业规模、经营效益与业务范围等情况，把成员单位重组为全资子公司、控股公司和参股公司等，实现了体制改革的二次创新。这个阶段的体制改革大力度地将企业推向了市场，增强了干部员工的市场意识、服务意识和竞争意识，集团开始成为真正意义上的市场主体和经济实体，取得了绩效上的一次突破。

凤凰出版传媒集团坚持分步改革，即条件成熟的先改革，一步一步改革，克服路径依赖，并减少震荡，在改制过程中始终坚持以人为本，不搞"一刀切"、"一把抓"，而是通过渐进方式，分步实施。如 2006 年以来，通过竞聘来选拔优秀人才；建立多元分配制度，通过绩效工资等拉开收入差距，在集团内部营造良性的竞争氛围；逐步取消原事业单位职工终身制，实行全员聘用合同制……既克服了路径依赖，又避免引起员工的不满。2008 年年末，凤凰出版集团完成全面转企和股份制改造，并按进入资本市场的现代出版产业制度与标准，完成改制重组，设立了江苏凤凰出版传媒股份有限公司，再次实现了体制与机制创新，建立了真正的法人治理结构，公司于 2011 年成功上市。

在现代企业中，所有权与经营权的两权分离所产生的委托—代理关系往往通过公司治理结构而实现，有效的产权执行能保证集团资源配置的效率，并进一步对集团协同能力起到关键作用。"集团总部如何为所属的各职能、产品、渠道及区域等一系列业务单元的运营增加价值。若要使企业总部能够增加价值，那么通过监管、协调和资源配置所带来的收益必须要大于在这些运营过程中所付出的成本。"出版集团组建时形成的资本纽带关系是集团核心企业对其他子企业进行资本控制的经济基础与法律依据，由资本关系建立起来的各企业的经济关系相对较为持久与稳固，也更易于母子公司的管理。凤凰出版集团旗下的各子公司与母公司产权明晰，改制彻底，为其发展奠定了坚实的基础。

凤凰出版传媒集团目前的书业产业链日趋完整，加上多元化经营，各成员单位的主营业务、业态和发展目标不尽相同。不建立现代企业制度必然行不通。出版集团并非单个子企业之间的"1+1"式联合，因此，集团管理层不能只注重于单个子企业的发展，认为单个子企业的竞争力相加就等同于整个出版集团的竞争力，而忽视了单体企业间的优势互补与专业分工。出版集团的规模扩张来源于横向一体化、纵向一体化与多元化经营，它们分别形成了集团的规模经济与范围经济，从而能最大化地增加出版集团竞争力。但是，随着集团规模的扩张，由其组织的"X非效率"[①]所带来的管理成本也将呈指数递增[②]。凤凰出版传媒集团根据自身实际，走出了一条"管""放"结合，一元为主、多元为辅，向外、向内综合发展的新路径。凤凰出版传媒集团作为多法人的联合体，一方面在具体的产品生产和经营上充分放权、放手、放利，另一方面在重大投资、战略制定、重要人事安排和重大资产处理上有效集中，要求子公司的发展战略要服从于母公司的统一战略。这样的管理理念使得每个成员单位的微观活力很快被激发出来。例如实力较弱的江苏美术出版社，改制两年来总体经济规模以每年60%的速度飞跃式发展，销售码洋从每年8000万元猛增至2亿多元，充分体现出凤凰出版传媒集团公司治理的成效。

4.8.2.2　重视学习与创新，打造创新型企业

知识经济时代，知识引导文化产业的发展，知识创新是出版企业提升核心竞争力的重要手段。管理大师彼得·德鲁克曾说："目前真正具有控制性的资源和生产决定性因素既不是资本，也非土地与劳动，而是知识。"知识作为企业的智力资本，已经成为经济发展战略中的第一生产力。对于出版企业来说，知识已成为最为关键的投入要素和核心资产，在企业价值创造中起着关键作用。在以知识为主要资源的信息经济中，出版集团创造、传播和使用知识的能力决定了出版集团的竞争力。因此，基于知识的出版集团学习与创新能力已成为其发展的根本动力，这种学习与创新能力主要从集团内部获得，是出版集团获得竞争优势与提升竞争力的主要驱动力量之一。知识的权力结构逐步替代了资本的权力结构，通过学习而产生的创新知识活动已成为出版集团运行和发展的重要力量。

依据熊彼特的创新理论，可将出版集团内部的创新行为分为五大类：产品创新、工艺创新、市场创新、资源开发利用创新与体制管理创新。凤凰出版传媒集团的发展目标是要将其打造成一个创新型的文化领军企业，因此其创新行为包括业态、技术与制度三个方面。业态层面，凤凰出版传媒集团的

---

① X非效率是美国哈佛大学教授勒伯斯坦首先提出的反映大企业内部效率和水平状况的一个概念，指在垄断企业的大组织内部也会存在资源配置的低效率状态。他认为，大企业尤其是垄断性的大企业，外部市场竞争压力小，内部层次多且关系复杂，机构规模庞大，加上企业制度安排方面的原因，使企业费用最小化和利润最大化的经营目标难以实现，会导致企业内部资源配置效率降低。
② 顾保国.企业集团协同经济研究[D].上海：复旦大学，2003.

发展理念从过去局限于产业链，将产业链做粗、做长转变为构建一个文化产业的生态圈。这个文化产业的生态圈包括文化创意、文化产品生产与流通交易、文化物流、文化中介、文化资源供给、文化金融等多种新业态[①]。为此，凤凰出版传媒集团开展了多项尝试与合作，如为与艺术出版相配合创建了艺术品公司、拍卖公司。对于凤凰出版传媒集团而言，艺术出版相对成本高、受众少，很难获得盈利，是出版板块中较为困难的一个类别。通过改变商业模式，创新业态，尤其是在产业生态的创新理念下，集团可以不在出版环节盈利，而通过拍卖公司、艺术品公司等媒介在艺术品经营环节中获利，这样既保证了集团的利润，又能实现艺术作品的传播，体现其社会责任。在文学出版领域，凤凰出版传媒集团创建了影视公司、音乐剧团等，通过电视剧、电影、音乐剧和小话剧等多种方式来传播文学作品，促使观众去购买纸质小说，最终使文学出版本身得到升级。凤凰出版传媒集团在 2012 年投资影视剧 14 部，已在湖南卫视播出的《新白发魔女传》就是文学出版业态创新的成果之一。

费格伯格在其《为什么增长率不同》一文中提出经济绩效提升与技术创新活动之间存在正相关关系。在技术创新层面，凤凰出版传媒集团将重点放在数字化转型上。凤凰出版传媒集团认为数字出版能极大地降低出版的社会总成本，并解放内容生产力，集团的数字化转型与整个产业链相关，因此构建以数字技术为基础的新的出版产业链是凤凰出版传媒集团的第一战略，在尽快完成技术转型的基础上，打造全新的数字凤凰，使凤凰出版传媒集团成为以数字化引领、多媒体经营为特征的新型出版传媒企业。尽管目前数字出版没有成熟的盈利模式，但凤凰出版传媒集团仍坚持走在技术的前列，勇敢地进入新领域进行创新，自己发现和创造盈利模式。

出版集团的创新能力是使集团做大做强的重要途径。而学习能力更是信息时代最被重视的能力之一。"企业如同国家和其他大型的结构一样，其制度设计是为了让创造它们的个体一直存活下去，因此，它们通过设立边界和屏障来保持自己的同一性。但在新兴的信息经济中，种种边界与屏障比能量经济中的情况更具有可穿透性……边界和屏障常常会充当阻挡企业自适应与创新的障碍。"[②]因此集团必须通过不断提升自己的学习能力来适应信息时代新

---

① 吟春.加快数字化转型，全力打造创新型文化领军企业——访江苏凤凰出版传媒集团暨凤凰传媒董事长陈海燕[J].中国编辑，2012（6）：30.

② 马克斯·H.博伊索特.知识资产——在信息经济中赢得竞争优势[M].上海：上海人民出版社，2005：323-324.

秩序中的动态性，在获得新的知识资产时放弃旧的知识资产，主动地处理与集团有关的学习信息现象，才能在信息经济中赢得竞争优势。目前，凤凰出版集团与江苏省广电有线信息网络股份有限公司的合作已经取得了盈利，集团组建的教育类网站由单纯的卖内容到卖服务与卖内容共存，也有着不错的盈利前景。凤凰出版传媒集团还加大了对编辑人员的培训，通过学习方式来提高编辑队伍的素质能力，比如要求过去习惯用文字表达的编辑人员学会用图表达，并给予创新领军人物股权激励，以及着重引进新型编辑人才等。

制度创新主要指公司化改造，确定出版集团的制度优势，通过好制度来赢取人才、资源和资金等。凤凰出版传媒集团在决策机制与运营机制改革上，力求改变过去事业单位决策效率不高、责任互相推诿的局面，形成权力的集中、分级与制衡，从而打造责任明确的高效决策机制。比如试行企业 CEO 制，高管层向分管副总负责，分管副总向总经理负责，总经理要代表经营班子向董事会负责；构建以编辑为基础、营销为中心、经营为主导的出版运营机制；通过股权的多元化，给出资带去动力；通过期权、持股等激励方式，给高管团队带去动力；通过薪酬制度改革，给员工带去动力，形成企业恒久的内生动力，并适时引进战略投资人，通过股权置换、换股合并等方式，整合内外部资源，做优做强。

提高集团的学习与创新能力是发展出版集团的关键，因为出版集团市场竞争力的关键就是要有原创的产品与技术。目前国际上知名的出版传媒集团竞争力往往体现在其组织运用世界性资源的能力与超前的研究开发能力，用领先的产品与技术来占领市场的能力。凤凰出版传媒集团十分重视人才队伍建设，每年除内部职位竞聘外，还通过网络招聘职业经理人、专业人才等，同时集团要求在职员工与高管必须不断学习，如集团高层要承担课题，进行产业研究并考察其成果；同时还要进一步解放思想，使之与时代进步、产业变化、市场变局相适应，以保持凤凰集团的战略前瞻性；并树立起公司化理念、市场博弈理念、商业出版理念和资本运营理念，培养出大批能把握形势、适应变化、更新观念与知识的学习型人才；最终使凤凰出版集团逐步成为一个拥有研究型领导、思想型团队的学习型企业[①]。

---

① 吟春.加快数字化转型，全力打造创新型文化领军企业——访江苏凤凰出版传媒集团暨凤凰传媒董事长陈海燕[J].中国编辑，2012（6）：33.

4.8.2.3　　探索资源整合新路径，提升资本运营能力

资源主要指企业用来创造产品或者服务的投入①，是出版集团战略的基本构成之一，也是集团竞争优势的基础。凤凰出版传媒集团一直注重于探索资源整合的新路径，集团前董事长谭跃曾表示，"凤凰集团要成为全国文化产业的战略投资者，这一全新战略定位要求集团必须聚集书业，聚集文化产业的投资方向，形成跨地区、跨行业，跨所有制的发展路径"②。

2008年，凤凰出版传媒集团投资"三跨"的项目资金就达到6.76亿元。2009年凤凰出版传媒集团投资5000多万元建设的海口凤凰书城开业，同期投资7300多万元改建扩建市县子公司的中心门店；对集团旗下全资的江苏新华印刷厂投资8400万元并控股三家印刷厂。同时与江苏广电在国内率先采取"书城＋影城"的模式实现跨媒体合作，双方将在3年内投资3亿元在省内及周边地区建设15家五星级连锁书影城。凤凰出版传媒集团联合民营力量，与北京共和联动图书公司合作成立了北京凤凰联动文化传媒有限公司。开设凤凰新华书店淘宝旗舰店；启动凤凰教育资源网，整合集团内部的教育资源，推动了集团版教材立体化的资源建设③。

2010年凤凰出版传媒集团继续进行大手笔的资源整合与资本运作，如在文博会上与台湾元太等民营企业签署了十大合资合作项目，内容涵盖文学、网络出版、专业出版等领域，横跨数字出版、网络出版与动漫网游等多种媒体形式。凤凰出版集团与元太合资成立的凤凰教育科技发展公司合力打造凤凰电子书包，市场前景喜人。在数字出版领域，凤凰出版集团与北京学易星科技公司通过合资方式成立凤凰学易科技有限公司，力争打造在全国具有影响力的教育资源网络平台。集团在南京等地开始进入地产行业，建设凤凰书城、会所等，截至2010年，凤凰出版传媒集团已建书城7个，在建书城5个。投资总额达到22亿元，新增书城面积近30万平方米；截至2010年年底，凤凰集团下属文化酒店集团已有9家连锁店，文化地产板块已拥有和即将开发的项目6个，占地200亩的凤凰新港物流基地投入使用，紫金、紫泉、紫圣三家股份公司挂牌成立。

2011年，凤凰出版传媒集团进一步延续和拓展了之前的投资战略。如江

①　小阿瑟·A.汤普森.战略管理——获取竞争优势[M].北京：机械工业出版社，2011：61.
②　庄建."凤凰"再飞新高，不忘文化担当——江苏凤凰出版传媒集团发展纪事[N].光明日报，2011-01-17（007）.
③　龚永泉.江苏凤凰集团整合资源创新业态[N].人民日报，2009-10-23（005）.

苏凤凰出版传媒股份有限公司在哈尔滨召开供应链合作会议，与甲骨文等信息技术公司签订开发社店数据平台协议，并与 50 多家出版发行机构进行战略合作，与大型发行集团签订了《社店战略合作协议》，并进一步尝试拓宽合作范围与深度，努力搭建新的平台以期为资本合作奠定坚实基础。凤凰出版传媒集团继续加强与民营企业的合作，除 2010 年成立凤凰天舟新媒体发展有限公司和凤凰传奇影业有限公司外，2011 年 5 月又成立了北京凤凰壹力文化有限公司、北京凤凰雪漫文化有限公司、凤凰汉竹图书（北京）有限公司等三家合资公司，分别致力于中外文学出版基地和人文社科学术出版平台建设、为书业搭建优质高效的销售渠道；发展推理小说出版的优质平台以及打造中国生活图书高端品牌。

2012 年，凤凰出版传媒集团在成功竞购"过云楼"散落民间藏书之后，与全球第二大出版巨头法国阿歇特出版集团在南京签署了《凤凰集团与阿歇特集团关于〈过云楼藏书〉合作备忘录》，共同出版《过云楼传奇》的英文版、法文版等国际版本；又与韩国 Ziumedia 公司举行了南通书城多媒体外景墙签约仪式，借此，不断加快了其国际化战略进程。在数字出版领域，由凤凰出版传媒集团和北大方正合作的数字化题库项目正式启动。在实体资本运作领域，2012 年凤凰出版传媒集团在温哥华挂牌成立了凤凰文化贸易集团公司加拿大办事处；在智利圣地亚哥中华会馆挂牌成立了凤凰瀚融国际股份有限公司。凤凰出版传媒集团还与江苏开放大学举行了战略合作签约仪式，双方将合作共建江苏开放大学，着力打造"江苏开放大学资源建设联盟"，凤凰出版传媒集团旗下的江苏凤凰职业教育图书有限公司将发挥自身在专业教材及配套数字资源建设上的优势，全方位参与江苏开放大学的各项建设，在产、学、研、用相结合的框架下打造校企合作的典范平台，为构建江苏省的终身教育体系贡献力量。同年，海南凤凰新华出版发行有限责任公司在海口挂牌成立，这次以资本为纽带的合作，能进一步整合教材出版资源，推进苏琼两省内容生产与流通渠道的进一步整合，实现全产业链的跨地区合作，争取做到资源优势互补与合作共赢。

4.9 实证研究结论

通过对九家出版上市集团的实证研究与凤凰出版传媒集团的个案分析，

可以得出以下结论：

第一，上市出版集团的产业集群初步形成，存在三大梯队。第一梯队包括四家出版集团：凤凰出版传媒股份有限公司、中南出版传媒集团股份有限公司、四川新华文轩出版传媒股份有限公司和中文天地出版传媒股份有限公司；第二梯队包括时代出版传媒股份有限公司与湖北长江出版传媒股份有限公司；第三梯队包括中原大地出版传媒集团股份有限公司、天舟文化股份有限公司和北方联合出版传媒集团股份有限公司，第三梯队竞争力相对偏弱。

第二，上市出版集团公司在能力指标一项上存在较大差距，结合个案研究可以发现，主要原因是部分集团资源整合与资本运作能力较差。而在出版集团发展过程中，如果不注重机制的优化，则很有可能导致其竞争力受到较大影响。通过社会责任指标可知，履行社会责任有助于提高集团的未来获利能力。

第三，建立现代企业制度、增强集团内外部资源整合能力和构建学习型企业等举措能有效地帮助出版集团提升竞争力。

5　出版集团竞争力的提升策略

选择科学健全的具体指标，建立具有操作性的指标体系；选择科学合理的评价方法，提出并构建科学完善的我国出版集团竞争力评价体系，本质上都是为了提升我国出版集团综合竞争力。本章结合第四章的实证研究结论，从内外部资源整合利用、股权结构优化、战略管理协同完善、学习型组织构建等五个角度为我国出版集团竞争力的提升提出建议。

5.1　提升内部资源整合利用能力

资源是出版集团竞争优势的源泉与基础，因此出版集团实际上处于对资源的不断追逐之中。出版集团竞争力下降的原因之一就是拥有的战略资源贬值，并已丧失再获取价值的能力；或是由于将战略建立在集团普通资源的基础上，从而无法获得对普通资源投资的回报。"企业在选择战略时如果不能以内视的眼光对自己所控制的资源进行有效挖掘，就不大可能从种种战略努力中获取竞争优势"，因此"在追求竞争优势和超额回报的过程中，企业首先应从分析其当前所控制的资源与能力入手。"[①]有效进行资源整合，发挥内部资源最大使用效能，并提升内部资源整合利用能力是出版集团提升竞争力的重要策略之一。

5.1.1　出版集团内部资源现状分析

由于不同出版集团的信息获取能力与处理能力不同，对资源潜在价值的

---

① 杰伊·B.巴尼，德文·N.克拉克.资源基础理论——创建并保持竞争优势[M].张书军，苏晓华，译.上海：格致出版社，上海三联书店，上海人民出版社，2011：53-54.

预期也会产生不同。出版集团作为知识型的战略集团，资源是其竞争优势的重要来源之一。这些资源包括集团控制的所有财产、能力、组织程序、人才、声誉、知识等等，它们共同促使集团构想与实施能提高集团经营效率与效果的战略。管理学家巴尼指出，企业执行产品市场战略所需战略资源的获取成本决定了企业产品市场战略的成败。出版集团的资源是其战略实施的支撑条件和关键因素，各项资源在出版集团中的分布格局、使用情况和流动状态是集团制定竞争力发展战略目标和实施路径的重要依据。出版集团对其所掌握资源的开发效率和利用效果则影响着集团战略目标的实施进度和计划调节。因此，准确把握出版集团内部资源环境的变化规律是企业战略目标得以顺利实施的前提。

根据本书第二章出版集团竞争力产生机理的研究可知，出版集团的竞争力要素可以分为三类，即能力要素、机制要素和社会责任要素。而通过第三章的指标体系构建与第四章的实证分析可以判断出各个出版集团目前的竞争力要素水平，并可根据指标进行出版集团的资源现状分析。

出版集团资源现状分析包括以下五个方面：

第一，出版集团现有资源的种类、数量和质量。部分资源的种类与数量较好区分，例如资本资源中的固定设备可从使用年限、数量、折旧等方面来进行统计，现金资源可以通过企业财务报表来统计。但对部分人力资本资源与组织资本资源的评价则难度较大，如企业文化、领导者才能、品牌价值和协调关系等，由于其表现为一种隐性状态，因此相对不容易识别与统计。在这种情况下便需要出版集团通过对资源使用情况的研究来进行资源分析。

第二，资源的具体属性特征，如稀缺性、不可模仿性、价值性等。并非所有的资源都能成为出版集团持续竞争优势的来源，因此，了解资源的属性能帮助出版集团了解其在多大程度上能对创造持续竞争优势做出贡献，好的资源可能同时具备几种优质属性，如一个好的作者资源，既有稀缺性，又不易被模仿。而有的属性特征如资源转让的难易度，可以帮助出版集团估算未来的交易成本和市场机会。

第三，资源的变化及发展趋势。由于各出版集团对某一资源的未来价值有着不一样的预期，而对资源的未来价值有更准确预期的集团能够成功规避经济损失；不仅如此，这些集团也能更好地预见到战略要素市场存在的发展机会，并利用这些机会为出版集团取得竞争优势。总之，对资源的战略预期不同可能会导致出版集团陷入战略资源的"赢者诅咒"，也可能帮助出版集团取得超额经济收益。因此，出版集团不仅要能从静态的角度分析现有资源，还要学会从动态的视角判断资源的发展趋势。

第四，资源的相互关联。出版集团在对资源现状进行分析时，还要用关联协同的眼光审视现在的资源，分析资源间的配合关系、组合关系、互补关系、协同关系等。有的资源在进行整合后，会产生数倍的效益，如 ERP 信息平台的建设可以帮助编辑人员与营销人员及时进行数据与信息的互通，有助于出版物的策划与营销工作；有的资源则互不关联，独立性较强，如作者资源之间可能关联度不大，无须对其进行整合。

第五，资源的利用情况，即资源被利用的程度和效率。对资源的利用情况进行分析，一方面可以帮助出版集团判断其隐性资源的基本情况，如通过人均利税来衡量集团员工利用自身的知识技能创造价值的能力，人均利税高则可以认为对人力资源的利用情况较好等。另一方面还有助于出版集团对"剩余资源"进行管理，"剩余资源"即出版集团拥有的，尚未被利用或未被完全利用的资源，这类资源可能是由于管理不善造成空置浪费，如闲置的固定设备、专利软件、厂房仓库等；也可能是由于管理者认识不足而导致未被合理利用的资源，如技术潜力、销售渠道、版权资源等；或是资源（特别是无形资源）在利用过程中并未被消耗，反而存在不连续增量造成的溢出资源，如某部图书突然畅销，出版集团可能还来不及利用图书畅销给作者、品牌、内容等带来的增量新资源等。对这类资源进行细致分析，可以更好地发掘其潜力，为探索资源的有效利用提供了可能性。

5.1.2 战略资源识别

在分析出版集团竞争力评价结果时，如果出版集团某一类指标评价指数值及其单项指标的评价指数值过小、排名靠后，则说明出版集团在该类别竞争力上存在不足。为了提升这些单项竞争力，出版集团应该找出决定这些单项竞争力强弱的资源，以便有的放矢，最终提高自身的综合竞争力。对资源进行整合配置是培育单项竞争力优势的有效方式，如规模中的总资产、固定资产净值与主营业务收入均与资本资源直接相关，可以通过融资及强化自身资本运作能力来提升这几项指标的竞争力；知识技术中的专利权数量、图书总品种受内容资源影响较大，出版集团就应该加大优势内容资源的策划投入来提升知识技术竞争力；而企业内部文化中的企业价值观凝聚力和人力资源成本费用利用率则和人力资源有较大关联，出版集团可通过对出版经营管理人力资源与出版业务人力资源两方面的资源进行培育来获得优势竞争力。要是出版集团某一类指标评价指数值及其单项指标的评价指数值都较理想、排名靠前，出版集团则应该注意挖掘使该类指标具有优势的资源，以便进行保护与强化。

但由于资源对战略的贡献度是不一样的，因此出版集团除了对所拥有的资源要进行基本情况分析及合理利用外，还要识别出其中的战略资源进行重点培育，以作为提升出版集团长期竞争力的基础。战略定位能帮助出版集团决定自身的资源需求。在任何一个节点上，出版集团都会拥有在原有资源配置基础上做决策后所带来的资源储备。由于资源积累的不可逆性，关键性的决策会导致未来资源集合的变化。新的战略可能导致出版集团放弃原有的旧资源，并对某些新资源产生强烈需求。同时，战略资源具有动态性，即会随着技术的发展不断发生变化，昨天的战略资源到明天可能就会变成一般资源，如果不对战略资源进行识别并加以有效管理，战略资源本身也会逐步退化甚至丧失其价值。对于出版集团而言，战略资源对其长效竞争力有着决定性作用。所以，出版集团对战略资源的判断与识别是否恰当直接影响到出版集团竞争力的强弱。

行业战略要素的识别是出版集团识别战略资源的前提条件。由于出版产业有着自身特殊的文化产业属性，这就使得出版集团的战略资源与其他产业集团的战略资源相比有着一定的差异性。只有从出版产业的战略因素入手，结合出版集团所从事的经营业务进行分析，才能更准确地识别出有价值的战略资源。

行业战略要素是指"以行业作为分析单元，在一个既定的时间里，某些资源与能力是产生准租的最重要因素，这些资源与能力在行业的层面上即可被称为战略行业要素"[①]。其具备专属性、市场性、经济性及不确定性四大特点。出版集团战略性行业要素的判断来源于两方面，一是行业目前重要的战略性业务领域；二是行业未来发展趋势。行业目前重要的战略性业务领域可以帮助出版集团判断当前重要的行业战略要素，而对未来发展趋势的分析则有利于出版集团提前进行战略资源的积累与培育，从而增强出版集团参与未来竞争的能力。

---

① Amit R., Schoemaker P.J.H. Strategic assets and organizational rent[J]. Strategic Management Journal,1993,(14):33–46.

并不是所有的行业资源都可被视作战略资源，因此出版集团需要进行组织内部的判断。不同学者对战略资源给出了不同的评价标准，巴尼认为价值性、稀缺性、不可完全模仿性与不可替代性四点构成了战略资源的有效条件；格兰特则认为持久性、不透明性、不可转移性与不可复制性是战略资源的重要特征；杜拉克的战略资源分析框架包括了资源的异质性、事后竞争限制、不完全流动性与事前竞争限制。目前，巴尼与杜拉克的战略资源分析框架认可度较高，使用较为广泛。

出版产业属于文化产业范畴，因此出版集团的竞争力形成依赖的资源也与一般的生产企业存在不同。汤普森认为出版商有着四种不同的资源。首先是经济资本，包含财政资源的累积；然后是来自职员雇佣及其知识积累的人力资本；再次是象征资本，组成成分包含声誉积累、公认度、作为文化中介的出版商尊重以及其对质量和品位的裁决；最后，是出版商累积知识资本。出版商拥有的资源有助于出版商吸引、安置、促销新书并得到更多的作者资源，前文所提到的"象征资本"也来自于作者本身，因此，出版领域信任关系的巩固也是十分重要的。结合我国出版产业的特性，出版集团资源可以分为内容资源、资本资源、组织资源和人力资源四大类。

资源禀赋条件的优劣对出版集团竞争力的形成有着决定性的影响。由于出版集团的内容资源、资本资源、组织资源与人力资源都包含着特有的战略资源，因此在识别战略资源时，也可从这四大分类逐一入手。

喻国明教授认为，"内容制造商已经成为传媒产业竞争与发展新的制高点，谁能掌握有竞争力的优势内容资源，谁就能获得市场优势地位。"[①]曹峰指出在目前的竞争格局下，传统媒体的"内容为王"是出版集团竞争的首要策略[②]。内容资源中的战略资源主要指其优势内容资源，即出版集团的核心战略资源，也是决定出版集团竞争力的基本资源要素。出版集团应该加大优势内容资源的策划投入，壮大自身的作者队伍，这不仅要增强对纸介形态的图书、期刊等常规媒体形式上的竞争力，还要在全媒体环境下，对已有的内容资源进行全方位、深层次的整合开发利用，从而争取在全媒体格局下形成新的优势内容资源。2008年，中文在线和长江文艺出版社联合推出的《非诚勿扰》是全

---

① 喻国明.内容资源成传媒产业竞争新制高点[EB/OL].http://www.people.com.cn/GB/14677/22114/36724/2723215.html.
② 曹峰.全媒体背景下传统媒体的营销策略——以《华西都市报》为例[J].新闻界，2011（2）：13.

国第一部全媒体出版的图书，引起了广泛的关注；2009 年，作家出版社与中文在线联合推出了《贫民窟里的百万富翁》全媒体出版图书，实现了我国第一次引进版图书的多渠道全媒体同步出版。这种以媒介融合为基础的内容整合经营战略，能将出版产品转化为出版集团独有的优势内容，并在最大限度上将出版产品多渠道地推向市场①，为出版集团创造新的战略资源。此外，数字出版、网络出版、手机出版等新兴领域的内容资源也是出版集团获取整合战略资源的重点模块，密切跟踪传播技术的革新也能使出版集团尽可能快且多地整合内容领域的优势战略资源。

　　出版产业并不属于资本密集型产业，但规模化的出版集团运作以及重大出版项目基地的建设对资本需求量仍然很大。出版集团的竞争也是资本竞争，如果没有足够的资金进行支持，出版集团就无法实现规模经济和范围经济，从而制约我国出版集团竞争力的提升。因此，资本资源中的战略资源主要是指可通过融资获得的大量资金。在西方发达国家，融资政策较为开放，融资渠道也相对畅通，能够保证传媒集团利用各种途径进行融资，提升其竞争力。从国内现状看，已上市的出版集团如出版传媒、凤凰传媒、新华文轩、中南传媒等纷纷加快了并购重组，在抢占资本资源上已经先行一步，其余不少出版集团由于尚未建立现代企业制度，又受到管理体制的约束，因而融资渠道较少，资本运作能力不强，处于弱势地位。2006 年，广电总局（原新闻出版总署）公布的《关于深化出版发行体制改革工作实施方案》，明确提出要积极推动有条件的出版集团上市融资；时任新闻出版总署政策法规司王涛司长也表示，要着力培育出版行业的骨干企业，为其上市融资提供一系列政策扶持。资本经营时代的到来，使得出版产业的产品生产、资源配置、赢利模式等都会发生根本性变化，出版集团必须强化自身的资本运作能力，将资本资源的获取放在重要的战略地位，抢占资本战略资源，为出版集团竞争力的提升创造有利的资本战略资源环境。

　　组织资源对竞争力同样有所贡献，其中拥有有价值的、稀缺的与不能被完全模仿的企业文化的组织机构会享有该文化带来的竞争优势。这种基于企业文化的竞争优势也会在经济收益上有所表现，出版集团的企业文化对于其经营模式有着巨大影响，因此未来的出版集团竞争同时也是企业文化的竞争。企业文化并不能成为所有出版集团的竞争优势来源，只有当出版集团有意识

---

①　朱静雯，刘畅.出版集团全媒体研究综述[J].出版科学，2012（3）：15.

地对其进行识别并根据自身特点有效培育，它才有可能成为集团的战略资源。但出版集团一旦拥有稀缺、有价值并且不能被完全模仿的企业文化后，将会形成一套指导实践的核心管理价值观及与之相匹配的管理控制能力，从而有效提升其竞争力。

对于出版集团而言，无法提供价值的人力资源只能成为集团竞争劣势的来源，能够提供价值但并非稀缺的人力资源是集团竞争均势的来源，只有能提供价值、具有稀缺性且不易被模仿的人力资源才能够成为出版集团的竞争优势来源，也即成为出版集团的战略资源。出版集团人力资源才层面的战略资源包括出版经营管理人力资源与出版业务人力资源两方面，这两方面的人力资源状况对出版集团竞争力的形成有着决定性的意义。一方面是出版经营管理人力资源，这是出版产业智力资源的重要组成部分，出版集团必须引进或培养懂经营会管理的出版经营管理人才，才能为出版集团的高效运作提供优质的智力保障。另一方面是出版业务人力资源，包括在出版各流程中能有效提升出版物价值的各领域高级人才。由于图书形态的多元化、出版领域的扩展以及出版流程的改变，出版业务人员所承担的职责与工作内容发生了巨大的变化，这对出版业务人员的能力和素养提出了更高的要求，如高水平编辑在信息收集与整合，文本内容的组织、开发与编校，图书形态的设计以及全方位的宣传策划等方面，都必须具备深厚的专业素养和实际操作能力。因此优秀策划编辑、高级营销人才、审稿专家等都将成为出版集团未来的战略资源。

5.1.3　内部资源整合方式与策略

战略资源可以通过对自身拥有的资源进行整合生成，基于出版产业的特殊性，有时根据当下所控资源与能力来选择并实施战略的企业，比那些需要从竞争性的战略要素市场上获取资源来支持战略实施的企业更有可能取得竞争优势①。企业不能一直期待在公开的市场上"购买"到持续的竞争优势，相反，竞争优势必须要从企业已控制的那些稀缺的、不能被完全模仿的、可被加以开发利用的资源中寻找②。出版集团内部资源整合的指导思想是围绕集

---

① 杰伊·B.巴尼，德文·N.克拉克.资源基础理论——创建并保持竞争优势[M].张书军，苏晓华，译.上海：格致出版社，上海三联书店，上海人民出版社，2011：55.

② 杰伊·B.巴尼，德文·N.克拉克.资源基础理论——创建并保持竞争优势[M].张书军，苏晓华，译.上海：格致出版社，上海三联书店，上海人民出版社，2011：83.

团核心竞争力构筑和培育集团的战略性资产。对于具有战略资源特征的要素进行重组整合，同时剥离不具备战略资源特征的相关要素，保证战略资源更好地发挥其作用。由于各种具备战略资源特征的要素嵌入在内容资源、组织资源、资本资源和人力资源之中，因此出版集团在开展内部资源整合行动时要基于集团的发展战略，综合考察集团的资源缺口和战略发展方向，有目的、有针对性地开展整合行动。

出版集团内部资源整合主要有以下三种方式：集中、剥离与共享。如图5-1 所示。

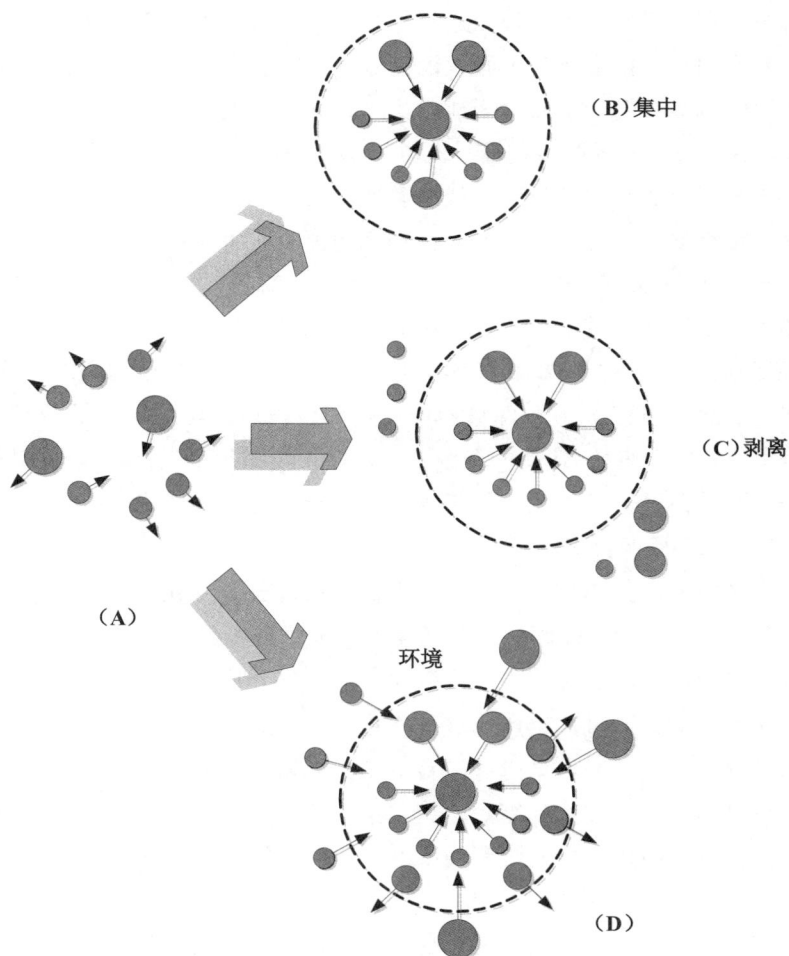

图 5-1 出版集团内部资源整合方式图

在图 5-1 中，A 表示出版集团内部资源整合之前各资源间混沌无序的状态，B 表示资源的集中管理，C 表示资源的剥离重组，D 表示出版集团母子企业或各子企业间的资源共享。

集中主要指出版集团可以将相同或类似业务或资源整合到同一板块，实施统一管理，提升资源集中度，推进专业化整合，最终带来控制和效率上的竞争优势。资源的集中管理可以取得对出版集团整体控制的优势，有助于获得资源使用的规模经济，并有利于知识共享。如出版集团策划推出一套规模较大，较有社会影响力的丛书，就可以将集团内部各子公司里的编辑人员、营销人员、资金资本等各类资源进行整合，从而打造出一个具有较强竞争力的编辑制作团队，使之成为出版集团的战略资源。此外，集中整合出版集团的各项资源也能有助于出版集团成本集中，并快速实现战略目标，因此是出版集团整合利用内部资源的有效方式之一。

剥离是指出版集团通过建立战略事业单元、区域自治及授权等方式将资源分解并重组整合，是另一个方向上的资源整合。由于历史原因，一些出版集团内部存有部分长期资不抵债、亏损严重，不具备成长性的子企业或部门，出版集团的发展壮大带动了此类子企业或部门继续扩张，致使母子公司间的链条过度延伸，最终影响出版集团的竞争力。出版集团采用剥离的方式进行内部资源整合，可以大力清理整顿低效或无效投资，压缩无用的管理层级，提升集团的管控能力[①]。成功的资源剥离，能将集团的有限资源集中于发展优势业务，既妥善处置了潜在的经营管理风险与隐患，又能优化组织结构，提升出版集团内部资源价值，并进一步增强出版集团的市场竞争力。

共享是指出版集团为了获取更大价值，将部分资源在母子公司间、子公司与子公司间，部门之间等实现互通互用的新型资源整合方式。如 ERP 信息管理系统建设就是出版集团进行资源共享的良好尝试，ERP 系统强调业务流程的优化和集成，通过把生产、财务、营销以及技术等子系统整合成一个一体化的系统，在统一的信息管理平台下工作，可以做到机构不重叠、业务不重复和信息不孤立，并达到缩短流程周期、节约运作资本、增强集团整体合作意识，提升出版集团的资源利用率的效果。传统出版集团的业务流程运作相对复杂，效率低下，首先体现在各部门之间缺乏工作上的交集，信息交流不畅，容易导致重复性劳动和无效劳动，比如在传统出版集团中，编辑与营

---

① 邵宁.深入推进企业内部资源整合[J].企业管理，2012（1）：6.

销两个重要环节间，普遍缺乏业务信息的交流。编辑无法及时了解自己策划出版的图书在市场上的营销状况，而营销人员也不清楚编辑的意图，无法进行合理的图书营销方式的选择。如果在选题策划初始阶段两个部门能共享资源、交流意见，将会大大提高出版物的质量。其次，生产管理环节自动化程度不高，影响了工作效率。目前，许多传统出版集团依然是手工输入财务凭证、人工处理销售订单，导致工作量大、失误较多。业务流程优化，能够在强调各部门职责和权限的前提下，增加相关部门在业务流程中的联系，取消不必要的工作环节，对必要的工作环节进行合并与简化，提高自动化程度，做到各部门业务信息共享、减少重复劳动和失误率，提升工作效率，更合理地利用企业资源。

内部资源整合能力是出版集团做强做优应当具备的核心能力之一。出版集团不仅要会并购重组，占有资源，还要能整合资源，包括对现有内部资源的整合，也包括对重组得来的资源和现有资源的汇总整合。在进行内部资源整合时，要注重以下几个方面：

第一，强化资源的组织嵌入性。出版集团资源整合是基于企业长远的战略利益而实施的战略举措，要使出版集团的资源和出版集团未来发展战略模式、所处的产业环境相匹配，就应该使资源随着出版集团内外部环境的变化而不断调整和优化。强化资源的组织嵌入性，是指出版集团要增强已有资源与集团战略的相关度，给资源打上集团特色的烙印，防止出版集团资源尤其是内容新资源、战略人力资源等在出版集团之外的企业间进行转移。比如有较强领导力的集团高管属于出版集团的战略人力资源，但此类人力资源较容易在集团间转移，高管跳槽对于出版集团而言意味着战略资源的流失。强化高管资源的组织嵌入性，可以通过给予高管集团股份的方式来实现，使之具有一定的资源模仿障碍，减少资源流失风险。同样，塑造独特的企业文化也是强化资源组织嵌入性的有效方式，企业文化的不同会使资源模仿在具体实施中大打折扣，失去原有的良好效果。"尽管某些企业可以借助企业文化获得持续竞争优势，但是缺乏类似文化的企业却不大可能通过系列的管理活动来发展出这些文化……因而组织文化无法成为所有企业的竞争优势来源。"①出版集团可以通过不断的改造、积累、综合，转换来提高资源模仿障碍，这样，

① 杰伊·B.巴尼，德文·N.克拉克.资源基础理论——创建并保持竞争优势[M].张书军，苏晓华，译.上海：格致出版社，上海三联书店，上海人民出版社，2011：88-92.

潜在竞争对手就无法轻易获取同样的内部资源，使集团资源离开原出版集团后就无法发挥其应有的经济效能，确保了集团的资源价值。

第二，推进资源结构调整与优化。出版集团的资源整合是持续性的，许多世界一流传媒集团始终围绕自身的发展战略，开展持续性的资源整合，专注于集团竞争力的提升，并通过持续性的组织变革，来响应外部环境的快速变化，实现资源结构的最优，保持和创造集团优势。出版集团的资源整合应该坚持以资源结构调整与优化为核心，出版产业环境的动态性导致了出版集团的资源结构也在不断发生变化，暂时合理的资源结构会随着经济形势、政策法规、技术变革等产业大环境的变化而变得不合理。因此，出版集团首先要推动资源向产业链的关键环节和高端流动，调整资源布局。如面对新媒体崛起与发展的必然趋势，出版集团应该主动选择数字化战略，抢抓数字出版、网络出版、手机出版等领域的资源优势，积极拓展新媒体，成为综合型传媒资源运营商。面对未来云计算资源的竞争，大型出版集团还可以自建云平台，用来满足出版集团的规模化发展需求，而且云平台的灵活性也能保障其快速便捷地扩展云服务，从而优化集团整体软硬件基础架构，更好地抢占优势资源。其次，资本具有追逐资源的天然本性，出版集团要注重资本经营，灵活和综合运用上市、私募、金融投资等多种融资手段与并购重组、股权转换、资产处置等各种资本运作方式，资本经营时代的到来使得获取资本市场的竞争优势也成为出版集团做大做强的必然路径。最后，出版集团要着力培育、发展和稳固自己的战略资源竞争力，设定动态的战略评估指标，根据出版集团的综合资源整合情况及时做出调整，进一步完善内部资源的配置与利用。

第三，增强出版集团总部管控能力。要真正发挥出资源整合的长期效应，需要体制机制创新作为保障。由于出版集团规模较大，下属子公司众多，业务形态复杂，对出版集团总部的管控能力提出了更高的要求。强化出版集团总部的管控能力，需要对总部重新进行审视，并对其拥有的资源进行整合。2010年年底我国出版集团全面完成转企任务，但仍有不少集团未能建立起现代企业制度，虽然表面上建立了含有股东大会、董事会、监事会等的"新三会"，但并没有形成各负其责、协调运转、有效制衡、民主决策的运营机制[①]。出版集团总部与子公司之间的行政隶属关系还没有完全改变，母子公司体制运营没能全面实现。因此，出版集团首先要建立与资源整合相适应的管控模式与

---

① 郝振省.2011—2012中国出版业发展报告.北京：中国书籍出版社，2012：245.

组织架构，明确出版集团总部与子公司的管理关系，无论选择战略管控、财务管控，运营管控还是综合型的管控模式，都应该设定适当的权力分配方案，并建立相对应的组织结构与职能设置。其次，通过优化机构职能、科学化管理流程、加强学习与培训等措施，切实提高出版集团总部的管理能力与水平。

5.2 加强外部资源获取整合能力

出版集团战略资源的获取、整合与配置利用活动怎样能生成新的竞争优势，进而保证社会效益与获取超额利益，已然成为出版集团要面对的一个重大的现实问题。在内部资源不足以使出版集团保持持续竞争优势的情况下，出版集团从外界获取自身所需的资源禀赋与潜力，并借助独特的整合能力使之转化成出版集团的战略资源，是将经营能力转化为竞争力的有效途径。

战略联盟是指两个或两个以上的企业为获取竞争优势，而自愿采取的企业间合作安排，也是联盟各方资源一体化的结果，即由战略资源需求和社会资源机会推动的合作性关系。合作是出版集团生存与发展的必要条件之一，技术创新速度的加快、全球竞争与企业多元化战略使出版集团不能仅仅依靠自身已有的资源来获取并巩固竞争力。出版集团需要通过与多家优势企业的合作来形成战略联盟，最终通过这种战略资源流动来树立出版集团持续的竞争优势。

5.2.1 出版集团战略联盟类型

出版集团战略联盟的形成主要是便于获取与保持战略资源。出版产业环境的不断变化导致出版集团战略资源总是存在一定缺口，出版集团在分析自身资源的优劣势后，针对行业环境中的关键成功因素，制定出适合出版集团的发展战略，并将集团所需战略资源与自身拥有战略资源相比较，就会发现两者间存在一定的差异，这种差异也叫作资源缺口。资源缺口有三方面的内涵，一是资源供应缺口，即出版集团未能拥有需要的战略资源；二是资源质量缺口，即出版集团所拥有的战略资源质量较差，需要进一步增强或进行资源替换；三是资源管理缺口，即现有战略资源配置效率不足，未能对其进行合理整合与使用。其中出版集团所需的资源很可能是其他集团企业的战略资源，资源的异质性造就了其他出版集团的竞争优势，也为其他集团"独占"

某些资源提供了可能，从而造成了出版集团无法通过购买或是学习获得全部所需战略资源，形成难以模仿的资源位障碍。战略联盟有助于联盟双方达到彼此资源边界的最优，可以帮助出版集团实现资源价值的最大化。

战略联盟的形式多种多样，从治理结构角度大致可以分为股权式战略联盟、双边契约型战略联盟和单边契约型战略联盟三种主要类型，如图5-2所示。

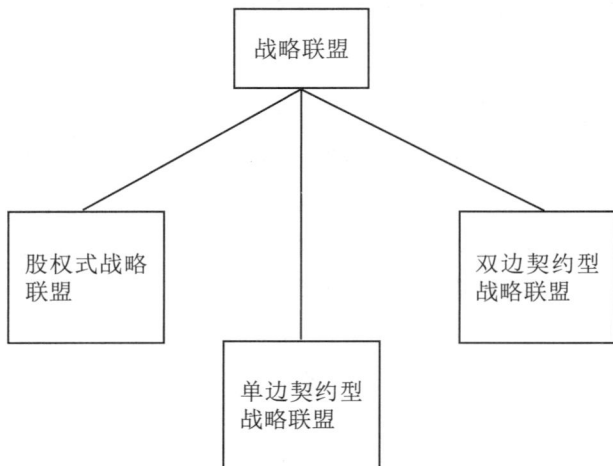

图 5-2　战略联盟的类型

股权式战略联盟指两家或两家以上的股东相互受让股权或共同出资组建出版联盟，它包括建立新的经营实体公司、少数股权投资及交叉参股投资等多种方式。这种类型的战略联盟由于较容易发生默会知识转移，因此在出版联盟中占有重要地位。如民营图书公司与国有出版集团的战略联盟合作较多属于这种类型，一方提供以知识为基础的资源，另一方提供以产权为基础的资源[①]。双边契约型战略联盟指联盟各方通过契约的形式建立合作关系，如联合生产、共享营销渠道、研发协作等。这种方式中联盟各方都处于学习状态，一旦学习过程结束，战略联盟就会中止。双边契约型战略联盟不涉及实体的构建，适用范围广，灵活性较强，可以涵盖出版集团的各个运营环节，便于联盟双方根据形势变化修订协议，从而维持出版战略联盟的稳定与成员间的利益合理分配，目前我国跨国合作出版和营销渠道联合多数属于这一类型。单边契约型联盟的具体形式包括业务外包协议、许可证、分销协议等，适合

---

① 　以产权为基础的资源包括资本、厂房、分销渠道、技术专利、知识产权等。

联盟各方都只为战略联盟提供以产权为基础的资源。

5.2.2 战略联盟中的资源组合

战略联盟中的资源组合是指成员间资源的匹配模式与在战略联盟中一体化的模式[①]，可以从战略资源获取角度出发，将出版集团战略联盟资源组合分为强强型资源组合、互补型资源组合、过剩型资源组合、浪费型资源组合四大类，参见图 5-3。

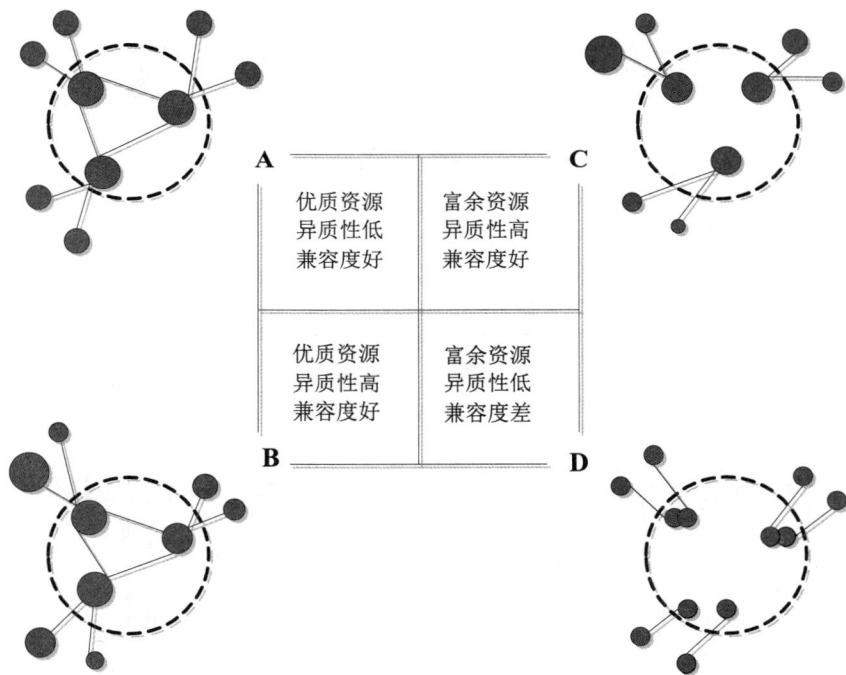

图 5-3　战略联盟资源组合类型

如图 5-3 所示，A 为强强型资源联合，B 为互补型资源联合，C 为过剩型资源联合，D 为浪费型资源联合。

强强型资源组合是指出版联盟各方都提供相似的优势资源，强强联合使之产生协同效应，最终创造的资源价值将大于资源分散在各个出版集团创造的价值。强强型的资源组合有助于战略联盟快速在某个领域建立竞争优势，设置进入壁垒，以及获得生产、研发、营销等经营活动的规模经济与范围经

---

① 刘建清.战略联盟：资源学说的解释[J].中国软科学，2002（5）：52.

济，提升市场地位。如 2011 年安徽出版集团和波兰马萨雷克出版社共同出资在波兰建立文化传媒公司就属于强强型资源组合，战略联盟的双方均提供相似的资本及内容优势资源，争取在中波跨国合作出版领域树立一定的市场地位。

互补型资源组合即战略联盟双方提供互相弥补且兼容的优势资源进行综合配置，有助于联盟各方优势补缺，进而创造竞争优势，是出版集团战略联盟中被广泛使用的一种资源组合方式。互补型资源组合又可分为纵向互补型与横向互补型，前者从价值链的不同环节共享资源与能力，后者主要通过共享价值链同一环节的资源与能力来创造竞争优势[①]，参见图 5-4。

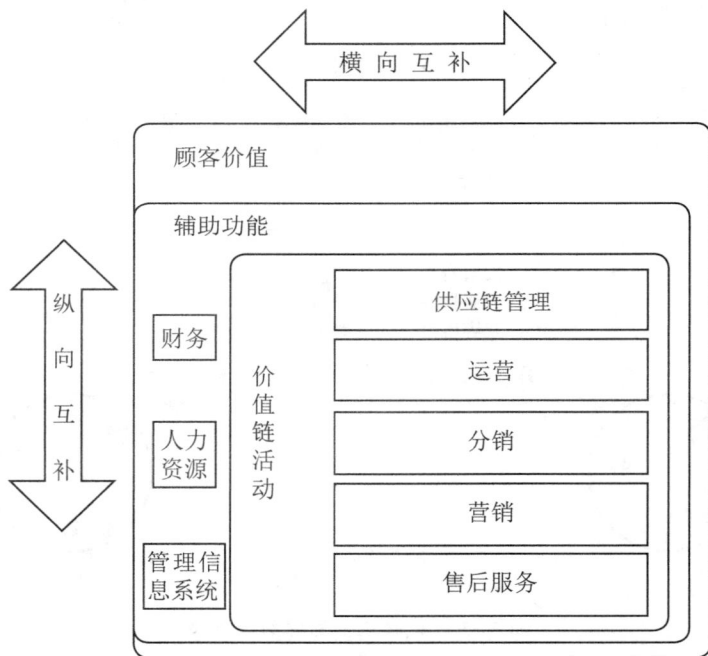

图 5-4　纵向和横向互补型资源组合

目前的跨所有制资源合作大部分属于纵向互补型资源组合，如中南传媒与华为技术有限公司合作打造的一个数字资源全屏营销传播运营平台，就是一方面依托中南传媒的内容资源与策划生产实力，另一方面借助华为技术有

---

① 迈克尔·A. 希特.战略管理——概念与案例[M].第10版.北京：中国人民大学出版社，2012：229-229.

限公司的雄厚技术实力和遍布全球的运营商通道构建的纵向互补型资源组合。湖南天舟文化科教文化股份有限公司与河北出版集团共同组建的北京北舟文化传媒有限公司，同样是集合了天舟文化的内容策划、营销渠道优势和河北出版集团的国有资本优势，力争在全国教育类图书营销市场上获取更强的竞争力。

过剩型资源组合是指出版联盟双方提供相似但并非优势的资源，属于富余资源的整合。这种资源组合针对性不强，也没有明确的战略目标，通常是战略联盟双方出于资源过剩的考虑，进行的一种风险性较小的资源组合尝试，但由于资源的兼容性好，也可能会取得一定的经济和社会效益。比如在资本资源较为富余的情况下，联盟双方都投入一定的资本进行某个项目的合作。天津出版传媒集团与天津市邮政公司的部分战略合作偏向于此类资源组合，如双方在缴费一站通、期刊印刷、票务预订、个性化邮票等方面展开资源整合，联盟双方所提供的资源并非双方的战略资源，但此类资源组合也有可能分散集团企业的投资风险，或在未来成为新的战略重点。

浪费型资源组合是指联盟双方都提供了异质的优势或非优势资源，但存在不兼容情况的一种资源组合方式，也是出版集团战略联盟最需要避免的一种资源组合方式。有的出版集团过于追求规模经济与范围经济，没有对出版市场做出准确判断，导致联盟合作仅停留在双方资源的提供，而没有整合的路径，最终造成联盟双方的损失。

5.2.3 外部资源整合路径

资源整合，是指出版集团对不同来源、不同层次、不同结构和不同内容的资源进行识别、选择、配置、融合，使之具有独特性、不可模仿性、价值性等战略资源的特征，从而提升原有资源的综合战略价值，形成新的战略资源体系。我国出版集团资源整合活动方兴未艾，对资源的配置利用也成为出版集团目前的主要抓手。当出版集团现有的资源已无法适应新的战略需求时，就必须通过战略联盟向外获取新的战略资源，同时对已获取的资源进行整合，使集团拥有的内外部各类资源产生协同效应，成为集团竞争力的主要源泉，从而满足出版集团的战略需求。善于获取资源并实施资源整合的出版集团往往较容易拥有竞争优势，提升组织经营绩效。目前来看，我国出版集团的基于战略联盟的资源整合可以分为跨国、跨地域、跨行业、跨所有制、内部整合等多种不同类型。

第一，跨国资源整合。跨国资源整合也是出版集团战略合作提升国际竞争力的重要方式之一，通过多种资源整合方式使出版集团逐步走向海外市场。出版集团可以提前完成产业布局，为优化资源配置、降低成本、充分挖掘资源提供帮助，目前我国的各家出版集团，还处于国际出版产业链上的低端位置，参与全球出版工程、成立专项合作基金、合作出版、跨界合作等都是出版集团可以通过战略联盟选择的资源整合方式。

浙江出版联合集团在跨国资源整合方面做得较好，创造了不俗的业绩，虽然并未上市，但综合实力排在全国前列。浙江出版联合集团跨国资源整合方式较为多元，图 5-5 为浙江出版联合集团跨国资源整合的部分内容与成果。

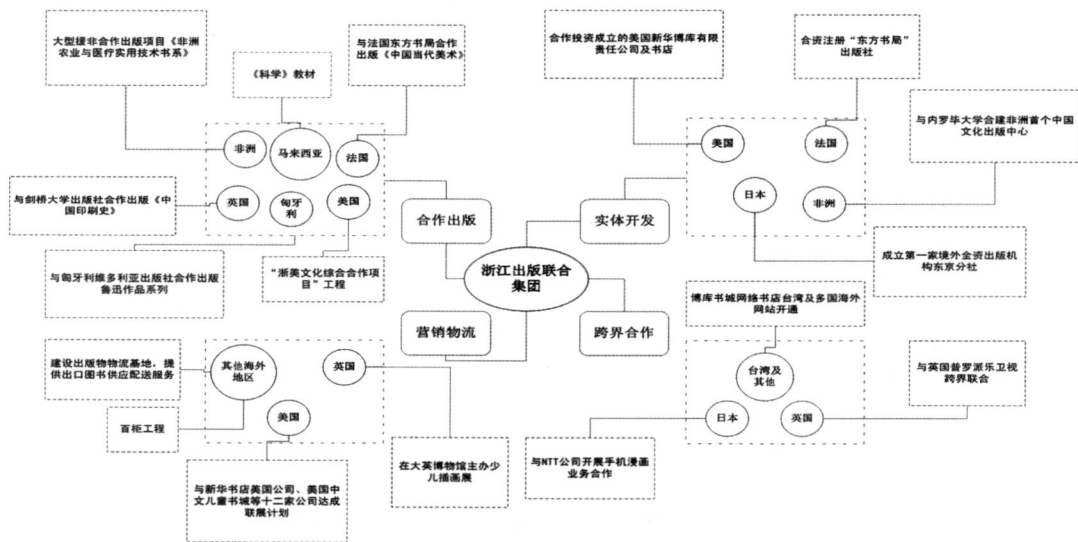

图 5-5　浙江出版联合集团跨国资源整合的部分内容与成果

除浙江出版联合集团在广泛地进行跨国资源整合外，凤凰出版传媒集团也将出资注册首家海外实体企业——凤凰传媒国际（伦敦）有限公司；中国出版集团、中南出版传媒集团、南方出版传媒集团等与施普林格、圣智学习等国外知名的出版机构在数字出版业务领域已开展合作；广西出版传媒集团宣布和日本株式会社讲谈社未来将在动漫领域展开战略合作，并在此基础上启动一系列和动漫相关的创意合作项目[①]。

---

① 郝振省.2011—2012中国出版业发展报告[M].北京：中国书籍出版社，2012：245.

目前我国出版集团已实施的较为成功的跨国资源整合主要偏向于融合国内外的内容资源优势和资本资源优势，从而产生出更大、更强的生产竞争力，并提升我国文化软实力。由于跨国资源整合有一定风险，如受国际政治与经济形势影响较大，文化、语言差异不可避免，因此出版集团在准备实施跨国资源整合战略时，要明确集团资源的现状，现有资源的缺口以及通过跨国资源整合需要达到的目标，不能盲目地认为与国外建立战略联盟并进行合作就是有效的资源整合，避免出现"1+1 < 2"的结果。

第二，跨地域的资源整合。跨地域的资源整合是出版集团打破计划经济体制下按行政区域划分进行资源配置的模式，消除地区封锁的重要手段与有效途径[①]。西方的一些大型传媒集团，如贝塔斯曼集团、皮尔森集团等均为跨地域经营的大型跨国公司，目前我国出版集团跨地域的兼并重组困难较大，地方保护、行政干预对出版集团跨地域的兼并重组都有着一定的阻力。此外，地方出版集团所属出版单位出版内容同构的现象造成的重复出版、资源浪费，使得出版集团不能仅靠兼并重组在全国范围内整合出版资源[②]，跨地区战略合作，签署相关战略合作协议能为出版集团搭建良好的资源平台，从而进行资源间的整合与交换，成为出版集团进行出版资源整合的新路径与新潮流。

如 2013 年中南出版传媒集团与湖南教育电视台共同出资，创建湖南教育电视传媒有限公司；同年 6 月，中国教育出版传媒集团旗下的人民教育出版社、人教社教材中心、陕西人民出版社、陕西出版集团四家按比例出资，共建陕西西北人教玉成文化传媒有限公司；2013 年 8 月，中国出版传媒与江西新华发行集团、中国科技出版传媒、凤凰出版传媒股份有限公司在北京签署合作协议，共同出资重组新华联合发行有限公司等。

出版集团签署契约型的战略合作协议能更好地实现全国范围内的资源整合，做到优势互补，实现资源共享。集团层面的跨地域资源整合以共同投资重大项目、合作建设基地、共享或拓展发行渠道、打造数字出版平台、投资成立股份制公司等为主，由于跨地域资源整合方式灵活，机动性大，因而是我国出版集团整合外部资源做大做强的一条重要路径。

第三，跨行业资源整合。在我国产业融合的发展趋势下，出版集团纷纷通过技术提升来寻找发展其传统业务和拓展新内容的服务机会，跨行业的资

① 秦艳华.出版资源整合的风险及制胜之道[J].出版发行研究，2009（12）：21.
② 郝振省.2011—2012中国出版业发展报告[M].北京:中国书籍出版社，2012：247.

源整合行为越来越普遍。尽管我国出版集团跨行业的资源整合能力与国外大型传媒集团相比还有较大差距，但整体呈现良好的发展态势。常见的跨行业资源整合方式有价值链上下游的延伸、出版产品的多次开发、建立合作关系等等。出版领域的产业融合能有效拓宽出版集团的发展空间，促使集团业务结构合理化，进而推动出版产业的结构优化。

如 2011 年中南传媒与华为技术有限公司签署战略合作协议，共同为中南传媒下属子公司天闻数媒科技（北京）有限公司增资 3 亿元。双方的合作将结合中南传媒的内容资源优势与华为的技术资源与物流资源优势，打造出面向全球华语市场的数字资源全屏营销传播运营平台。浙江出版联合集团与浙江普达海文化产业有限公司联手，并在此基础上整合浙江少年儿童出版社和杭州娃哈哈集团的强大资源，形成从商业策划、创作研发、创意设计、生产制造、电子商务、交互体验到整合营销的一整条少儿文化产业链，并吸引和凝聚一批同类优质企业聚集，目的是打造以少儿文化内容创作、研发，少儿文化产品设计、加工、生产，少儿文化产业运营及相关服务于一体的综合性专业化少儿文化产业基地。凤凰传媒与江苏开放大学举行战略合作签约仪式，双方将合作共建江苏开放大学，着力打造"江苏开放大学资源建设联盟"。2012 年 5 月，方正信产集团和新华传媒集团合作签约，就云出版服务平台为基础的电子书业务和 POD（按需印刷）业务解决方案进行合作，并通过协力打造基于互联网时代的新型阅读模式，共同为全球读者提供一站式数字阅读和移动阅读服务，有效实现传统图书行业与新兴数字阅读产业的融合。2013年，凤凰出版与天舟文化均跨界并购手机游戏，拓展自身发展的新领域。

跨行业的资源整合更侧重于出版集团产业链的延伸，是出版集团多元化发展，进军新兴行业或新兴领域的一种快捷而较安全的方式。出版集团在进行跨行业的资源整合时，不仅要重组自身的业务领域和组织结构，还要尽可能实现出版集团层面的多元化经营与集团子公司层面的专业化经营，将规模经济和范围经济、多元化与专业化有机结合，使跨行业的资源整合为出版集团的多元化经营战略打下良好基础。

第四，跨所有制资源整合。跨所有制资源整合主要指国有出版集团与民营企业，或是民营出版集团与国有企业的资源整合。新闻出版总署发布的《2011 年新闻出版产业分析报告》中指出，全国有 15.3 万的新闻出版企业法人单位，其中民营企业数量占了 81.2%，较 2010 年提高了 5.1 个百分点。民营企业的稳健发展使得跨所有制资源整合方式呈现出更为多元的态势，如项目合作、人才合作、股份合作等等。早期的跨所有制资源整合以选题等内容资源整合为主，由于出版集团拥有更好的政策资源，如书号，较低的税率等，而民营图书公司内部管理政策较为灵活，有着更强的市场意识，并由于策划营销能力的出众，在市场上有着不可小觑的品牌口碑。因此民营图书公司负责选题的策划与组稿，出版企业负责书号提供、发行营销等简单的"1+1"式项目合作一度成为跨所有制资源整合的主要表现方式。

随着出版产业的不断发展，民营图书公司在人才选拔、职级晋升、员工培训、企业文化等方面都有了较为完善的一套步骤，人力资源管理、经营活动都有了标准与规范。在优胜劣汰的竞争环境中，员工的积极性和创造力都能得到充分释放，并在各种激励机制的保障之下，形成良性循环。国有出版集团在这个方面则表现出一定劣势，因为其准入门槛较之民营图书公司要高，虽然这能在一定程度上优化员工的受教育程度的平均水平，却也不可避免地阻挡了一部分专项出版人才。职能式的组织结构设计，容易导致出版集团对市场敏感性的降低，并限制创新力的发展。因此，跨所有制合作日益呈现出多元化态势，两者除继续开展以内容资源为主的项目合作外，还逐步向资本资源整合为核心的战略合作过渡。2005年4月下发的《国务院关于非公有资本进入文化产业的若干决定》，以文件形式确认了允许非公有制在文化产业领域的资本投资，其中就包括了对出版业的投资。这在政策上支持了出版集团跨所有制资本资源的整合，民营图书公司与国有出版社的资本合作更为频繁，如表5-1所示。

表5-1　我国出版集团与民营图书公司部分合资项目

时间	资本合作现象	股权情况
2005年	长江出版集团与海豚卡通合资，成立海豚传媒公司	长江占51%的股份，夏顺华占49%
2006年	长江出版集团与金丽红、黎波合资，注册成立北京长江新世纪文化传媒有限公司	长江出版集团占26%的股份，长江文艺出版社占20%，金丽红、黎波各占17%，安波舜占15%，几名创业员工各占1%~2%
2007年	北京出版集团旗下十月文艺出版社与北京时代新经典合资，成立十月文化传媒有限责任公司	北京出版集团控股，时代新经典注资

续表

时间	资本合作现象	股权情况
2008年	杭州贝榕图书公司总经理路金波与辽宁出版集团全资子公司万卷合资，成立万榕书业	万卷占51%的股权，路金波以旗下作者资源和品牌资源入股，占49%的股权
2009年	凤凰出版传媒集团旗下的江苏人民出版社与北京共和联动图书有限公司合资，成立北京凤凰联动文化传媒有限公司	凤凰出版传媒集团国有控股，并派驻财务总监，日常经营业务由原共和联动图书有限公司负责
2009年	山东出版集团与星球地图出版社、志鸿教育集团分别签署了战略合作协议	志鸿教育集团将在组建山东出版传媒股份公司时成为参股方之一
2009年	湖北长江出版传媒集团与民营策划人王迈迈共同出资组建湖北尚文出版传媒股份有限公司	引入现代企业经营管理模式，合作后成立的新公司实行董事会管理模式
2009年	中南出版传媒集团和湖南盛力投资有限责任公司联合发起成立北京涌思图书有限责任公司	中南出版传媒集团控股
2009年	北京出版社出版集团与民营资本合作成立阅读天下（北京）文化传播公司	北京出版社出版集团控股
2011年	北京出版集团有限责任公司与北京九州英才图书策划有限公司共同投资组建京版北教控股有限公司	国有资本控股，将北京出版集团六大核心板块中的教育板块剥离出来，同北京九州英才实现产品、资产重组
2010–2012年	凤凰出版传媒集团与民营资本合作成立北京凤凰壹力文化有限公司、凤凰汉竹图书公司和凤凰雪漫文化有限公司等多家合资企业	分别由凤凰出版传媒集团旗下的江苏科学技术出版社、译林出版社等国有资本控股
2013年	青岛出版传媒股份有限公司与民营图书北京阅读纪签署合资合作、股权并购合作协议，双方组建新公司西藏悦读纪文化传媒公司	青岛传媒以150万元先期持有西藏悦读纪5%股权，新公司若达到预期业绩且条件成熟时，青岛传媒将再增收其股权，成为其控股股东。

在资本重组的战略合作模式中，股权式战略联盟较为常见，即国有出版集团与民营资本合作成立新的股份制公司，投资双方按照一定比例分配决策

权限。由于以资本资源整合为主的战略合作的特点是稳定性与长期性，因此互相选择是这一种合作方式的特点，强强联合现象较为普遍，整合双方优势资源"共同投入、共同操作、做大蛋糕、双赢多赢"成为双方共识[①]。而在新闻出版总署发布《关于进一步推进新闻出版体制改革的指导意见》后，国有出版集团与民营资本原有的合作障碍也被扫除，与市场前景良好的民营资本进行合作，成为我国出版集团资源整合的一大方式。

5.3　优化股权结构与治理模式

在出版体制改革推动下，我国出版企业进一步确立企业经营者身份，从生产型向市场竞争型过渡，逐步摆脱行政干预对企业经营性事务的阻碍，力求独立核算、自我发展、自负盈亏。"图求自主生存与独立经营的企业意志在当代公司制度范畴内，表现为符合市场经济体制本质要求的现代企业精神。"[②]出版产权结构调整是为了让出版企业更好地参与市场竞争，为其提供规范性生存和发展的能力。因此，出版集团公司治理模式应该着眼于出版产业的发展特点与集团个性经营特征，同时考虑我国的国情和意识文化形态，综合平衡与协调各种利益主体间的责权关系，以现代出版企业制度建立为导向，突出治理结构建设重点，同时兼顾多重治理机制构建，最终构造出协同治理、市场导向的独具特色型集团公司治理体系[③]。

5.3.1　构建合理的股权结构

建立合理的股权结构，对我国出版集团而言，首先是要改变"一股独大"的局面，即降低第一大股东的持股比例，缩小大股东之间的持股差距，使股权集中度更为科学合理。目前组建的出版集团除个别民营企业外，第一大股东均为国有股东，对集团控制度较高，不利于股东间的相互制衡。2013年党的十八届三中全会提出，要对重要的国有传媒企业探索实施特殊管理股制度，次年通过的《深化文化体制改革实施方案》中，也将在传媒企业实行特殊管理股制度纳入试点工作范围，显然，优化股权结构势在必行。特殊管理股在

---

① 耿晓鹏.民营图书文化公司与出版社的合作模式探讨[J].出版广角，2012（10）：63.

② 柳斌杰.鼓励新闻出版企业跨媒体跨所有制并购重组[N].光明日报，2010-01-04（04）.

③ 耿晓鹏.民营图书文化公司与出版社的合作模式探讨[J].出版广角，2012（10）：63.

国际上有多种模式，如金股制、一股多权、AB股制度等。在我国可以采用将部分国有股转化成优先股的方法，既能保证国有股东的利益，又能减少行政干预。此外还可提高管理层的持股比例，目前国有控股的出版集团均无内部持股，众多研究表明，内部人持股能起到较好的激励约束作用，因此逐步实行经营者股票期权制度也能较好地改善股权结构。最后，增加一定数量的专业知识较扎实、工作经验丰富且不受集团控制的独立董事及监事均能提升董事会和监事会的独立性，使之更好地制约第一大股东完全控制公司经营管理的现象，保护小股东利益。

通过我国上市出版集团公司的股权结构可以发现，国家股及国有法人股所占总股本的比重过大，这些股份大多不能上市流通，因此不仅制约了出版集团公司外部市场治理机制的作用，同时也会减少国有资产的活力与功能，从而制约国有经济的发展。由于出版产业具有文化产业特征，对于非民营出版集团而言，国有股依然有控股的必要，但可在不影响国有控股的前提下，通过在新设股份制企业时就适当减少国有股的比重，或对上市公司的新增资本通过增资扩股两种办法来自然稀释国有股份。

为了改变股权过度集中的状态，必须大力培育及发展多元化的投资主体，从而建立权力制衡的股权结构。持股主体的多元化可以通过以下两种方式来完成：

一是对企业法人投资群体和以各种基金组织为主体的机构投资者进行培育，打破所有制和地域的限制，鼓励非国有企业法人和基金管理公司投资及持股，并引导其通过兼并、收购、接管等多种方式取得国有股权，在优化出版集团公司股权结构的同时，使出版集团获得规模经济与范围经济效应，进一步实现出版集团产品结构甚至产业结构的调整及竞争力的提升。通过引入外资股东，在保证国有股控股的前提下，完善投资环境，吸引境外资金和先进的出版理念，为中国出版集团"走出去"打下一定的基础。还可通过建立国有控股公司与投资公司，大力培育战略投资者，规范化运作使其成为法人持股的主力，活跃股票市场，最终形成相互制衡的股权结构，并增强其在治理结构中的地位与作用[1]。

二是鼓励银行等金融机构对出版集团公司的持股经营。一方面可以借助银行的特殊身份和信息资源优势，加强对出版集团的监督，提高其治理效

① 郭全中.集团公司治理与管理体制研究[D].北京：中国人民大学，2004.

率；另一方面，对于资金周转不灵，或因贷款投资导致较高负债率的企业，可将部分股权用"贷改投"的方式转归银行持有，从而减少资金压力。同时也要避免垄断现象，对银行持股比例要有所限定，逐步发展银行对出版集团的产融一体化。

5.3.2　完善集团公司治理结构

公司治理结构和机制是现代企业制度的核心，出版集团公司治理机构的完善主要包括完善董事制度、强化监事会职能和完善信息公开披露制度。著名经济学家威廉姆森在其 1985 年出版的《资本主义经济制度》一书中指出："企业如果未能建立有效完善的公司治理结构，即使具备明晰的产权和公平的竞争环境，企业绩效也难以长时间维持在高水平。"[①]

作为出版集团的最高决策机构，董事会是公司治理的关键。完善董事制度首先要明确董事的职责，即信托责任、忠诚与公平交易责任、注意责任、不僵化义务[②]和监管责任[③]。具体行为包括：履行对重大决策及干部任免等事项的决策责任；引领和指导公司的战略导向；跟踪、监督、检查公司经营情况；筹备并组织董事会及股东大会，及时公告相关决议和议案；做好公共关系管理；做好信息披露工作；努力创建和谐企业文化等。其次要完善独立董事制度。独立董事制度是强化公司治理的重要举措，在世界各国被广泛推行，中国证监会于 2001 年 8 月发布《关于在上市公司建立独立董事制度的指导意见》，标志着我国正式引进独立董事制度，独立董事需要在董事会中占据一定的比例，"一般而言，独立董事在董事会中的比例越高，越有利于董事会保持独立性"[④]。完善独立董事制度可以通过明确独立董事的功能与定位、构建合理的独立董事比例、建立及健全独立董事的生成与退出机制、优化独立董事激励与约束机制、公开披露独立董事相关信息等方式实现。最后，完善董事制度需要优化其董事会成员构成，强化分权制衡机制。董事长与总经理分

---

①　威廉姆森.资本主义经济制度. 段毅才，王玮，译.[M].北京：商务印书馆，2002：201.
②　董事在履行信托责任时，可以采用长远的观点来决定公司、所有股东、其他社会利益等；注意责任则要求董事要以公司的最高利益为行动的出发点，且必须认真谨慎地行事；不僵化义务要求董事在公司经营业绩不理想时对董事会自身做相应调整，运用任期限制是避免僵化的有效方法之一。
③　小约翰·科利.公司治理[M].北京:中国财政经济出版社，2004：18-19.
④　南开大学公司治理研究中心公司治理评价课题组.2008中国上市公司治理评价研究报告[M].北京：商务印书馆，2011：80.

开任职，董事会成员与管理层人员不能过分重合，避免内部人控制现象；可以适当设置职工董事，既能加强对出版集团专业技术与管理决策方面的制衡，又能对职工起到一定的激励作用，增加企业凝聚力。

强化监事会的职能首先要明确监事会的定位与职责权限。我国《公司法》在法律上确定了其作为公司法定监督机构的地位与职能，通过监事会体现企业员工参与监督，同时限制董事会的权力。监事会与董事会在法律地位上是平级关系，其宗旨同样是维护公司与股东利益，是形成内部制衡机制的重要一环。其次，要优化监事会成员的构成，增设一定数量的外部独立监事，可以弥补其他监事专业知识不足，或局限于本位利益、局部与短期利益等内部人治理缺陷，同时可以有效利用外部的人力资源，用较低的成本达到提升监事会管理水平的目标。最后可以落实并加强监事会的职权。如赋予监事会更多的主动调查权，变事后监督为事先、事中监督；赋予监事会在特殊情况下的"代位"权；赋予监事会自主聘请注册会计师检查集团账目的权力等。

5.4　完善战略管理协同

出版集团战略管理，就是制定、实施和评价能保证出版集团实现其目标且超越不同职能的决策方案的艺术和科学[①]。它是一项综合管理，通过整合出版集团内部管理、营销、财务、生产、研发和信息管理系统，对出版集团的外部环境作出快速反应，来谋求出版集团的效益最大化。传统出版集团通常以适应行业生态环境为基本出发点，将行业生态环境设定为外生变量，寻求其内部共有资源和生态环境机会的最佳切合点，从而实现出版集团的发展目标。这在计划经济时代是可行的，集团可以对静态环境做充分而全面的分析。但随着体制改革的深入，出版集团面临的是动态化的行业生态环境，各种因素综合交织，并快速发生变化。

现代企业集团再造理论将行业生态环境变化的主要力量概括为3C，即顾客（custom）、竞争（competition）、变化（change），三者呈现常变、速变的特点，使得出版集团必须要学会适应外部环境的不稳定性，并通过有效的战略协同，调整集团内部要素结构，使内外环境条件达到平衡，从而提升集团

---

① 弗雷德·R.大卫.战略管理：概念部分[M].李青，译.北京：清华大学出版社，2003：13.

的整体竞争力。因此，优化出版集团战略管理模式的协同效应策略可以从以下三个层面进行考虑，分别是国家战略层面、资源配置层面和技术平台层面，如图 5-6 所示。

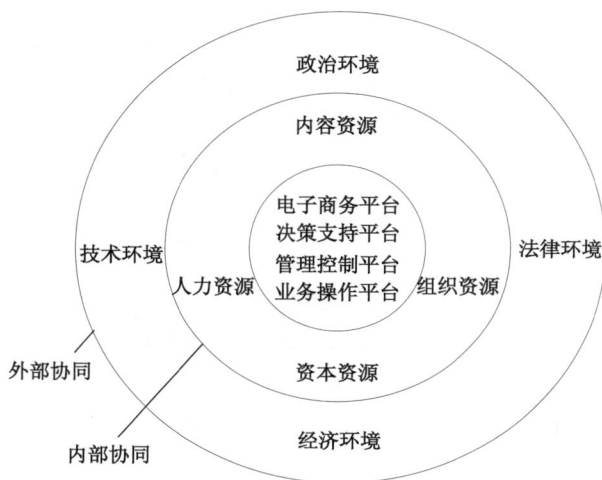

图 5-6   企业协同的内部协同与外部协同

5.4.1   国家战略层面

战略对集团的发展方向和整体业务经营起着引导、约束的重要作用，也是其他层面实现协调运作的关键要素。在出版集团发展过程中，必须以国家文化体制改革发展战略为根基，围绕国家文化体制改革的需求进行文化资源的协同配置，具体实施措施包括如下四个方面：

一是政治环境方面。在出版单位全面转企完成的基础上，推进出版产业升级和结构调整，加大行政体制改革力度，转变政府职能，通过对产业结构和出版集团竞争力关系的研究，引导出版集团按照产业结构调整需求和组织文化生产活动，使出版集团的经营发展得到更有力的公共服务和政策支持。

二是技术环境方面。大力推进出版产业升级和结构调整，特别是加快推动传统出版单位数字化转型。支持出版集团加强核心技术、关键技术攻关；支持自主研发和引进吸收高新技术；推动出版集团加快实现存量出版资源数字化；支持出版集团构建现代化出版物流通体系；支持出版集团积极探索数字出版产业发展的新途径；支持发展以网络出版、手机出版、云出版等为代表的出版新业态。

三是经济环境方面。积极支持条件成熟的出版集团上市融资。在充分利用系统内国有资本的同时，开辟安全有效的出版产业融资渠道，有效地吸纳系统外社会资本和境外资本，实现以资本扩张带动业务扩张、规模扩张和效益扩张。

四是法律环境方面。继续推进文化综合执法改革，确保各项工作落到实处。发展和完善出版生态产业链的各个环节，提高出版产品和服务的市场化程度。通过研究出版产业主管部门的相关产业政策对竞争力的影响，加强行业组织建设，使其能依照有关法规履行其应承担的各项职责。

5.4.2　资源配置层面

资源配置，主要是指对集团内部的出版资源、人力资源、品牌资源等进行裂变、整合、重组，实现资源最优化配置。资源的合理配置可由出版集团组织结构优化来达到。出版集团形成后，母子公司通过分工整合，能使出版集团内部结构优化，能发挥较好的协同经济效应。从静态来看，出版集团合理的组织结构能有效发挥集团组织各个生产要素的效能，使其得到充分利用，最终形成一种协同分工、平衡发展的局面。从动态来看，出版集团组织结构的优化能促进集团内部共有资源的合理流动，避免资源的浪费和部门对于资源的独占。

传统职能组织着眼点是专业化的分工和效率，而不是协同一致。组织的专业化分工越精细，其经济活动就越难协调，而分工导致的信息损失也会降低职能组织的功效。完善出版集团组织结构，提高集团在资源配置层面的协同能力，需要理顺集团内部关系，缩短各流程的管理链条，考虑集团自身的特点，从以下四个方面来整合集团已有的资源：一是内容资源的整合，包括选题、版权、作者群等；二是资本资源的整合，包括出版集团固定资产、有形物资资源的整合；三是组织资源的整合，如企业文化等；四是人力资源的整合，对优秀的编辑人员，中层管理人员等合理安置岗位，使其充分发挥自身的能力。出版集团通过资源整合可以在一体化管理下形成协同作战的出版联合体，从而减少无用的内耗，降低不必要的成本，提高协同效应，最终提升企业的绩效和竞争力。

5.4.3　技术平台层面

优化出版集团战略管理协同效应的实施离不开信息技术的有力支撑，特别是随着信息技术的不断发展与完善，各类协同软件技术层出不穷，为出版集团战略管理协同效应的实现提供了先进的技术手段。按照协同配置运作机理进行有效集成，并在此基础上构建的协同技术实现平台能较好实现各类技术的协同效应，如图5-7所示。

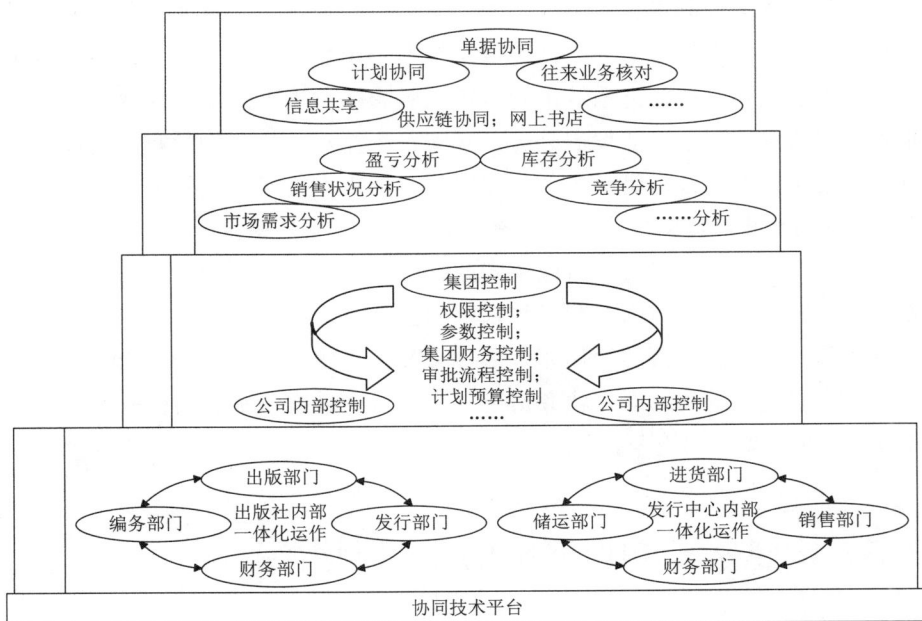

图 5-7　协同技术实现平台

第一，电子商务平台。出版集团的电子商务平台对协同效应的功能主要体现在对于网站书店的整体供应链的协同。通过这个平台可以使集团及时了解下级连锁店或者客户的配供品种的进销存以及流转单据反馈情况。同时又为各连锁店或者客户之间提供了一个相互调剂的平台，通过对各连锁店以及客户信息的浏览，了解分析整个交易市场的现状及发展趋势，方便经销商的订货，创造更好的电子商务环境。

第二，决策支持平台。出版集团的决策支持平台对协同效应的功能主要体现在：市场需求分析、销售状况分析、盈亏分析、库存分析以及竞争分析等方面。该平台主要面向出版集团管理者，协助实现决策集中，在系统中集成所有历史数据、同行业数据以及其他相关数据，建立决策数据仓库，为集团决策提供依据。并对集团关注的各类信息做相应整合、对比、抽象、分析，面向决策层直观、简洁展现，从而达到支持决策的目的；并能针对出版集团不断变化的分析需求，快速生成与之相关的查询、报表、报告、驾驶舱，及时反映出版集团的真实情况，帮助出版集团在多变的商务环境中及时了解情况，规避风险。

第三，管理控制平台。出版集团的管理控制平台主要强调业务流程的优化和集成，它把生产、财务、营销以及技术等子系统整合成一个一体化的系统，集成信息并再造信息系统平台，使出版集团负责人能及时深入地了解企业的相关信息，大至企业发展趋势及动态，小至具体出版物的相关进度。从而方便集团负责人开展管理工作，制定科学的工作方案及应对策略，以加快出版集团对市场环境的反应速度，提升出版集团的管理精度。

第四，业务操作平台。出版集团的管理控制平台对协同效应的功能主要体现在：能够在强调各部门职责和权限的前提下，增加相关部门在业务流程中的联系，取消不必要的工作环节，对必要的工作环节进行合并与简化，提高自动化程度，做到各部门业务信息共享、减少重复劳动和失误率，提升工作效率，更合理地利用企业资源。

5.5 构建基于知识网络的学习型组织

出版集团的学习与创新过程不可避免地会受到集团内部各类组织因素的影响。一方面，集团的组织结构决定了人和人之间知识和信息的沟通模式，从而对学习创新过程产生影响。另一方面，组织文化与学习创新有着密不可分的联系，学习型文化以其学习、知识共享与信息交流为主要特征，对学习创新活动进行有效激励并给予合理回报，是一种有利于出版集团学习创新的组织文化。在知识时代的大环境下，出版集团构建基于知识网络的学习型组织，既是顺应时代发展的要求，也是行业自身发展的需求。同时，实施多赢和风险分摊的利益机制、构建良好的相互信任机制和建立基础网络和技术保障机制能保障出版集团基于知识网络的学习型组织顺利构建，进而增强集团的协作学习能力，最终增强出版集团的综合竞争力。

5.5.1 学习型组织结构

组织结构能够协调集团内人与人之间的联系，而学习创新是一种集体协作行为，不同的联系会影响学习创新的发挥，因此，为更有效地促进集团提升学习创新能力，集团组织应该适当调整其结构，使之更有益于员工间的集体协作。管理学家芙丽特认为集体是"在相互渗透影响原则下，而不是在建议和模仿的群众原则下的人们的联合"[①]，出版集团也可被视作一个必须遵循一定集体原则的集体，人和人之间不仅存在建议与模仿的关系，还有影响互动。经由人与人之间的联结，"互补性"的知识能够传播和交流，学习创新得以发生。现代出版集团需要人与人之间的这种知识协同，因为绝大多数新知识不是由组织内的个人创造的，而是在整个出版集团范围内通过团队或群体协作共享知识而产生的，协作性学习与知识的构建越来越受到组织的重视。

组织学习是组织知识共享与创造的必经之路，知识的创造、传播与利用是知识经济时代持续竞争力的关键，出版集团作为知识型生产企业，知识在出版组织的各项价值活动中发挥着关键作用，是以创造、传播与应用知识为主的企业，知识资本是出版集团的核心资本。而由于学习创新是可被组织的，因此出版集团可以通过构建合适的学习型组织结构来支持出版集团的知识创新活动，通过结构改造来适应知识的学习与创新，并增大结构的效用，使组织中用作创新和发展的重要资源——知识与信息，相对更完整和更易获取。目前我国绝大多数出版集团采用的是层级职能制，呈垂直金字塔式结构，这种组织结构对于获取各种信息和新知识的运用与积累较为有效，但上级对下级控制过紧，又容易阻止创新的发生。因此，创造一个更为开放的、平行的网络结构比较符合出版集团组织知识学习创新的需要。

进行组织结构的变革可通过以下两种方式：

一是在总体结构基础上进行调整和修改，如在各个子公司或者部门里进行扁平化组织结构的设计，将塔形管理变更为扁平化管理。同时通过建立内部市场化组织来提高组织的运作效率和资本运营，从而推动出版集团整体组织结构的变革。如美国康泰纳仕出版集团的管理主要采取扁平化的结构，其分公司的董事总经理和财务总监均直接向总裁或副总裁汇报，而分公司内的

① 葆琳·格雷汉姆.玛丽·帕克·芙丽特——管理学的先知[M].向桢，译.北京：经济日报出版社，1998：241.

所有杂志的出版人和主编也是直接向董事总经理汇报。在杂志的出版流程中，制作、发行、营销和宣传均为集中管理，只有编辑和广告部门是独立运营。这种结构使得组织内部能进行有效的内部知识交流和交互作用，又能保障杂志团队知识有效地转化，从而克服传统组织结构带来的知识交流和转移的障碍，改善组织员工的心智模式，使出版集团的学习与共享形成良好的知识互动，确保了出版企业的良性运作。

二是构建基于知识的柔性化学习型组织结构。随着经济全球化、知识经济和社会化网络技术的发展，出版集团面临着读者需求及时化、社会化、网络化和碎片化等一系列问题。知识作为出版集团的战略性资源和竞争力的核心要素，对其实施网络化和组织化管理已成为出版集团应对市场竞争和读者需求的重要方式之一。柔性化组织与刚性化组织不同，更强调组织的主动性、敏捷性和灵活性，要求出版集团打破部门间的界限，任命跨部门的任务小组，进行知识联网，组织跨部门和跨职能的工作，通过控制、合作与沟通来提高管理的整体功能。此外，出版集团的员工主要为知识工作者，对其管理应该与传统企业的资源管理与职能管理有所区别，应给予编辑、营销人员等更多的独立处理一般或紧急事务的权力，做好集权与分权工作。最后，要使组织保持足够的动态性和开放性，可以根据具体项目来组建临时团队、工作团队或是项目小组，通过群体和协作的优势来开展工作，完成重大任务，在项目完成后解散团队。这种柔性化团队管理可以最大程度利用人力资源，使组织结构向学习型过渡。

5.5.2　学习型组织文化

出版集团作为知识型企业，为了应对信息时代的竞争压力，需要通过不断的知识的学习与创新来维持其竞争优势，而这种知识的学习与创新必须以学习型组织为基础。在构建学习型组织的基础上，还必须有学习型组织文化对其进行配合。由于传统的组织结构要求职能部门的分工专业化和精细化，导致出版集团的专业知识与信息分散在各个职能部门，造成了出版集团的管理层在利用信息进行决策和业务协调与沟通的过程中出现知识交流的困难，如管理失控、知识人员和知识资产外流、知识孤岛形成和知识效应的弱化等问题。因此，构建知识共享的组织文化成为出版集团的迫切任务。组织文化的一个作用是可以帮助组织适应外部环境，另一个作用是可以整合组织成员的行为，从而对组织内的知识学习与创新活动进行规范与协调。学习型组织文化的本质在于知识的学习、共享与信息交流，着力于形成一种适于员工学习和交流的氛围，以利于出版集团内部员工间的沟通与知识传播。只有学习型的组织文化才能与知识学习创新的要求相适应，并让集团的知识创新系统真正发挥作用，它能有效促进知识的创造、共享与运用。

由于学习型组织文化能够很好地适应知识学习创新的需求，因此出版集团应该努力构建自己的学习型组织文化，在组织内部树立起学习的观念，并将学习作为一项战略来重视。具体可以从以下几方面着手：第一，出版集团应学会应用多元化的学习方法。组织学习包括多种形式的学习过程：根据自身经验学习、根据他人经验学习、从实验过程学习、从失败过程学习、在修正过程中学习、在探索过程中学习、从忘记中学习、从知识传播分享中学习、从知识创新过程中学习等等。出版集团可以根据具体情况和具体目标来选择合适的学习方法，建立一种学习与再学习的技能。第二，成立专职机构来负责组织学习。组织学习是一项具体而复杂的工作，需要调动和协调各方面的资源，因此成立专职机构、设立专职人员很有必要。根据员工的具体情况来制定学习目标和学习程序，开展团队学习和全价值链的学习。第三是采用鼓励创新的激励机制和创新失败宽容机制来有效塑造学习型组织文化。学习型组织的创新文化鼓励员工通过实验系统探寻与试用新的知识，这就需要组织建立勇于承担风险的激励机制。鼓励创新的激励机制可以通过知识薪酬支付机制、知识职位晋升机制、知识股权期权制度、知识专利保护制度、知识深造培训机制等来鼓励员工知识分享创新的积极性。而创新失败宽容机制则通过允许一定范围内的创新失败来增强员工知识学习与创新的动力。第四是改变传统的领导职能。出版集团的组织领导层的职能应该从传统的"约束领导型"过渡为"服务激励型"，管理方式更人性化，使组织内自生的、由下往上的隐性创造冲动得以显性化。最后是要形成知识共享的价值观念。在传统的组织中，知识共享可能会因为知识垄断、文化中的利己行为和知识形态不统一而无法实现，三者都与组织成员间缺乏信任与共同愿景有一定关联。强调员工的共同愿景，使之产生一体感，使知识共享成为企业的价值观之一，也能够促进出版集团学习型组织文化的构建。

总之，在知识经济时代，学习与创新成为组织获得知识的基础，面向创新服务的出版集团在其发展过程中，高新技术领域的研发成本增加和研发活动的不确定性都会阻碍其信息化与数字化创新发展。通过构建基于知识网络的学习型组织与学习型组织文化，不仅可以减少出版集团自主研发高新技术所产生的成本和整体创新风险，而且可以产生技术协同效应和增强核心竞争力。因此，出版集团必须要改变传统的一些规范、模式与习惯，使自身的组织结构向学习型组织转变，同时构建支持和鼓励学习创新的组织文化，这样才会使组织具有强大的生命力，从而提升出版集团的综合竞争力。

5.5.3　知识共享网络组织

以学习为中心的知识网络不是被动地适应环境，而是主动地创造环境，因为具有显著的未来性①，从而使出版集团通过构建基于学习的知识网络组织产生更广阔的市场机会。

出版集团开展知识共享网络建设，离不开相应的自上而下的组织结构重构。具体内容包括管理组织的构建、基层组织的构建、动态组织的构建、组织联盟的构建和非正式网络组织的构建。理想状态的出版集团知识网络组织构建框架图如下图 5-8 所示。

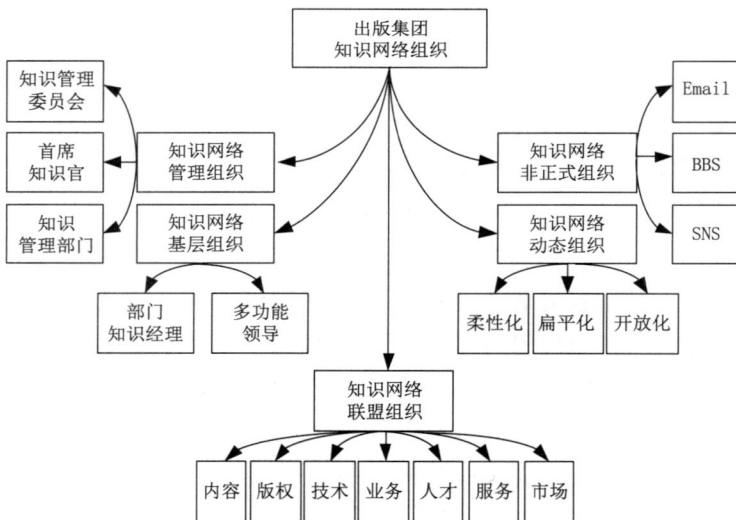

图 5-8　出版集团知识网络组织构建框架

从图 5-8 中可以看出，出版集团知识网络管理组织主要由知识管理委员会、知识管理部门和首席知识官三者组成。其中知识管理委员会负责制定与审核集团知识管理的总体发展规划，把握知识管理战略方向，处理协调知识

①　罗佳德.社会网络分析讲义[M].北京：社会科学文献出版社，2010：36.

管理过程中出现的相关问题；知识管理部门的主要职责是推动与落实知识管理工作，如知识管理系统的运营和管理工作，协助各部门对自身的知识内容进行管理，知识管理部门的工作向知识管理委员会负责；首席知识官负责全集团的知识管理工作，负责设计和建立知识共享的基础设施，包括技术设施和硬件基础设施和知识培训等，负责获取组织发展所需的知识资源，为集团的各级管理者提供决策支持，培育知识积累和共享的组织文化，进行知识管理的相关考核，保证其与出版集团的发展战略相一致。

出版集团知识共享网络的构建必须深入到基础业务部门，只有将知识网络与出版业务相结合才能实现知识共享功能。在出版集团的基层组织结构体系中，可采用部门知识经理制，即细化知识管理部门职能，设置相关职能部门的知识主管，负责并协调与本部门有关的知识管理工作，接受上级知识主管的指导并向其汇报。除此之外，还可以考虑多功能领导制，即知识管理者与各职能部门负责人共同承担部门的知识管理和知识共享的任务，如知识资源专家可以到发行部工作，知识管理技术专家可以到物流部门工作等。这种模式的优点是加强了各业务部门对知识管理和知识共享活动的领导，提高了各部门对知识共享活动的积极性，更容易将知识管理与部门业务相结合。采用这种模式要注意知识主管的控制权和协调作用以及各部门之间的技术协调及标准化问题。此外，知识共享网络组织的构建需要完成出版集团的组织结构动态化和组织边界模糊化，从而形成扁平化、柔性化和开放化的学习型组织。

除了上面说的出版集团高层和基层知识领导外，对员工进行知识共享极具促进作用的就是一些非正式组织。出于共同兴趣而聚集在一起的非正式组织通常是以交谈、电子邮件、网上论坛、社团等多种方式来共享经验以解决一些问题。例如 2010 年，安徽出版集团、时代出版传媒公司资深出版人集体开通了新浪微博并形成"出版业"话题圈。包括安徽出版集团总裁、时代出版传媒公司董事长王亚非，时代出版传媒公司总经理田海明以及旗下的各大出版社社长等 30 位资深出版人集体入驻新浪微博[①]。一旦这些非正式组织拥有足够多的共同知识，并能进行有效交流与合作时，成员之间的交流活动就会给出版集团创造新的知识。对于缺乏正式的知识管理和知识共享策略支持的出版集团而言，这种非正式组织能对出版集团的知识共享和创新发挥重要

---

① 安徽出版集团、时代出版传媒集体开通微博[EB/OL].http://www.qiyeku.com/xinwen/910867.html.

作用；而在有明确的知识共享策略的出版集团中，这种非正式组织和交流也是必不可少的。

从战略发展目标出发，知识网络组织联盟可以理解为由两个或两个以上的出版集团或出版企业为了适应外部竞争需要而结成的资源互补、风险共担和知识交互作用的联盟组织，其中心目标是学习和创造知识。它改变了传统以对抗为目的的竞争战略，寻求竞争合作，强调组织间的知识交互、知识共享和知识创新以寻求出版集团资源竞争优势。例如 2011 年首都出版发行联盟的成立，首次打破了中央及地方出版发行资源体制上的分散发展局面，有利于各方的知识交流和资源整合，实现地区行业的优势互补和联合发展[①]。出版集团与行业外的跨界知识组织联盟也值得关注，例如 2010 年时代出版与新浪网合作，在各个领域建立全面的战略合作关系，实现了跨地区、跨媒体、跨所有制强强联合发展[②]。这种通过整合链接的知识资源更加稀缺、更加难以复制，能有效增强出版集团竞争力，因此出版集团应该充分利用组织联盟来获取新知识。

5.5.4 集体学习创新保障机制

在构建出版集团基于知识网络的学习型组织中，各个子公司或者部门不可避免会存在一定程度的利益冲突，这就要求出版集团在组织文化上应摒弃竞争对抗的观念，而代之以在合作中竞争、在合作中发展的"多赢"战略。但多赢未必能在合作中产生一个理想的利益机制，尤其是知识资产具有无形性，这就导致了利益的分配难以控制。为处理好无形利益分配问题，需要出版集团建立长久合作发展机制，树立多赢观念，尽可能地量化无形资产，以便采用签订知识资产分配相关协议的方式来进行合理分配。同时，出版集团在构建基于知识共享网络的学习型组织时，要强化组织知识交流机制，从而降低风险并共同提高竞争能力。

信任是贯穿学习型组织的形成和运行发展过程的重要因素。知识网络的维持也要求良好的信任机制，良好的信誉容易提升自身的可信任度：如集团或部门相对规模越大，越容易让对方产生信任。学习型组织的各方应该经常

---

① 首都出版发行联盟整合资源，为会员单位全方位服务[EB/OL].http://www.chinanews.com/cul/2011/12-21/3547359.shtml.

② 苗慧.时代出版与新浪合谋数字出版[EB/OL].http://news.xinhuanet.com/newmedia/2010-06/19/c_12236504.htm.

组织集体的面对面交流，明确各自的学习及分享任务，制定出一个公平、合理、多赢的协议或合同，协商决定收益分配等问题。

出版集团知识共享为合作创新提供了强大的技术手段。其内部的信息网络通常建立在 Intranet、Internet 和 EDI 等信息技术之上，Intranet 的解决方案应当具有严格的网络资源管理机制和网络安全保障机制，同时具有良好的开放性，它通过和数据库技术、多媒体技术以及开放式群件系统相互融合连接以形成出版集团内部知识采集、共享、发布和交流的管理平台；Internet 是信息高速公路的主体，主要用以实现和保障出版集团网络组织间知识的顺利转化；EDI（electronic data interchange）指的是电子资料交换，主要是通过标准化的各种表单与作业程序链接出版发行链中的上中下游业者，直接完成采购、出货、验收、退货、通告或其他需要交流的信息。EDI 的好处在于，当使用的表单标准化后，交易双方便达成了作业程序标准化的共识，中盘商通过 EDI 向出版集团发出采购清单，既可减少差错，又可以提高沟通效率，而且在管理工作上节约人力，降低成本。

6 结 语

本书主要从出版集团竞争力的基本理论研究出发，根据出版集团竞争力的形成机理与演化特征构建竞争力综合评价体系并进行相关的实证研究，最终基于本文构建的竞争力评价体系提出出版集团竞争力提升的策略建议。出版集团竞争力评价体系是一个值得深入研究的课题，本书研究仍然存在许多问题与不足，希望能在后续的研究工作中不断加以完善。

6.1 本书的主要工作

6.1.1 出版集团竞争力基本理论问题研究

出版集团相对于一般书业企业而言，具有自身的特殊性。除一般的书业企业特性外，还具有一定的集团属性，因此，出版集团竞争力与一般书业企业竞争力有着不同的特征，对其进行科学界定是出版集团竞争力研究的基础。出版集团竞争力基本理论问题研究主要从以下三个方面进行：第一，出版集团竞争力的相关概念界定；第二，出版集团竞争力的理论范式研究；第三，出版集团竞争力的相关理论研究述评。本书以经济学、管理学中关于竞争力、市场、公司治理等的相关理论为指导，揭示出版集团竞争力的本质，解释出版集团竞争力与一般企业竞争力的共性与差异，为出版集团竞争力评价体系研究确立一个符合学理的逻辑起点。

6.1.2 出版集团竞争力形成机理与演化研究

"十一五"期间，出版集团不断深化改革、加快发展，在出版行业中的地位与作用日益凸显，但与世界一流的出版集团仍有着一定差距。我国出版集团竞争力与其外部环境均有着动态性特征，因此，对我国出版集团竞争力的形成机理与演化分析必不可少。本书研究主要涉及以下三个方面的核心内容：第一，改革开放以来，我国出版集团竞争范围的变化以及竞争力的演化；第二，出版集团路径依赖性对竞争力演化的影响；第三，分析产业特征影响下我国出版集团竞争力演化的特点。在这三点的基础上，总结出目前出版集团竞争力中的能力、机制和社会责任三大要素，尝试梳理了我国出版集团竞争力的产生机理，并用函数进行表达。

6.1.3 出版集团竞争力评价体系构建

出版集团竞争力评价体系构建是一项复杂的科学评价工程，必须进行精心设计与反复论证。其评价的内容大致涉及出版集团竞争力评价体系的目标定位、指标设计与方法选择等主要方面。本书研究涉及以下三个方面的核心内容：第一，我国出版集团竞争力评价体系构建的目标定位。十八大提出的"坚持把社会效益放在首位、社会效益和经济效益相统一"为出版集团竞争力评价体系构建确立了明确的目标定位，这正是本书研究的基点。第二，出版集团竞争力评价体系构建的指标选择。将目标定位具体化，落实到具体的指标选择中，建立具有操作性的指标体系。第三，我国出版集团竞争力评价体系构建的方法选择。

科学的评价方法包括层次分析法、多指标综合评价法等，本书在深入研究各种评价方法的基础上，针对出版集团的特性，提出科学的出版集团竞争力评价体系构建方法，最终从三个维度构建完整科学的出版集团竞争力评价指标体系。第一，从能力维度，分析出版集团对资源的识别、获取和隔离能力，为出版集团寻求范围经济、规模经济提供可操作性方案；第二，从机制维度，分析出版集团的公司治理与经营管理情况对竞争力的影响，服务于出版集团的战略管理和现代公司治理需求；第三，从社会责任维度，分析出版集团应承担的文化责任与公益慈善责任，进一步明确了出版集团必须将社会效益放在首位，保障人民的精神文化需求的社会责任。在上述分项研究的基础上，构建出版集团竞争力结构模型。

6.1.4 出版集团竞争力评价实证研究

本文选取了九家出版集团上市公司进行竞争力评价的实证研究。其数据来源包括有关政府部门的统计数据资料（年鉴、公司报表等）；有关政府部门、出版集团的网站；国内外相关数据库；行业内专业咨询服务公司相关数据、资料；国家有关书籍、报刊、会议资料及报告等。根据层次分析法与专家打分法等评价方法进行综合计算，得出其竞争力排名后对部分指标进行了分析。然后对排名第一的江苏凤凰出版传媒集团股份有限公司进行个案研究，探讨其竞争力形成与提升路径。

6.1.5　基于评价体系的出版集团竞争力提升策略研究

出版集团竞争力评价体系构建，最终目的是提升我国出版集团竞争力。因此，竞争力提升策略研究也是我国出版集团竞争力评价体系研究的核心内容。本书从以下五个方面提出了出版集团竞争力提升策略建议：第一，加强外部资源获取整合能力；第二，提升内部资源整合利用能力；第三，优化股权结构与治理模式；第四，完善战略管理协同；第五，构建基于知识网络的学习型组织。

6.2　存在不足与展望

本书在理论分析的基础上，尝试构建我国出版集团竞争力综合评价体系，并进行相应的实证研究，本研究的样本具有一定的代表性。但由于笔者知识与能力的局限性，使得书中构建的评价指标体系还不够完善；此外我国上市出版集团公司不多，也导致实证样本较少，无法在较大样本数据环境中对模型的可信度进行进一步验证；本书的最后一章关于提升出版集团竞争力的策略建议也未能进行相应检验。

出版集团竞争力是一个值得深入研究的课题，笔者认为后续的研究还应该包括以下三个方面：

（一）深化出版集团竞争力评价体系的研究，明确出版集团的竞争力要素，挖掘真正影响竞争力的关键因素与因果关系链，保证评价指标选取的全面性、代表性以及各代表性指标赋值的科学性。

（二）进一步扩大研究样本范围与研究时间范围，将研究对象扩展至未上市的出版集团，通过出版集团历年数据来检验评价指标体系的适用性。

（三）选取能力、机制和社会责任三个层面排名第一的上市出版集团进行个案分析，探讨其竞争优势的形成原因，更有针对性地提出竞争力提升策略。

参考文献

［1］伊迪丝·彭罗斯.企业成长理论［M］.上海：格致出版社，上海三联书店，上海人民出版社，2007.

［2］道格拉斯·C.诺思.制度、制度变迁与经济绩效［M］.上海：格致出版社，上海三联书店，上海人民出版社，2008.

［3］盖瑞·J.米勒.管理困境——科层的政治经济学［M］.上海：格致出版社，上海三联书店，上海人民出版社，2002.

［4］威廉·F.夏普.投资者与市场——组合选择、资产定价及投资建议［M］.上海：格致出版社，上海三联书店，上海人民出版社，2011.

［5］罗伯特·S.卡普兰.组织协同——运用平衡计分卡创造企业合力［M］.北京：商务印书馆，2006.

［6］郝振省等.2010-2011中国出版业发展报告［M］.北京：中国书籍出版社，2011.

［7］顾金亮.出版企业竞争力评价研究［M］.南京：东南大学出版社，2010.

［8］丁和根.传媒竞争力——中国媒体发展核心方略［M］.上海：复旦大学出版社，2005.

［9］王关义，等.中国出版业绩效评估研究［M］.北京：中国财政经济出版社，2010.

［10］喻国明，等.传媒竞争力——产业价值链案例与模式［M］.北京：华夏出版社，2005.

［11］霍春辉.动态竞争优势［M］.北京：经济管理出版社，2006.

［12］吉莉安·道尔.理解传媒经济学［M］.北京：清华大学出版社，2004.

［13］帕特里克·博尔顿.合同理论［M］.上海：格致出版社，上海三联书店，上海人民出版社，2008.

［14］方卿.出版产业链研究［M］.北京：高等教育出版社，2011.

［15］喻国明.2011中国传媒发展指数报告［M］.北京：人民日报出版社，2011.

［16］杰伊·B.巴尼，德文·N.克拉克.资源基础理论——创建并保持竞争优势［M］.上海：格致出版社，上海三联书店，上海人民出版社，2011.

［17］安澜·B.艾尔布兰.传媒经济学——市场、产业与观念［M］.北京：中国传媒大学出版社，2009.

［18］丹尼尔·F.史普博.管制与市场［M］.余晖，等，译.上海：格致出版社，上海三联书店，上海人民出版社，2008.

［19］喻国明.传媒新视界——中国传媒发展前沿探索［M］.北京：新华出版社，2011.

［20］安尼特·爱丽丝，等.媒介公司管理——赢取创造性利润［M］.北京：清华大学出版社，2011.

［21］迈克尔·波特.竞争优势［M］.北京：华夏出版社，2005.

［22］郝振省.小康社会出版业指标体系研究［R］.北京：中国出版科学研究所，2007.

［23］彭兆平，熊正德.基于模糊灰色分析的出版集团竞争力评价［J］.出版发行研究，2009（11）：27-30.

［24］张美娟.中外版权贸易比较研究［M］.北京：北京图书馆出版社，2005.

［25］朱静雯.形成出版集团竞争优势的路径分析［J］.出版发行研究，2004（11）：25-27.

［26］迈克尔·C.詹森.组织战略的基础［M］.孙经纬译，上海：上海财经大学出版社，2008.

［27］奥利弗·E.威廉姆森.市场与层级制——分析与反托拉含义［M］.蔡晓月等译，上海：上海财经大学出版社，2011.

［28］马克斯·H.博伊索特.知识资产——在信息经济中赢得竞争优势［M］.上海：世纪出版集团上海人民出版社，2005.

［29］马克·R.图尔，等.作为一个权力体系的经济［M］.北京：商务印书馆，2012.

［30］迈克尔·C.詹森著，企业理论——治理、剩余索取权和组织形式［M］.童英译，上海：上海财经大学出版社，2008.

［31］罗伯特·阿克塞尔罗德著.合作的复杂性——基于参与者竞争与合作的模型［M］.上海：上海人民出版社，2008.

［32］罗伯特·阿克塞尔罗德著.合作的进化［M］.上海：上海人民出版社，2007.

［33］胡誉耀.我国出版集团公司治理研究［D］.武汉：武汉大学，2010.

［34］许征文.企业持续竞争优势的资源视角——基于资源理论的微观基础研究［M］.上海：上海交通大学，2008.

［35］黄冠云.基于战略的企业竞争力培育的决策模式研究［D］.杭州：浙江大学，2006.

［36］冉立平.基于平衡记分卡的企业战略实施研究［D］.哈尔滨：哈尔滨工业大学，2009.

［37］朱静雯.集成管理——出版集团制胜之道［J］.出版发行研究，2000（12）：18–20.

［38］钟细军，陈桂香.中国出版企业核心竞争力研究综述［J］.科技与出版，2012（2）：85–89.

［39］聂震宁.我们的出版文化观——聂震宁演讲访谈录［M］.北京：中国书籍出版社，2008.

［40］肖弦弈.中国传媒产业结构升级研究［M］.北京：中国传媒大学出版社，2010.

［41］耿乃凡.出版集团竞争力及评价指标体系研究［J］.管理世界，2007（6）：167–169.

［42］丹尼尔·A.雷恩等.管理思想史(第6版)［M］.北京：中国人民大学出版社，2012.

［43］金碚.论企业竞争力的性质［J］.中国工业经济，2001（10）：11–13.

［44］张志强，吴健中.企业竞争力及其评价［J］.管理现代化，1999（1）：22–24.

［45］方卿.科技出版国际竞争力研究［M］.武汉：武汉大学出版社，2008.

［46］朱静雯.论出版集团核心能力的内涵及培育［J］.出版发行研究.2001

（11）：10–14.

　　［47］约瑟夫·熊彼特.经济发展理论［M］.北京：商务印书馆，1997.

　　［48］彭丽红.企业竞争力——理论与实证研究［M］.北京：经济科学出版社，2000.

　　［49］乔治·J.施蒂格勒.产业组织［M］.上海：格致出版社，上海三联书店，上海人民出版社，2006.

　　［50］柳旭波.传媒业产业组织研究——一个拓展的 RC-SCP 产业组织分析框架［M］.北京：经济科学出版社，2007.

　　［51］阿兰·B.阿尔瓦兰.传媒经济与管理学导论［M］.北京：清华大学出版社，2010.

　　［52］迈克尔·波特.竞争战略 ［M］.北京：华夏出版社，1997.

　　［53］赵灵章.基于价值链管理的协同效应研究［J］.会计之友，2006（9）：34–36.

　　［54］赫尔曼.　哈肯.协同学：大自然构成的奥秘［M］.上海：上海人民出版社，2005.

　　［55］路易斯·普特曼.企业的经济性质［M］.上海：上海财经大学出版社，2009.

　　［56］张新华.转型期中国出版业制度分析［M］.北京：中国传媒大学出版社，2010.

　　［57］马克·R.图尔.进化经济学［M］.北京：商务印书馆，2011.

　　［58］罗伯特·S.卡普兰.战略地图——化无形资产为有形成果［M］.广州：广东经济出版社，2005.

　　［59］罗伯特·S.卡普兰等.平衡计分卡——化战略为行动［M］.广州：广东经济出版社，2004.

　　［60］郝振省等．2011—2012 中国出版业发展报告［M］.北京：中国书籍出版社，2012.

　　［61］刘畅.我国出版集团联合重组的协同效应研究［J］.出版发行研究，2011（5）：5–9.

　　［62］罗伯特·S.卡普兰，等.平衡计分卡战略实践［M］.北京：中国人民大学出版社，2009.

　　［63］王国顺.企业理论：契约理论［M］.北京：中国经济出版社，2006.

　　［64］中华人民共和国国家统计局服务业调查中心.中国大企业集团竞争

力年度报告［M］.北京：中国统计出版社，2009.

［65］王莲花，许树柏.层次分析法引论［M］北京：中国人民大学出版社，1990.

［66］赵彦云.国际竞争力统计模型及应用研究［M］.北京：中国标准出版社，2005.

［67］李竹荣.中国传媒产业效益评价研究［M］.北京：中国传媒大学出版社，2009.

［68］魏玉山.出版集团改革的若干问题研究［J］.编辑学刊，2012（3）：7-10.

［69］邱均平，文庭孝等.评价学：理论·方法·实践［M］.北京：科学出版社，2010.

［70］顾保国.企业集团协同经济研究［D］.上海：复旦大学，2003.

［71］弗雷德·R.大卫.战略管理：概念部分［M］.李青，译.北京：清华大学出版社，2008.

［72］钱德勒.看得见的手：美国企业的管理革命［M］.北京：商务印书馆，1987.

［73］徐小傑.图书出版产业评价体系［M］.北京：中国书籍出版社，2011.

［74］柳斌杰.鼓励新闻出版企业跨媒体跨所有制并购重组［N］.光明日报，2010-1-4（5）.

［75］郭全中.集团公司治理与管理体制研究［D］.北京：中国人民大学，2004.

［76］小约翰·科利.公司治理［M］.北京：中国财政经济出版社，2004.

［77］南开大学公司治理研究中心公司治理评价课题组.2008中国上市公司治理评价研究报告［M］.北京：商务印书馆，2011.

［78］小阿瑟·A.汤普森.战略管理——获取竞争优势［M］.北京：机械工业出版社，2011.

［79］联合国环境规划［M］.// 杨秀苔.资源经济学.重庆：重庆大学出版社，1993：267.

［80］安徽出版集团、时代出版传媒集体开通微博［EB/OL］.http://www.qiyeku.com/xinwen/910867.html.

［81］首都出版发行联盟整合资源，为会员单位全方位服务［EB/OL］.

http://www.chinanews.com/cul/2011/12-21/3547359.shtml.

［82］时代出版与新浪合谋数字出版［EB/OL］.http://news.xinhuanet.com/newmedia/2010-06/19/c_12236504.html.

［83］罗佳德.社会网络分析讲义［M］.北京：社会科学文献出版社，2010.

［84］秦艳华.出版资源整合的风险及制胜之道［J］.出版发行研究，2009（12）：21-23.

［85］刘建清.战略联盟：资源学说的解释［J］.中国软科学，2002（5）：52.

［86］邵宁.深入推进企业内部资源整合［J］.企业管理，2012（1）：6.

［87］耿晓鹏.民营图书文化公司与出版社的合作模式探讨［J］.出版广角，2012（10）：63.

［88］柳斌杰.进一步深化改革开放，加快构建有利于文化繁荣发展的体制机制［N］.人民日报，2011-11-10（05）.

［89］新闻出版总署.新闻出版业"十二五"时期发展规划（摘要）［J］.出版业，2011（7）：4-8.

［90］南开大学公司治理研究中心课题组.中国上市公司治理评价系统研究［J］.南开管理评论，2003（3）：4-12.

［91］郑纳新.建设内涵式发展的专业化出版集团初探［J］.中国出版，2003（7）：57-60.

［92］师曾志.影响出版企业竞争力因素的综合分析［J］.图书情报工作，2001（5）：78-80.

［93］孙寿山.知识资本与出版企业核心竞争力［J］.中国流通经济，2004（4）：35-37.

［94］杨晓军，方敏.论出版企业核心竞争力的界定与拓展［J］.出版发行研究，2003（3）：23-25.

［95］朱静雯，刘畅.出版集团全媒体研究综述［J］.出版科学，2012（3）：30-34.

［96］刘畅.我国出版集团ERP信息管理系统建设——以上海世纪出版集团为例［J］.科技与出版，2012（8）：32-35.

［97］谢新洲.媒介经营管理案例分析［M］.北京：北京大学出版社，2010.

［98］高明华，马守莉.独立董事制度与公司绩效关系的实证分析——兼

论中国独立董事有效行权的制度环境［J］. 南开经济研究，2002（2）：64-68.

［99］钟胜，汪贤裕. 企业的内部治理机制与外部治理机制［J］. 软科学，2000（2）：54-59.

［100］甘立志，谢娟. 增强我国公司监事会监督有效性的几点建议［J］. 商业经济与管理，2003（10）：33-35.

［101］金哲夫. 股权结构和上市传媒公司治理［J］. 新闻界，2004（6）：53-55.

［102］牛雯雯. 垄断竞争——我国传媒集团化的趋势［J］. 新闻知识，2005（1）：3-5.

［103］国务院国资委统计评价局. 企业绩效评价标准值［M］. 北京：经济科学出版社，2008.

［104］贺剑锋. 中国出版企业竞争力研究［M］. 武汉：湖北人民出版社，2004.

［105］于友先. 现代出版产业论集［M］. 北京：中国书籍出版社，2004.

［106］刘长喜. 企业社会责任与可持续发展研究［M］. 上海：上海财经大学出版社，2009.

［107］孙寿山. 中国出版业国际竞争力的分析框架与评价指标体系设计［J］. 出版发行研究，2004（9）：5-7.

［108］毕克新. 中小企业技术创新测试与评价研究［M］. 北京：科学出版社，2006.

［109］金碚. 竞争力经济学［M］. 广州：广东经济出版社，2003.

［110］廖建军. 论出版资源与出版产业竞争力［J］. 出版发行研究，2005（6）：21-23.

［111］刘丽华，姚德海. 出版社竞争评价指标体系探究［J］. 出版经济，2004（4）：20-22.

［112］刘永红. 出版集团建设应正确处理核心竞争力与多元化经营的关系［J］. 编辑之友，2005（1）：18-21.

［113］王晓峰. "九五"期间教育类图书出版社竞争力比较［J］. 出版经济，2001（8）：25-29.

［114］徐丽芳. 论科技出版的技术竞争力［J］. 出版科学，2008（2）：22-24.

［115］姚永春. 中国出版企业竞争力研究［D］. 武汉：武汉大学，2004：

［116］姚永春．出版企业竞争形成机制初探［J］.图书情报知识,2004（8）：15-18.

［117］张美娟．出版业供应链中的信息共享研究［J］.情报科学，2007（12）：10-13.

［118］朱静雯．现代书业企业管理学［M］.苏州：苏州大学出版社，2003.

［119］周蔚华．出版产业研究［M］.北京：中国人民大学出版社，2005.

［120］陈昕．中国图书出版产业增长方式转变研究［M］.南宁：广西师范大学出版社，2005.

［121］祁述裕．中国文化产业国际竞争力报告［M］.北京：社会科学文献出版社，2004.

［122］章雪峰．试析我国出版集团扩张战略［J］.出版科学，2005（3）：12-14.

［123］胡正荣．21世纪初我国大众传媒发展战略研究［M］.北京：中国广播电视出版社，2007.

［124］付彦．知识共享型组织结构［M］.北京：经济管理出版社，2008.

［125］王润良．未来企业成功模式——学习型组织建设策略［M］.北京：机械工业出版社，2005.

［126］王吉鹏，李巧梅．集团组织结构［M］.北京：中信出版社，2008.

［127］范以锦，董天策．数字化时代的传媒产业［M］.广州：暨南大学出版社，2008.

［128］郭振玺，丁俊杰．影响力营销［M］.北京：中国传媒大学出版社，2005.

［129］彭祝斌．媒介人力资源管理［M］.长沙：湖南大学出版社，2006.

［130］丁和根．中国传媒制度绩效研究［M］.广州：南方日报出版社，2007.

［131］彭永斌．传媒产业发展的系统理论分析［M］.重庆：西南财经大学出版社，2004.

［132］李红艳．媒介组织学［M］.北京：北京广播学院出版社，2007.

［133］詹成大．媒介经营管理［M］.杭州：浙江大学出版社，2004.

［134］周鸿铎．传媒集团经营机制［M］.北京：经济管理出版社，2005.

［135］宋建武．媒介经济学：原理及其在中国的实践［M］.北京：中国

人民大学出版社，2006.

〔136〕秦寿康.综合评价原理与应用〔M〕.北京：电子工业出版社，2003.

〔137〕范徵.核心竞争力——基于知识资本的核心能力.上海：上海交通大学出版社，2002.

〔138〕瞿丽.企业知识创新管理〔M〕.上海：复旦大学出版社，2001.

〔139〕孙涛.知识管理〔M〕.北京：中华工商联合出版社，1999.

〔140〕李志能.智力资本经营〔M〕.上海：复旦大学出版社，2001.

〔141〕金吾伦.知识管理——知识社会的新管理模式.昆明：云南人民出版社，2001.

〔142〕Prahalad C K Hamel G.The Core competence of the corporation〔J〕.Harvard Business Review,1990,68:79-91.

〔143〕K Basu, G Palazzo. Corporate social responsibility:A process model of sensemaking〔J〕.Academy of Management Review.1992,33:122-136.

〔144〕David J Teece,Gary Pisano,and Amy Shuen.Dynamic Capabilities and Strategic Management〔J〕.Strategic Management Journal,2009, 18:197.

〔145〕Birger Wernerfelt.A Resource-Based View of the Firm〔J〕.Strategic Management Journal.1998,5:173.

〔146〕Waring G F. Industry differences in the persistence of firm-specific returns〔J〕.The American Economic Review.1998,22:1253-1265.

〔147〕D Begg. The Rational Expectations Revolution in Macroeconomics: Theories and Evidence〔M〕. Oxford ：Oxford University Press,1982.

〔148〕Kaplan R S,Norton D P. The balanced scorecard measures that drive performance〔J〕. Harvard Business Review.1997,70(1):71-79.

〔149〕Milis,Mercken. The use of the balanced scorecard for the evaluation of information and communication technology projects〔J〕.International Journal of Project Management.2004,22:87-89.

〔150〕Penrose.Theory of the Growth of the Firm〔M〕. Oxford ：Oxford University Press,1995.

〔151〕Ansoff H.Igor.Corporate Strategy〔M〕.New York: McGraw-Hill,1965.

〔152〕Michael Porter. What is strategy?〔J〕. Harvard Business Review，1996，11:61-78.

［153］Robert S K,David P N. The Balanced Scorecard: Translating Strategy into Action ［M］.Boston:Harvard Business School Press,1996.

［154］H Itami.Mobilizing Invisible Assets ［M］. Boston:Harvard University Press,1987.

［155］Picard R G. The Economics and Financing of Media Companies ［M］. New York: Fordham University Press,2002.

［156］Boyd L H, Cox J F. Optional decision making using cost accounting information ［J］.International Journal of Production Economics,2000,40(8): 1879-1898.

［157］Porter M E. Competitive Advantage of Nations ［M］.New York:The Free Press,1990.

［158］Prahalad C K, Hamel G. The core competence of the corporation ［J］. Harvard Business Review,1995(9-12):75-99.

［159］Frank R H.Passions within Reason ［M］.Bristol:Polity Press,2005.

［160］Woll T.Publishing For Profit ［M］.London：Kogan Page,2002.

［161］Foss N J.Theories of the firm:contractual and competence erspectives［J］. Journal of Evolutionary Economics,1993,3(2):127-144.

［162］Kaplan R S,Atkinson A A.Advanced Management Accounting ［M］. New Jersey:Prentice Hall,Upper Saddle River,1998.

［163］Anderson T.ABC evolution:the next step for activity-based management ［J］.IIE Solutions,195,27(6)：26-30.

［164］Callen J.Data envelopment analysis:partial survey and application for management accounting ［J］.Journal of Management Accounting Research, 1991(3):35-36.

［165］May M.Advanced activity-based management accounting ［J］. Management Accounting,1998,76(7)：32.

［166］Rugman A M.Transnational Economics ［M］.New York：Columbia University Press,1982.

［167］Rayport J F,Sviokla J J.Exploiting the virtual value chain ［J］.Harvard Business Review,1995(9-12):75-99.

［168］Porter M E. Competitive Advantage ［M］.New York:The Free Press,1985.

[169]Pemberton S.Not so much losing a publication as gaining a Web site[J]. ACM Interactions,2003,10(3):4-7.

[170] Stensson J,Sjodin C.Policy regarding publication of case aterial [J] . International Forum of Psychoanalsis,2002,11(3):229-230.

[171] Makri M,Lane P J,Gomez-Mejia L R.CEO incentives,innovation,and performance in technology-intensive firms:A reconciliation of outcome and behavior-based incentive schemes [J] .Strategic Management Journal,2006,27(11):1057-1080.

[172] Ming-Jen L.Extenal market condition and tournaments:Theory and evidence [J] .Economics Letters,2008,99(1):75-78.

[173] Englmaier F,Filipi A,Singh R.Incentives,reputation and the allocation of authority [J] .Journal of Economic Behavior & Organization,2010,76(2):413-427.

[174] He Z.A model of dynamic compensation and capital structure [J] . Journal of Financial Economics,2011,100(2):351-366.

[175] Yehuda Y G D W.Perks and Excess:Evidence from the New Executive Compensation Dislosure Rules [J] .Working paper,2008.

[176] Nikos V.Board meeting frequency and firm performance [J] .Journal of Financial Economics,1999,53(1):113-142.

[177] Nalebuff B J,Stiglitz J E. Information,Competition,and Markets [J] . The American Economic Review,1983,73(2):278-283.

[178] Grossman S J,Hart O D.Takeover Bids,The Free-Rider Problem,and the Theory of the Corporation [J] .The Bell Journal of Economics,1980,11(1):42-64.

[179] Fama E F.Agency Problems and the Theory of the Firm [J] .The journal of Political Economy,1980,88(2):288-307.

[180] Chhaochharia V,Grinstein Y.CEO Compensation and Board Structure [J] .The Journal of Finance,2009,64(1):231-261.

[181] Kale J R,Reis E,Anand V.Rank-Order Tournaments and Incentive Alignment:The Effect on Firm Performance [J] .The Journal of Finance,2009,64(3): 1479-1512.

[182] Mayers D,Smith C W.Executive Compensation in the Life Insurance Industry [J] .The Journal of Business,1992,65(1):51-74.

[183] Financial Accounting Standards Committee.Recommendations on disclosure of nonfinancial Performance measure [R] .Accounting Horizons,2002,1

6(4);353-362.

[184] Ittner CDDF.Larcker.Innovations in Performance Measurement:Trends and Research Implications [J].Journal of Management Accounting Research,1998b,(1):205-238.

[185] Fisher J.Use of nonfinancial performance measures [A].In:Readings in Management accounting [C].Englewood Cliffs,NJ:Prentice Hall,1995.

[186] Lingle J,W Schiemann.From balanced scorecard to strategic gauges:is measurement worth it [J].Management Review,1996,(85):56-61.

[187] Hamel G.Competition For Competece And Interpartner Learning Within International Alliances [J].Strategic management Journal;1991,12:83-103.

[188] Hmel G.Strategy as Revolution [J].Harvard Business Review,1996,(4).

[189] Kenichi O.Getting Back to Strategy [J].Harvard Business Review,1998,(11-12).

[190] Cepeda G,Vera D.Dynamic capabilities and operational capabilities:A knowledge management perspective [J].Journal of Business Research,2007,(60):4 26-437.

[191] Schreyogg G,Kliesch-Ebertl M.How dynamic can organizational capabilities be?Towards a dual-process model of capability dynamization [J].Strategic Management Journal,2007,28(4):15-24.

[192] Dennis C.Mueller,The coporation:investment,mergers and growth [M].Routlege,2003.

[193] Wang C L,Ahmed PK.Dynamic capabilities:A review and research agenda [J].International Journal of Management Review,2007,9(1):31-51.

[194] Zahra S A Sapienza H J,Davidsson P.Entrepreneurship and dynamic capabilities:A review,model and research agenda [J].Journal of Management Studies,2006,43(4):917-955.

[195] Donald R Lehmann,Scott A Neslin.Revenue Premium as an Outcome Measure of Brand Equity [J].Journal of Marketing,2003,67(0): 1-17.

[196] Alokparna Basu Monga,Deborah Roedder John.What Makes Brands Elastic?The Influence of Brand Concept and Styles of Thinking on Brand Extension Evaluation [J].Journal of Marketing,2010,74(5):80-92.

［197］Pierre Chandon,J Wesley Hutchinson,Eric T.Bradlow.Does In-Store Marketing Work?Effects of the Number and Position of Shelf Facings on Brand Attention and Evaluation at the poit of Purchase［J］.Journal of Marketing,2009,73 (11):1-17.

［198］Zhang Jie,Michel Wedel,Rik Pieters.Sales Effcets of Attention to Feature Advertisements:A Bayesian Mediation Analysis［J］.Journal of Marketing Research,2009,46(10):6698-681.

［199］Lee,Kyoungmi,Sharon Shavitt.The Use of Cues Depends on Goals:Store Reputation Affects Product Judgments When Social Image Goals Are Salient［J］. Journal of Consumer Psychology,2006,16(3):260-271.

［200］Michel Wedel,Jie Zhang.Analyzing Brand Competition Across Subcategories［J］.Journal of Marketing Research,2004,41(11):448-456.

［201］Aparnaa.Labroo,Angelay.Lee.Between Two Brands:A Goal Fluency Account of Brand Evaluation［J］.Journal of Marketing Research,2006,43(8):374-385.

［202］Shann Turnbull.Corporate Governance:Its scope,concerns and theories,Corporate Gooernance An International Review 1997,5(4):180-205.

［203］Stuart L Gillan,Laura T Starks,Corporate governance proposals and shareholder activism:the role of institutional investors.Jounal of Financial Economics,2000,2(57).

［204］Jones H,Benson C. Publishing Law［M］.London:Routledge,2002.

附　录

出版集团竞争力评价指标专家调查问卷

填写指南

层次分析法是指将一个复杂的多目标决策问题作为一个系统，将目标分解为多个目标或准则，进而分解为多指标（或准则、约束）的若干层次，通过定性指标模糊量化方法算出层次单排序（权数）和总排序，以作为目标（多指标）、多方案优化决策的系统方法。其中权数由专家调查后计算得来。专家可依据如下样例填写：

比如，一位专家认为对于出版集团竞争力来说，能力和机制两两相比，机制比能力重要得多（很重要），则在第一行的"很重要"中填写 B；能力和社会责任两两相比，认为能力比社会责任重要很多（非常重要），则在第二行的"非常重要"中填写 A。下同。

表 1　填写样例

出版集团竞争力		同等重要	稍微重要	比较重要	很重要	非常重要
能力A	机制B	（　）	（　）	（　）	（ B ）	（　）
能力A	社会责任B	（　）	（　）	（　）	（　）	（ A ）
能力A	社会责任B	（　）	（　）	（　）	（　）	（ B ）

表 2　出版集团竞争力评价指标体系（供整体了解用）

目标	一级	二级指标	三级指标	四级指标
出版集团竞争力A	能力B_1	生存能力C_1	规模D_1	总资产E_1
				固定资产净值E_2
				主营业务收入E_3
			收益D_2	总资产报酬率E_4
				每股收益E_5
			运营D_3	流动资产周转率E_6
				存货周转率E_7
				市场占有率E_8
			偿债D_4	资产负债率E_9
				现金比率E_{10}
		增长能力C_2	增长速度D_5	总资产增长率E_{11}
				主营业务收入增长率E_{12}
				净利润增长率E_{13}
			影响力D_6	码洋占有率E_{14}
				受众忠诚度E_{15}
		可持续发展能力C_3	产品开发D_7	新品种比例E_{16}
				新书码洋占有率E_{17}
			知识技术D_8	专利权数量E_{18}
				图书总品种E_{19}
				无形资产净额E_{20}
			人力资本D_9	人均利税E_{21}
				员工总数E_{22}
				员工本科生以上人数E_{23}

续表

目标	一级	二级指标	三级指标	四级指标
出版集团竞争力A	机制B_2	制度C_4	股权结构D_{10}	股权集中度E_{24}
				股权制衡程度E_{25}
				国有股持股比例E_{26}
				流通股比例E_{27}
				十大股东是否关联E_{28}
			股东大会D_{11}	股东大会次数E_{29}
				股东大会出席率E_{30}
		制度C_4	董事会结构与特征D_{12}	董事长两职状态E_{31}
				独立董事比例E_{32}
				董事会年召开次数E_{33}
				专业委员会个数E_{34}
			监事会结构特征D_{13}	独立监事比例E_{35}
				监事会人数E_{36}
				年度监事会会议次数E_{37}
			信息披露及财务透明度D_{14}	上市公司采用的会议准则E_{38}
				经营业绩披露E_{39}
				专题及重大事项披露E_{40}
				前瞻性信息披露E_{41}
		激励与约束C_5	激励机制D_{15}	管理层持股比例E_{42}
				高管薪酬E_{43}
				职工意愿表达程度E_{44}
				员工人均总收入E_{45}
			约束机制D_{16}	管理费用率E_{46}
				审计委员会E_{47}

目标	一级	二级指标	三级指标	四级指标
出版集团竞争力A	机制B_2	管理C_6	流程管理D_{17}	书号平均经济效益E_{48}
				重印重版率E_{49}
				动销品种占有率E_{50}
			品牌质量管理D_{18}	图书质量合格率E_{51}
				核心品牌知名度E_{52}
		创新C_7	知识创新D_{19}	专业技术人员比重E_{53}
				学习培训费用E_{54}
				宣传推广支出比例E_{55}
			技术创新D_{20}	人均技术装备水平E_{56}
				R&D能力E_{57}
		企业文化C_8	企业内部文化D_{21}	企业价值观凝聚力E_{58}
				人力资源成本费用利润率E_{59}
			企业外部文化D_{22}	社会美誉度E_{60}
				产品市场认知度E_{61}
	社会责任B_3	文化建设C_9	走出去战略工程D_{23}	版权输出率E_{62}
				海外分支机构数目E_{63}
				国际参展次数E_{64}
			出版精品工程D_{24}	国家出版基金立项E_{65}
				重点规划项目数量E_{66}
			农家书屋建设D_{25}	重点图书数量E_{67}
				其他重点出版物数量E_{68}
		重大项目基地C_{10}	产业基地建设D_{26}	产业基地数量E_{69}
				投入资金额E_{70}
			物流体系建设D_{27}	物流基地数量E_{71}
				投入资金额E_{72}

续表

目标	一级	二级指标	三级指标	四级指标
出版集团竞争力A	社会责任B_3	公益C_{11}	社会贡献D_{28}	政府支持力度E_{73}
				社会贡献率E_{74}
			慈善D_{29}	对外捐赠E_{75}
				公益活动E_{76}
		获奖C_{12}	单位获奖情况D_{30}	单位获奖数目E_{77}
			出版物获奖情况D_{31}	国家级奖项数目E_{78}
				省部级奖项数目E_{79}
			人员获奖情况D_{32}	国家级奖项数目E_{80}
				省部级奖项数目E_{81}

专家填写部分

第一部分：二级指标重要性

出版集团竞争力		同等重要	稍微重要	比较重要	很重要	非常重要
能力A	机制B	（　）	（　）	（　）	（　）	（　）
能力A	社会责任B	（　）	（　）	（　）	（　）	（　）
机制A	社会责任B	（　）	（　）	（　）	（　）	（　）

第二部分：三级指标重要性

能力		同等重要	稍微重要	比较重要	很重要	非常重要
生存能力A	增长能力B	（　）	（　）	（　）	（　）	（　）
生存能力A	可持续发展能力B	（　）	（　）	（　）	（　）	（　）
增长能力A	可持续发展能力B	（　）	（　）	（　）	（　）	（　）
机制		同等重要	稍微重要	比较重要	很重要	非常重要
制度A	激励与约束B	（　）	（　）	（　）	（　）	
制度A	管理B	（　）	（　）	（　）	（　）	
制度A	创新B	（　）	（　）	（　）	（　）	

制度A	企业文化B	( )	( )	( )	( )	
激励与约束A	管理B	( )	( )	( )	( )	
激励与约束A	创新B	( )	( )	( )	( )	
激励与约束A	企业文化B	( )	( )	( )	( )	
管理A	创新B	( )	( )	( )	( )	
管理A	企业文化B	( )	( )	( )	( )	
创新A	企业文化B	( )	( )	( )	( )	
社会责任		同等重要	稍微重要	比较重要	很重要	非常重要
文化建设 A	重大项目基地B	( )	( )	( )	( )	( )
文化建设 A	公益B	( )	( )	( )	( )	( )
文化建设 A	获奖B	( )	( )	( )	( )	( )
重大项目基地A	公益B	( )	( )	( )	( )	( )
重大项目基地A	获奖B	( )	( )	( )	( )	( )
公益A	获奖B	( )	( )	( )	( )	( )
生存能力		同等重要	稍微重要	比较重要	很重要	非常重要
规模A	收益B	( )	( )	( )	( )	( )
规模A	运营B	( )	( )	( )	( )	( )
规模A	偿债B	( )	( )	( )	( )	( )
收益A	运营B	( )	( )	( )	( )	( )
收益A	偿债B	( )	( )	( )	( )	( )
运营A	偿债B	( )	( )	( )	( )	( )
增长能力		同等重要	稍微重要	比较重要	很重要	非常重要
增长速度A	影响力B	( )	( )	( )	( )	( )
可持续发展能力		同等重要	稍微重要	比较重要	很重要	非常重要
产品开发A	知识技术B	( )	( )	( )	( )	( )
产品开发A	人力资本B	( )	( )	( )	( )	( )
产品开发A	无形资产B	( )	( )	( )	( )	( )
知识技术A	人力资本B	( )	( )	( )	( )	( )
知识技术A	无形资产B	( )	( )	( )	( )	( )
人力资本A	无形资产B	( )	( )	( )	( )	( )
制度		同等重要	稍微重要	比较重要	很重要	非常重要
股权结构A	股东大会B	( )	( )	( )	( )	( )
股权结构A	董事会结构与特征B	( )	( )	( )	( )	( )
股权结构A	监事会结构特征B	( )	( )	( )	( )	( )

续表

股权结构A	信息披露及财务透明度B	（　）	（　）	（　）	（　）	（　）
股东大会A	董事会结构与特征B	（　）	（　）	（　）	（　）	（　）
股东大会A	监事会结构特征B	（　）	（　）	（　）	（　）	（　）
股东大会A	信息披露及财务透明度B	（　）	（　）	（　）	（　）	（　）
董事会结构与特征A	监事会结构特征B	（　）	（　）	（　）	（　）	（　）
董事会结构与特征A	信息披露及财务透明度B	（　）	（　）	（　）	（　）	（　）
监事会结构特征A	信息披露及财务透明度B	（　）	（　）	（　）	（　）	（　）
激励与约束		同等重要	稍微重要	比较重要	很重要	非常重要
激励机制A	约束机制B	（　）	（　）	（　）	（　）	（　）
管理		同等重要	稍微重要	比较重要	很重要	非常重要
流程管理A	品牌质量管理B	（　）	（　）	（　）	（　）	（　）
创新		同等重要	稍微重要	比较重要	很重要	非常重要
知识创新A	技术创新B	（　）	（　）	（　）	（　）	（　）
企业文化		同等重要	稍微重要	比较重要	很重要	非常重要
企业内部文化A	企业外部文化B	（　）	（　）	（　）	（　）	（　）
文化建设		同等重要	稍微重要	比较重要	很重要	非常重要
走出去战略工程A	出版精品工程B	（　）	（　）	（　）	（　）	（　）
走出去战略工程A	农家书屋建设B	（　）	（　）	（　）	（　）	（　）
出版精品工程A	农家书屋建设B	（　）	（　）	（　）	（　）	（　）
重大项目基地		同等重要	稍微重要	比较重要	很重要	非常重要
产业基地建设A	物流体系建设B	（　）	（　）	（　）	（　）	（　）
公益		同等重要	稍微重要	比较重要	很重要	非常重要
社会贡献A	慈善B	（　）	（　）	（　）	（　）	（　）
获奖		同等重要	稍微重要	比较重要	很重要	非常重要
单位获奖情况A	出版物获奖情况B	（　）	（　）	（　）	（　）	（　）
单位获奖情况A	人员获奖情况B	（　）	（　）	（　）	（　）	（　）
出版物获奖情况A	人员获奖情况B	（　）	（　）	（　）	（　）	（　）

第三部分：四级指标重要性

规模		同等重要	稍微重要	比较重要	很重要	非常重要
总资产A	固定资产净值B	（　）	（　）	（　）	（　）	（　）
总资产A	主营业务收入B	（　）	（　）	（　）	（　）	（　）
固定资产净值A	主营业务收入B	（　）	（　）	（　）	（　）	（　）
收益		同等重要	稍微重要	比较重要	很重要	非常重要
总资产报酬率A	每股收益B	（　）	（　）	（　）	（　）	（　）
运营		同等重要	稍微重要	比较重要	很重要	非常重要
流动资产周转率A	存货周转率B	（　）	（　）	（　）	（　）	（　）
流动资产周转率A	市场占有率B	（　）	（　）	（　）	（　）	（　）
存货周转率A	市场占有率B	（　）	（　）	（　）	（　）	（　）
偿债		同等重要	稍微重要	比较重要	很重要	非常重要
资产负债率A	现金比率B	（　）	（　）	（　）	（　）	（　）
增长速度		同等重要	稍微重要	比较重要	很重要	非常重要
总资产增长率A	主营业务增长率B	（　）	（　）	（　）	（　）	（　）
总资产增长率A	净利润增长率B	（　）	（　）	（　）	（　）	（　）
主营业务增长率A	净利润增长率B	（　）	（　）	（　）	（　）	（　）
影响力		同等重要	稍微重要	比较重要	很重要	非常重要
码洋占有率A	受众忠诚度B	（　）	（　）	（　）	（　）	（　）
产品开发		同等重要	稍微重要	比较重要	很重要	非常重要
新品种比例A	新书码洋占有率B	（　）	（　）	（　）	（　）	（　）
知识技术		同等重要	稍微重要	比较重要	很重要	非常重要
专利权数量A	图书总品种B	（　）	（　）	（　）	（　）	（　）
专利权数量A	无形资产净额B	（　）	（　）	（　）	（　）	（　）
图书总品种A	无形资产净额B	（　）	（　）	（　）	（　）	（　）
人力资本		同等重要	稍微重要	比较重要	很重要	非常重要
人均利税A	员工总数B	（　）	（　）	（　）	（　）	（　）
人均利税A	员工本科生以上人数B	（　）	（　）	（　）	（　）	（　）
员工总数A	员工本科生以上人数B	（　）	（　）	（　）	（　）	（　）
股权结构		同等重要	稍微重要	比较重要	很重要	非常重要
股权集中度A	股权制衡度B	（　）	（　）	（　）	（　）	（　）

续表

股权集中度A	国有股持股比例B	（　）	（　）	（　）	（　）	（　）
股权集中度A	流通股比例B	（　）	（　）	（　）	（　）	（　）
股权集中度A	十大股东是否关联B	（　）	（　）	（　）	（　）	（　）
股权制衡程度A	国有股持股比例B	（　）	（　）	（　）	（　）	（　）
股权制衡程度A	流通股比例B	（　）	（　）	（　）	（　）	（　）
股权制衡程度A	十大股东是否关联B	（　）	（　）	（　）	（　）	（　）
国有股持股比例A	流通股比例B	（　）	（　）	（　）	（　）	（　）
国有股持股比例A	十大股东是否关联B	（　）	（　）	（　）	（　）	（　）
流通股比例A	十大股东是否关联B	（　）	（　）	（　）	（　）	（　）
股东大会		同等重要	稍微重要	比较重要	很重要	非常重要
股东大会次数A	股东大会出席率B	（　）	（　）	（　）	（　）	（　）
董事会结构与特征		同等重要	稍微重要	比较重要	很重要	非常重要
董事长两职状态A	独立董事比例B	（　）	（　）	（　）	（　）	（　）
董事长两职状态A	董事会年召开次数B	（　）	（　）	（　）	（　）	（　）
董事长两职状态A	专业委员会个数B	（　）	（　）	（　）	（　）	（　）
独立董事比例A	董事会年召开次数B	（　）	（　）	（　）	（　）	（　）
独立董事比例A	专业委员会个数B	（　）	（　）	（　）	（　）	（　）
董事会年召开次数A	专业委员会个数B	（　）	（　）	（　）	（　）	（　）
监事会结构特征		同等重要	稍微重要	比较重要	很重要	非常重要
独立监事比例A	监事会人数B	（　）	（　）	（　）	（　）	（　）
独立监事比例A	年度监事会会议次数B	（　）	（　）	（　）	（　）	（　）
监事会人数A	年度监事会会议次数B	（　）	（　）	（　）	（　）	（　）
信息披露及财务透明度		同等重要	稍微重要	比较重要	很重要	非常重要
上市公司采用的会议准则A	经营业绩披露B	（　）	（　）	（　）	（　）	（　）

上市公司采用的会议准则A	专题及重大事项披露B	（　）	（　）	（　）	（　）	（　）
上市公司采用的会议准则A	前瞻性信息披露B	（　）	（　）	（　）	（　）	（　）
经营业绩披露A	专题及重大事项披露B	（　）	（　）	（　）	（　）	（　）
经营业绩披露A	前瞻性信息披露B	（　）	（　）	（　）	（　）	（　）
专题及重大事项披露A	前瞻性信息披露B	（　）	（　）	（　）	（　）	（　）
激励机制		同等重要	稍微重要	比较重要	很重要	非常重要
管理层持股比例A	高管薪酬B	（　）	（　）	（　）	（　）	（　）
管理层持股比例A	职工意愿表达程度B	（　）	（　）	（　）	（　）	（　）
管理层持股比例A	员工人均总收入B	（　）	（　）	（　）	（　）	（　）
高管薪酬A	职工意愿表达程度B	（　）	（　）	（　）	（　）	（　）
高管薪酬A	员工人均总收入B	（　）	（　）	（　）	（　）	（　）
职工意愿表达程度A	员工人均总收入B	（　）	（　）	（　）	（　）	（　）
约束机制		同等重要	稍微重要	比较重要	很重要	非常重要
管理费用率A	审计委员会B	（　）	（　）	（　）	（　）	（　）
流程管理		同等重要	稍微重要	比较重要	很重要	非常重要
书号平均经济效益A	重印重版率B	（　）	（　）	（　）	（　）	（　）
书号平均经济效益A	动销品种占有率B	（　）	（　）	（　）	（　）	（　）
重印重版率A	动销品种占有率B	（　）	（　）	（　）	（　）	（　）
品牌质量管理		同等重要	稍微重要	比较重要	很重要	非常重要
图书质量合格率A	核心品牌知名度B	（　）	（　）	（　）	（　）	（　）
知识创新		同等重要	稍微重要	比较重要	很重要	非常重要
专业技术人员比重A	学习培训费用B	（　）	（　）	（　）	（　）	（　）
专业技术人员比重A	宣传推广支出比例B	（　）	（　）	（　）	（　）	（　）
学习培训费用A	宣传推广支出比例B	（　）	（　）	（　）	（　）	（　）

续表

技术创新		同等重要	稍微重要	比较重要	很重要	非常重要
人均技术装备水平A	R&D能力B	( )	( )	( )	( )	( )
企业文化		同等重要	稍微重要	比较重要	很重要	非常重要
企业内部文化A	企业外部文化B	( )	( )	( )	( )	( )
走出去战略工程		同等重要	稍微重要	比较重要	很重要	非常重要
版权输出率A	海外分支机构数目B	( )	( )	( )	( )	( )
版权输出率A	国际参展次数B	( )	( )	( )	( )	( )
海外分支机构数目A	国际参展次数B	( )	( )	( )	( )	( )
出版精品工程		同等重要	稍微重要	比较重要	很重要	非常重要
国家出版基金立项A	重点规划项目数量B	( )	( )	( )	( )	( )
农家书屋建设		同等重要	稍微重要	比较重要	很重要	非常重要
重点图书数量A	其他重点出版物数量B	( )	( )	( )	( )	( )
产业基地建设		同等重要	稍微重要	比较重要	很重要	非常重要
产业基地数量A	投入资金额B	( )	( )	( )	( )	( )
物流体系建设		同等重要	稍微重要	比较重要	很重要	非常重要
物流基地数量A	投入资金额B	( )	( )	( )	( )	( )
社会贡献		同等重要	稍微重要	比较重要	很重要	非常重要
政府支持力度A	社会贡献率B	( )	( )	( )	( )	( )
慈善		同等重要	稍微重要	比较重要	很重要	非常重要
对外捐赠A	公益活动B	( )	( )	( )	( )	( )
出版物获奖情况		同等重要	稍微重要	比较重要	很重要	非常重要
国家级奖项数目A	省部级奖项数目B	( )	( )	( )	( )	( )
人员获奖情况		同等重要	稍微重要	比较重要	很重要	非常重要
国家级奖项数目A	省部级奖项数目B	( )	( )	( )	( )	( )

本次问卷到此结束，再次感谢您的配合！

后记

本书是我在武汉大学攻读博士学位时的研究成果，看着即将付梓的博士学位论文，心中如释重负却又惴惴不安，唯恐属于自己学生时代的最后一份答卷不尽如人意，有负师长的悉心培养和亲友的殷切期盼。

出版集团竞争力研究是一个复杂的问题，涉及的学科理论广泛，研究的难度较大，对于文科出身的我而言，选择一个偏经管类的研究课题无疑是巨大的挑战。在论文的写作过程中，不免遇到各式各样的困难与压力，但凭着对课题的兴趣和不服输的韧性，不知不觉也坚持到了最后。本书构建的出版集团竞争力综合评价体系由3个一级指标、12个二级指标、32个三级指标与81个四级指标构成，强调了出版集团竞争力实质上是能力、机制和社会责任三方面相互作用的结果，并围绕该评价体系提出有效提升我国出版集团的竞争力的路径与策略选择方案，能直接服务于当前我国出版集团建设实践。

在武汉大学读博的三年，我最大的收获是掌握了治学的方法，为今后的学术研究奠定了良好的基础。衷心感谢恩师朱静雯教授一直以来对我的严格要求和谆谆教诲。朱老师严谨的治学态度、深厚的学术功底、精妙的处世风格使我受益匪浅，在师事朱静雯教授的日子里，我不仅懂得了对学术执着追求的精神，更深深体会到师生间亲如一家的宝贵情谊和关爱，在学业和做人等方面感悟良多。博士学位论文的撰写是一项浩大的工程，从论文选题、立论、开题，到关键环节的把握，乃至文字的修改润色，无一不凝结着朱老师的辛劳和心血，她给我提供了许多高屋建瓴的指导意见，让我感到茅塞顿开、豁然开朗，在此对恩师表示最诚挚的谢意。

真心感谢信息管理学院出版科学系的方卿教授、罗紫初教授、黄先蓉教授、吴平教授和张美娟教授，他们认真负责的教学态度和孜孜不倦的学术精神令我钦佩。感谢包括谢新洲教授在内的各位老师在博士论文答辩中对我的论文提出的宝贵建议，使我深受启发，为我的博士论文能够成书提供了很大帮助。我还要感谢徐丽芳教授和沈阳教授，他们给予我学术上的无私支持让我感动。也感谢作为我们2010级博士班班主任的黄如花老师，她和善的笑容给初入校门的我带来了许多亲切感，而她在新生班会上的谆谆教诲也至今让我难忘。

我也特别想感谢2010博士班的同学们。感谢郑燃、王菲菲、戴旸、刘杨、何国军、李雯、夏莉霞、万华、傅文奇等同学对我的帮助与关怀，在论文写作艰难的时候互通电话给予支持有时特别重要。李新祥师兄是我考博的指路人，在此深表感谢，而刘志杰、杨丹丹、许斐然、李靓和其他师兄妹们给予的帮助我也铭记在心，能和大家同一师门是件幸运的事。

除此之外，我还要谢谢浙江传媒学院新闻与传播学院的各位领导与编辑出版系的各位同事，没有他们的支持，我不可能顺利完成论文的写作。感谢愿意帮我填写专家调查表的各位专家们，你们使我的实证研究有了坚实的基础。还有众多给予我关心与帮助的师友，限于篇幅，在此向他们一并表示最诚挚的谢意！

最后，要特别谢谢我的家人，他们一直理解我的学业压力，并且默默地在背后支持着我。在本书定稿之际，我也拥有了一对可爱的双胞胎女儿，她们是上天给我最好的礼物，所以，我希望将这本书送给她们，愿她们平安而快乐地成长。

由于本人能力有限，书中难免有错漏与不足之处，恳请各位同仁与前辈给予真诚的指正。

二〇一五年10月于杭州